本书得到大连外国语大学2017年度学科建设经费资助

| 中国当代研学丛书 |

经济

宏观经济学原理与应用

贾晓薇 | 编著

中央编译出版社
Central Compilation & Translation Press

图书在版编目(CIP)数据

宏观经济学原理与应用 /贾晓薇编著. —北京：中央编译出版社，2020. 5

ISBN 978－7－5117－3695－6

Ⅰ. ①宏…

Ⅱ. ①贾…

Ⅲ. ①宏观经济学

Ⅳ. ① F015

中国版本图书馆 CIP 数据核字(2018)第 300346 号

宏观经济学原理与应用

出 版 人：葛海彦
责任编辑：杜永明
责任印制：刘 慧
出版发行：中央编译出版社
地　　址：北京西城区车公庄大街乙 5 号鸿儒大厦 B 座(100044)
电　　话：(010)52612345(总编室)　(010)52612339(编辑室)
(010)52612316(发行部)　(010)52612346(馆配部)
传　　真：(010)66515838
经　　销：全国新华书店
印　　刷：三河市华东印刷有限公司
开　　本：710 毫米 ×1000 毫米　1/16
字　　数：285 千字
印　　张：17
版　　次：2020 年 5 月第 1 版
印　　次：2020 年 5 月第 1 次印刷
定　　价：95. 00 元

网　　址：www. cctphome. com　**邮　　箱**：cctp@ cctphome. com
新浪微博：@ 中央编译出版社　**微　　信**：中央编译出版社(ID: cctphome)
淘宝店铺：中央编译出版社直销店(http://shop108367160. taobao. com)(010)55626985

本社常年法律顾问：北京市吴栾赵阎律师事务所律师　闫军　梁勤

前　言

我们的生活离不开国家的宏观经济政策,无论是采用 GDP 还是绿色 GDP 来衡量国家经济总产出的价值,无论是加息还是降息,是增税还是减税,都对我们的生活有着极为重要的影响。因此学习宏观经济学的基本原理,我们可以了解国民收入如何决定、产品市场与货币市场如何达到均衡,知晓经济增长和经济周期理论、失业和通货膨胀理论以及开放经济条件下的宏观经济学以及宏观经济政策的理论与实践。这些知识都是给我们传递信息的工具,至于如何具体应用这些宏观经济原理知识分析现实问题则是我们更为关注的。

学生们需要原理清楚、浅显易懂、案例丰富、实践性和应用性强的教材。本教材力求通俗易懂,原理部分力求清晰明确,所举例子主要来自于现实,使学生有兴趣深入学习。本教材的编写有如下特色:

(1)结合实际,注重应用

宏观经济学的原理是枯燥的,但把原理应用到实际问题的分析之中就变得鲜活起来。在描述宏观经济学基本原理的基础上,根据现实状况,将原理运用到实际生活的分析之中,理论联系实际,理论之树才能长青。

(2)教材中的案例大部分来自生活中的经济学

教材中采用大量鲜活的案例,结合生活中的经济学,将深奥的经济学理论深入浅出地讲述出来,使学生能够接受,并增强他们的学习兴趣,为进一步深入学习其他专业课程打下基础。

(3)参考资料十分丰富

参考国际国内大量的宏观经济学的教材如：国外如[美]曼昆的《经济学原理》(第6版)、[美]萨缪尔森的《经济学》(第16版)、[美]鲍莫尔和布兰德的《经济学：原理与政策》(第9版)，国内如许纯祯、吴宇晖等编著《西方经济学》(第三版)、厉以宁主编的《西方经济学》(第三版)、高鸿业主编的《西方经济学》(第五版)、袁志刚主编的《宏观经济学》、苏剑编著的《宏观经济学》等20余种参考书，加之主持编写的教师有近20年教此课的经验，相信能够编写出应合非专业普通大学生需要的核心课程《宏观经济学原理与应用》的教材。

(4)可以成为翻译专业研究生选修课的教材

目前学习语言需要多元化的语言环境，包括翻译专业的研究生，需要懂得更多的经济学原理，才能符合快速发展的开放经济的需要。尤其是外语专业学生进行翻译时，能够真正做到信、达、雅的翻译，必须有更多的非语言专业知识的背景。因此经济学类应用型教材应该是极为迫切的需要。

本教材由贾晓薇负责总纂工作，杨国瑰负责部分编写和校对工作，其他参编人员合作完成。编写分工：贾晓薇(第一、五、六、七、八、九章)，杨国瑰(第二、三、四章)，祁赫参与了第七章的编写工作，邹明仲对于案例分析提供了重要帮助，另外还要特别鸣谢大连外国语大学经济学专业的同学，他们在课堂上参与的讨论与实践，为教材的编写也提供了许多素材。同时也非常感谢自己的父母及家人对自己工作的理解和大力支持。感谢编辑们的辛勤工作以及出版社领导的鼎力帮助。

欢迎同仁批评指正。

编著者
2018年11月

目　录
CONTENTS

导　论

一、宏观经济学的研究对象

宏观经济学的研究对象是一个国家的国民经济整体,包括国民经济运行方式、运行状况、运行规律以及政府运用经济政策来影响国民经济的运行。

(一)对宏观问题研究的历史考察

从宏观的角度研究经济问题由来已久。古典经济学研究了一些宏观的问题。比如,威廉·配第在历史上第一次估算了国民收入的数量,亚当·斯密提出了与现代经济学“国民生产总值”十分相近的“国民财富”的概念,布阿吉尔贝尔对国民财富的来源作了分析,萨伊的“生产三要素理论”实际上成为国民收入核算理论与方法的出发点。再如,魁奈的《经济表》对社会总资本再生产与流通的分析,实际上要把经济中的许多变量归结为总收入、总消费、总投资等经济总量,这是古典经济学宏观分析的典范。又如,配第、斯密、休谟、李嘉图、洛克等对货币的交易作用、货币数量、利率等有关的问题进行了分析。另外,古典经济学对国家的防务、救助贫困的职能也作过分析,特别对财政政策作了论述。在 19 世纪 70 年代至 20 世纪 30 年代,新古典经济学的古典宏观经济模型分析了整个经济的产量、就业、消费、储蓄、利率、工资等经济总量的决定,瑞典学派对储蓄与投资不一致问题的分析涉及了整个经济的总量分析。这个时期,许多经济学家都研究了属于宏观经济范围的国民收入核算、经济周期,经济政策实践等内容。

(二)现代宏观经济学理论体系的建立与发展

1936 年,英国经济学家约翰·梅纳德·凯恩斯出版了《就业、利息和货币通论》,建立了现代宏观经济学理论体系的基础。古典经济学与新古典经济学对宏观经济问题的研究是支离破碎的,并没有形成一个完整的体系,只是到了 1936 年,凯恩斯在对 1929—1933 年资本主义世界经济危机分析的基础上写出了《就业、利息和货币通论》,才标志着初步建立了现代宏观经济学理论体系。此后,凯恩斯的追随者哈罗德、希克斯、汉森、莫迪利安尼、索洛、奥肯等人又进一步发展了凯恩斯的宏观经济理论，比如希克斯提出了 IS—LM 模型，哈罗德与多马建立了经济增长模型，托宾发展了凯恩斯的货币理论。另外，在消费函数、投资函数、总供给理论、通货膨胀理论、开放经济理论、宏观经济计量模型、宏观经济政策等方面，宏观经济理论都得到了发展。20 世纪 70 年代以后，西方国家“滞胀”现象的出现，使凯恩斯主义遭受到了重大打击。以凯恩斯主义反对者面目出现的货币主义、理性预期学派、供给学派等所谓的新保守主义，大力抨击凯恩斯主义的政府干预理论，极力坚持自由放任的经济主张。此后，另一学派——新凯恩斯主义重新对凯恩斯主义进行了解释，并不断吸收经济自由主义的合理部分。这样，随着各国与世界经济的变化与发展，在新保守主义与新凯恩斯主义的争论中，宏观经济学在货币、经济周期、经济增长等方面取得了许多重要的进展。

二、宏观经济学研究的基本内容

凯恩斯主义的宏观经济理论认为，当社会总购买小于社会总供给时，将会导致社会生产下降，国民收入减少，失业增多；反之，当社会总购买大于社会总供给时，则会出现通货膨胀，社会生产水平将上升，国民收入增多，就业增加。由于国民收入的决定是分析其他宏观经济问题的基础，或者说其他宏观经济问题都是运用国民收入决定理论来分析解释的，因此，国民收入决定理论是宏观经济学的中心内容。又由于就业状况是伴随国民收入变化而变化的，与国民收入相联系的就业量的变化也反映在经济周期、经济增长乃至政府的经济政策方面，因而，宏观经济学也就以国民收入与就业分析为中心，其研究的基本内容有以下几个方面。

1. 国民收入决定理论。国民收入是衡量一个社会国民经济状况的基本指标，国民收入决定理论从总供求关系来分析国民收入决定因素、国民收入决定过程、国民收入量的多少及其变动规律。

2. 通货膨胀与失业理论。市场经济国家都会出现通货膨胀与失业现象，通货膨胀与失业伴随着一个国家的经济发展，一些宏观经济理论的建立与发展都和通货膨胀与失业有关。通货膨胀与失业理论就是分别研究通货膨胀与失业的性质、分类、原因与对策等问题。

3. 经济增长与经济周期理论。一个国家的经济增长会出现正增长、零增长甚至负增长，经济增长理论就是要研究经济增长的影响因素或源泉、经济增长过程与结果以及经济增长的长期趋势。经济周期理论就是通过对有关经济波动统计资料的分析，探寻经济周期的特点、形成原因、影响后果，探讨政府对经济周期的应对措施，以实现经济的长期、稳定、均衡增长。

4. 开放经济理论。各国之间存在着日益密切的经济联系,每个国家的经济运行状况都会受到世界经济的影响,开放经济理论就是在世界经济的框架内研究国民收入的决定、通货膨胀与失业、经济增长与经济周期等,进而说明一个国家的经济政策如何对国民收入进行调整。

5. 宏观经济政策。经济理论是经济政策的基础与依据,经济政策是经济理论的运用与实践,在国民收入决定理论、通货膨胀与失业理论等宏观经济学主要理论的基础上,宏观经济政策研究的是政府宏观经济政策目标、政策工具、政策机制、政策效果等内容。

对以上所述宏观经济理论,各个经济学流派提出不同的观点;对具体宏观经济问题的分析,各个经济学流派所运用的方法也不尽相同;对解决国民经济运行中出现的问题,各个经济学流派的政策主张也不同甚至是对立的。西方宏观经济理论并没有形成一个内容上完整、逻辑上一致、方法上统一的体系,而是多种宏观经济理论并存。

三、宏观经济学的研究方法

宏观经济学的研究方法主要是总量分析方法。经济总量是指反映国民经济整体运行状况的经济变量。经济总量包括两类,一类是个量之和,比如国民收入、总消费、总投资、总储蓄、总供给、总需求、财政盈余与赤字等。当然,这类总量中有的总量并非个量的简单相加,而是根据需要运用数学或统计学中的各种方法所得出的总量。另一类经济总量是平均量,比如价格总水平、失业率、利率、经济增长率等。总量分析方法是研究经济总量的决定、变动及其相互关系以及以此为基础说明国民经济运行状况和宏观经济政策选择的方法。另外,宏观经济学的研究方法还有短期与长期分析方法、静态和比较静态与动态分析方法、均衡分析方法、边际分析方法等。需要说明的是,在宏观经济分析中,这些方法中运用的经济变量大多是经济总量。

第一章

国民经济总量及核算

第一节　国内生产总值

在国民收入核算中最重要的是计算国内生产总值。因此,我们首先要了解国内生产总值及与此相关的几个国民收入总量概念。

一、中间产品与最终产品

弄清国内生产总值这一概念,需要先了解中间产品和最终产品这两个概念。

在一定时期内生产的并由最后使用者购买的产品和劳务就被称为最终产品,中间产品是指用于再出售而供生产别种产品用的产品。

二、国内生产总值

(一)国内生产总值的概念

国内生产总值(GDP)是指一个国家或地区在一定时期内(通常指一年)运用生产要素所生产的全部最终产品(物品和劳务)的市场价值。

(二)注意事项

1. GDP 是指最终产品的总价值。因此,在计算时不应包括中间产品价值,否则会造成重复计算。

2. GDP 是一国范围内生产的最终产品的市场价值。这是一个地域概念,即它不仅包括本国国民所生产的最终产品的市场价值,而且包括外国国民在本国国土上所生产的最终产品的市场价值。与国内生产总值相联系的国民生产总值(GNP)则是一个国民概念,它是指某国国民所拥有的全部生产要素所生产的最终产品的市场价值总和,即不仅包括在本国境内的国民所生产的最终产品的市场价值,而且包括该国国民从外国所获得的收入。

3. GDP是指当年内生产出来的最终产品的市场价值，因此，在计算时不应包括以前某一时期生产的最终产品的市场价值。

4. GDP是一定时期内所生产而不是所售出的最终产品的价值。生产出来而未售出的部分可以看作企业自己买下来的部分，因而是存货投资，也计入GDP。从量上来看，生产出的产品价值与售出的产品价值可能相等，也可能不相等。

5. GDP一般仅指市场活动导致的价值。不经过市场销售的最终产品不计入GDP中。例如，家务劳动、自给性生产等非市场活动不计入GDP中。

6. GDP中的最终产品不仅包括有形的最终产品，而且包括无形的最终产品——劳务。例如，旅游、服务、卫生、教育等行业提供的劳务，按其所获得的报酬计入国内生产总值中。

（三）GDP与GNP的关系

GDP = GNP - 本国公民在国外生产的最终产品和劳务的价格

+ 外国公民在本国生产的最终产品和劳务的价格

GDP和GNP是两个既有联系又有区别的指标，它们都是核算社会生产成果和反映宏观经济的总量指标。GDP强调的是创造的增加值，GNP则强调获得的原始收入。各国的GDP和GNP相差额不大，但如果某国在国外有大量投资或大批劳工，则该国的GNP往往会大于GDP。

三、国民收入的几个总量

（一）国内生产净值（NDP）

国内生产净值是指一个国家一年内新增加的产值，即在国内生产总值中扣除了折旧之后的产值，也就是从GDP中扣除资本折旧，即得到NDP。

（二）国民收入（NI）

国民收入有广义和狭义之分。广义的国民收入泛指国民收入五个总量，即国民收入可以指国内生产总值、国内生产净值，也可以指个人收入和个人可支配收入等。国民收入决定理论中所讲的国民收入就是指广义的国民收入。本书以后所提到的国民收入，指广义的国民收入。狭义的国民收入是指一个国家一年内用于生产各种生产要素所得到的全部收入，即工资、利润、利息和地租的总和，也就是按生产要素报酬计算的国民收入。

从国内生产净值中扣除间接税和企业转移支付再加上政府补助金，就得到一国生产要素在一定时期内所得的报酬即狭义的国民收入。间接税是指可以转嫁给消费者的税收，企业转移支付包括企业捐赠和呆账。这类税收一般在生产和流通环节征收，如增值税、营业税、关税等。直接税指不能转嫁税负，即只能由纳税人自己承担税负的税收。这类税收一般在收入环节征收,如所得税。间接税和企业转移支付虽然构成产品价格,但不成为要素收入;相反,政府给企业的补助金虽不列入产品价格,但成为要素收入。故在国民收入中应扣除间接税和企业转移支付,而加上政府补助金。

(三)个人收入(PI)

个人收入是指一个国家一年内个人所得到的全部收入。生产要素报酬意义上的国民收入并不会全部成为个人收入。因为,一方面,利润收入中要给政府缴纳公司所得税,公司还要留下一部分利润用作积累,只有一部分利润才会以红利和股息形式分给个人,并且职工收入中也有一部分要以社会保险费的形式上缴有关部门。另一方面,人们也会以失业救济金、职工养老金、职工困难补助、退伍军人津贴等形式从政府那里得到转移支付。因此,从国民收入中减去公司所得税、公司未分配利润、社会保险税(费),加上政府给个人的转移支付,即为个人收入。

最主要的扣减项有:公司所得税、公司未分配利润、社会保障支付;

最主要的增加项有:政府对个人的转移支付,如失业救济、退休金、医疗补助等。

(四)个人可支配收入(DPI)

个人可支配收入是指一个国家一年内个人可以支配的全部收入,即人们可以用来消费或储蓄的收入。因为要缴纳个人所得税,所以,缴纳个人所得税以后的个人收入才是个人可支配收入,即个人可用来消费与储蓄的收入。

总结以上内容,国民收入核算中的这五个总量之间的关系是:

NDP = GDP - 折旧

NI = NDP - 间接税 - 企业转移支付 + 政府补助金

PI = NI - 公司所得税 - 公司未分配利润 - 社会保险税 + 政府对居民的转移支付

DPI = PI - 个人所得税 = 个人消费 + 个人储蓄

四、流量与存量的区分

流量是指在某一段时间内所发生的经济总量。

而存量则是指一国在某一特定时点上的经济总量。

在主要的宏观经济总量中,收入、支出、消费、投资、储蓄等都是流量,而货币供给量、劳动力、失业量等都是存量。

第二节　国内生产总值的核算方法

一、用支出法核算 GDP

用支出法核算 GDP，就是从产品的使用出发，把一年内购买的各项最终产品的支出加总而计算出的该年内生产的最终产品的市场价值。这种方法又称最终产品法、产品流动法。

如果用 Q_1、Q_2……Q_n代表各种最终产品的产量，P_1、P_2……P_n代表各种最终产品的价格，则使用支出法核算 GDP 的公式是：

$$Q_1P_1+Q_2P_2+\cdots\cdots Q_nP_n=\text{GDP}$$

在现实生活中，产品和劳务的最后使用，主要是居民消费、企业投资、政府购买和出口。因此，用支出法核算 GDP，就是核算一个国家或地区在一定时期内居民消费、企业投资、政府购买和出口这几方面支出的总和。

居民消费（用字母 C 表示），包括购买冰箱、彩电、洗衣机、小汽车等耐用消费品的支出，服装、食品等非耐用消费品的支出以及用于医疗保健、旅游、理发等劳务的支出。建造住宅的支出不属于消费。

企业投资（用字母 I 表示），是指增加或更新资本资产（包括厂房、机器设备、住宅及存货）的支出。投资包括固定资产投资和存货投资两大类。固定资产投资指新造厂房、购买新设备、建筑新住宅的投资。为什么住宅建筑属于投资而不属于消费呢？因为住宅像别的固定资产一样是长期使用、慢慢地被消耗的。存货投资是企业掌握的存货价值的增加（或减少）。如果年初全国企业存货为 2000 亿美元而年末为 2200 亿美元，则存货投资为 200 亿美元。存货投资可能是正值，也可能是负值，因为年末存货价值可能大于也可能小于年初存货。企业存货之所以被视为投资，是因为它能产生收入。

计入 GDP 中的投资是指总投资，即重置投资与净投资之和，重置投资也就是折旧。

投资和消费的划分不是绝对的，具体的分类则取决于实际统计中的规定。

政府购买（用字母 G 来表示），是指各级政府购买物品和劳务的支出，它包括政府购买军火、军队和警察的服务，政府机关办公用品与办公设施，举办诸如道路等公共工程、开办学校等方面的支出。政府支付给政府雇员的工资也属于政府购买。政府购买是一种实质性的支出，表现出商品、劳务与货币的双向运动，直接形成社会需求,成为国内生产总值的组成部分。政府购买只是政府支出的一部分,政府支出的另一部分如政府转移支付、公债利息等都不计入 GDP。政府转移支付是政府不以取得本年生产出来的商品与劳务作为报偿的支出,包括政府在社会福利、社会保险、失业救济、贫困补助、老年保障、卫生保健、对农业的补贴等方面的支出。政府转移支付是政府通过其职能将收入在不同的社会成员间进行转移和重新分配,将一部分人的收入转移到另一部分人手中,其实质是一种财富的再分配。有政府转移支付发生时,即政府付出这些支出时,并不相应得到什么商品与劳务,政府转移支付是一种货币性支出,整个社会的总收入并没有发生改变。因此,政府转移支付不计入国内生产总值中。

净出口(用字母 X - M 表示,X 表示出口,M 表示进口)是指进出口的差额。进口应从本国总购买中减去,因为它表示收入流到国外,同时,也不是用于购买本国产品的支出;出口则应加进本国总购买量之中,因为出口表示收入从外国流入,是用于购买本国产品的支出,因此,净出口应计入总支出。净出口可能是正值,也可能是负值。

把上述四个项目加起来,就是用支出法计算 GDP 的公式:

$$\text{GDP} = C + I + G + (X - M)$$

二、用收入法核算 GDP

用收入法核算 GDP,就是从收入的角度,把生产要素在生产中所得到的各种收入相加来计算的 GDP,即把劳动所得到的工资、土地所有者得到的地租、资本所得到的利息以及企业家才能得到的利润相加来计算 GDP。这种方法又叫要素支付法、要素成本法。

在没有政府的简单经济中,企业的增加值即其创造的国内生产总值,就等于要素收入加上折旧,但当政府介入后,政府往往征收间接税,这时的 GDP 还应包括间接税和企业转移支付。间接税是对产品销售征收的税,它包括货物税、周转税。这种税收名义上是对企业征收,但企业可以把它打入生产成本之中,最终转嫁到消费者身上,故也应视为成本。同样,还有企业转移支付,即企业对非营利组织的社会慈善捐款和消费者呆账,它也不是生产要素创造的收入,但要通过产品价格转移给消费者,故也应看作成本。

资本折旧也应计入 GDP。因为它虽不是要素收入,但包括在总投资中。

还有,非公司企业主收入也应计入 GDP 中。非公司企业主收入,是指医生、律师、小店铺主、农民等的收入。他们使用自己的资金,自我雇用,其工资、利息、租金很难像公司的账目那样,分成其自己经营应得的工资、自有资金的利息、自有房子的租金等，其工资、利息、利润、租金常混在一起作为非公司企业主收入。

这样，按收入法计算的公式就是：

GDP = 工资 + 利息 + 利润 + 租金 + 间接税和企业转移支付 + 折旧

从理论上讲，用收入法计算出的 GDP 与用支出法计算出的 GDP 在量上是相等的。

三、用生产法核算 GDP

用生产法核算 GDP，是指按提供物质产品与劳务的各个部门的产值来计算国内生产总值。生产法又叫部门法。这种计算方法反映了国内生产总值的来源。

运用这种方法进行计算时，各生产部门要把使用的中间产品的产值扣除，只计算所增加的价值。商业和服务等部门也按增值法计算。卫生、教育、行政、家庭服务等部门无法计算其增值，就按工资收入来计算其服务的价值。

按生产法核算国内生产总值，可以分为下列部门：农林渔业，矿业，建筑业，制造业，运输业，邮电和公用事业，电、煤气、自来水业，批发、零售商业，金融、保险、不动产，服务业，政府服务和政府企业。把以上部门生产的国内生产总值加总，再与国外要素净收入相加，考虑统计误差项，就可以得到用生产法计算的 GDP 了。

从理论上说，按支出法、收入法与生产法计算的 GDP 在量上是相等的，但实际核算中常有误差，因而要加上一个统计误差项来进行调整，使其达到一致。实际统计中，一般以国民经济核算体系的支出法为基本方法，即以支出法所计算出的国内生产总值为标准。

四、两种国民收入核算体系

以上所介绍的是西方国民收入核算体系（简称 SNA）。该体系以西方经济理论为依据，认为创造物质产品和提供服务的劳务活动都是创造价值的生产活动，将国内生产总值（GDP）作为核算国民经济活动的核心指标。

西方国民收入核算体系是目前大多数国家所采取的一种核算国民经济的方法，是一种比较合理和科学的核算体系。首先，在世界经济全球化、一体化、市场化、信息化趋势不断加强的今天，信息、知识、技术、劳务部门在经济生活中的地位日益重要，第三产业创造的价值在现代经济生活中所占的比重愈来愈大，而物质生产在整个经济生活中的地位已相对下降。因此，在国民收入核算体系中应把非物质生产劳务计算在内，把一切有偿劳务的市场价值计入 GDP 是必要的。其次，根据 SNA 核算国民收入时可以避免重复计算，区分名义 GDP 和实际 GDP 等也都有合理性。当然，这种体系以 GDP 来衡量国民经济总产出水平、经济发展程度、生活水平等也是有缺陷的。例如,非市场交易活动(如家务活动、自给自足生产)得不到反映,无法说明人们闲暇的享受与安全,无法反映一国环境污染的程度,其中也不可避免地有一些重复计算,等等。

在20世纪90年代"冷战"结束以前,还有一种国民经济核算体系即中央计划经济各国的物质产品平衡表体系(简称MPS),为苏联、东欧及我国所采用。该体系以马克思再生产理论为依据,将社会总产值和国民收入作为反映国民经济活动总成果的基本指标。这种核算体系与高度集中的计划管理体制相适应,曾发挥过重要作用,但随着全球市场经济体制的改革和发展,其缺陷日益突出。例如,它不能反映信息、劳务等非物质生产部门的发展,不利于反映综合国力和合理调整产业结构;它不能系统反映社会资金运动情况,不利于国家宏观管理和调控;它不能反映国民经济循环全貌及各环节间衔接情况,不利国家掌握整个经济运行的综合平衡。因此,东欧、俄罗斯等经济转轨国家和我国也逐渐采用了西方国民经济核算体系。我国从1985年起,正式采用GDP指标作为考核国民经济发展和制定经济发展战略目标的主要指标。目前我国已计算并公布GDP数字,但还没有计算和公布国内生产净值、国民收入、个人收入和个人可支配收入等指标的数字。

表1-1 1979—1989年期间经济合作与发展组织(OECD)主要成员国GDP构成的变化

	消费支出(C)	资本总构成(I)	政府总消费(G)	净出口(X-M)
美国	+3.6	-3.8	+0.9	-0.7
日本	-2.1	+0.3	-0.5	+2.3
德国	-2.3	-1.4	-1.0	+4.7
法国	+1.8	-1.8	+0.6	-0.6
英国	+3.5	+0.9	-0.3	-4.1
意大利	+1.8	-2.8	+2.3	-1.3
全部OECD	+1.6	-2.1	+0.4	+0.1

第三节 国民收入核算中的恒等式

从支出法、收入法与生产法所得出的国内生产总值的一致性,可以说明国民经济中的一个基本平衡关系。总支出代表了社会对最终产品的总需求,而总收入

和总产量代表了社会对最终产品的总供给。因此,从国内生产总值的核算方法中可以得出这样一个恒等式:

总需求 = 总供给

这种恒等关系在宏观经济学中是十分重要的。我们可以从国民经济的运行,即国民经济的收入流量循环模型,来分析这个恒等式。

理论研究是从简单到复杂、从抽象到具体的,所以,我们从两部门经济入手研究国民经济的收入流量循环模型与国民经济中的恒等关系,进而研究三部门经济与四部门经济。

一、两部门经济中的收入流量循环模型与恒等关系

两部门经济指由厂商和居民户这两种经济单位所组成的经济社会,这是一种最简单的经济。

在两部门经济中,居民户向厂商提供各种生产要素、得到相应的收入,并用这些收入购买与消费各种产品与劳务;厂商购买居民户提供的各种生产要素进行生产,并向居民户提供各种产品与劳务。

在包括居民户与厂商的两部门经济中,总需求分为居民户的消费需求与厂商的投资需求。消费需求与投资需求可以分别用消费支出与投资支出来代表,消费支出即为消费,投资支出即为投资。所以:

总需求 = 消费 + 投资

如果以 AD 代表总需求,以 C 代表消费,以 I 代表投资,则可以把上式写为:

$$AD = C + I$$

总供给是全部产品与劳务供给的总和,产品与劳务是由各种生产要素生产出来的,所以,总供给是各种生产要素供给的总和,即劳动、资本、土地和企业家才能供给的总和。生产要素供给的总和可以用各种生产要素相应得到收入的总和来表示,即用工资、利息、地租和利润的总和来表示。工资、利息、地租和利润是居民户所得到的收入,这些收入分为消费与储蓄两部分。所以:

总供给 = 消费 + 储蓄

如果以 AS 代表总供给,以 C 代表消费,以 S 代表储蓄,则可以把上式写为:

$$AS = C + S$$

总需求与总供给的恒等式就是:

$$AD = AS$$

即:$C + I = C + S$

如果两边同时消去 C,则可以写为:$I = S$

二、三部门经济中的收入流量循环模型与恒等关系

三部门经济是指由厂商、居民户与政府这三种经济单位所组成的经济社会。

在三部门经济中，政府的经济职能是通过税收与政府支出来实现的。政府通过税收与支出和居民户、厂商发生经济上的联系。

三部门经济的总供给中，除了居民户供给的各种生产要素之外，还有政府的供给。政府的供给是指政府为整个社会提供了国防、立法、基础设施等公共物品。政府要提供这些公共物品，必须得到相应的收入——税收。所以，可以用政府税收来代表政府的供给。这样：

总供给 = 消费 + 储蓄 + 税收

如果以 T 代表政府税收，则可以把上式写为：

$$AS = C + S + T$$

三部门经济中总需求与总供给的恒等就是：

$$AD = AS$$

即：

$$I + G = S + T$$

三、四部门经济中的收入流量循环模型与恒等关系

四部门经济是指由厂商、居民户、政府和国外这四种经济单位所组成的经济社会。

在四部门经济中，国外部门的作用是：作为国外生产要素的供给者，向国内各部门提供产品与劳务，对国内来说，这就是进口；作为国内产品与劳务的需求者，向国内进行购买，对国内来说，这就是出口。

在四部门经济中，总需求不仅包括居民户的消费需求、厂商的投资需求与政府的需求，而且还包括国外的需求。国外的需求对国内来说就是出口，所以可以用出口来代表国外的需求。这样：

总需求 = 消费 + 投资 + 政府支出 + 出口

如果以 X 代表出口，则可以把上式写为：

$$AD = C + I + G + X$$

四部门经济的总供给中，除了居民户供给的各种生产要素和政府的供给外，还有国外的供给。国外的供给对国内来说就是进口，所以可以用进口来代表国外的供给。这样：

总供给 = 消费 + 储蓄 + 政府税收 + 进口

如果以 M 代表进口,则可以把上式写为:

$$AS = C + S + T + M$$

四部门经济中总需求与总供给的恒等就是:

$$AD = AS$$

即:

$$I + G + X = S + T + M$$

在国民收入核算中,这种恒等式是一种事后的恒等关系,即在一年的生产与消费之后,从国民收入核算表中所反映出来的恒等关系。这种恒等关系,也是国民收入决定理论的出发点。但是,在一年的生产活动过程中,总需求与总供给并不总是相等的。有时总需求大于总供给,也有时总供给大于总需求。

第四节　名义 GDP 和实际 GDP

名义 GDP 是指按当年价格计算的国内生产总值,实际 GDP 是指按以前某一年作为基期的价格计算的国内生产总值。

名义 GDP 与实际 GDP 之比,称为国内生产总值折算指数。

$$GDP\text{ 折算指数} = \frac{\text{某年名义 }GDP}{\text{某年实际 }GDP} = \frac{\sum P_t Q_t}{\sum P_o Q_t} \times 100\%$$

举例见表 1-2:

表 1-2　名义 GDP 和实际 GDP 的关系

	1999 年名义 GDP	2002 年名义 GDP	2002 年实际 GDP
苹果	15 万单位 ×1 美元 =15 万美元	20 万单位 ×1.5 美元 =30 万美元	20 万单位 ×1 美元 =20 万美元
背包	5 万单位 ×100 美元 =500 万美元	6 万单位 ×110 美元 =660 万美元	6 万单位 ×100 美元 =600 万美元
合计	515 万美元	690 万美元	620 万美元

上式中,P_t 为当年价格,P_0 为基期价格,Q_t 为当年产量,$\Sigma P_t Q_t$ 为当年名义 GDP,$\Sigma P_0 Q_t$ 为当年实际 GDP。在上例中,690 ÷ 620 = 111.3%,即 GDP 折算指数为 111.3%,说明从 1999 年到 2002 年该国价格水平上升了 11.3%。国内生产总值折算指数是重要的物价指数之一,能反映通货膨胀的程度。

实际 GDP 既能反映实际产量的变动,又能反映价格的变动,名义 GDP 则只反映产量的变动。只有根据实际 GDP,才能准确反映国民经济的实际增长情况。按名义 GDP 计算的增长率,其实是由价格水平上升引起的,或者是由产量与价格水平变动共同引起的,只有按实际 GDP 计算的增长率,才反映产量的真实变动情况。

案例分析:中国 GDP 与世界 GDP

2015 年中国大陆 31 省区 GDP 总量状况

2015 年中国国内生产总值为 676708 亿元,按可比价格计算,比上年增长 6.9%。2015 年末,中国大陆总人口(包括 31 个省、自治区、直辖市和中国人民解放军现役军人,不包括香港、澳门特别行政区和台湾省以及海外华侨人数)137462 万人,比上年末增加 680 万人。全国人均 GDP 为 49228.73 元,2015 年人民币兑美元全年平均汇率 6.2284,按平均汇率计算,2015 年中国 GDP 折合 108648.77 亿美元,人均 GDP 达到 7904 美元。

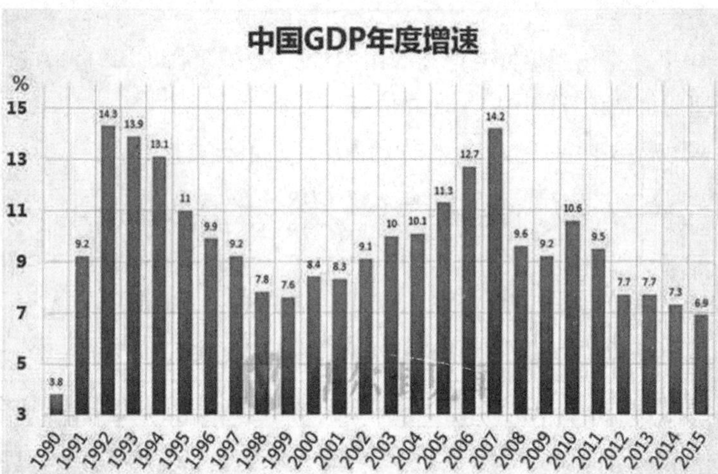

图 1-1 中国 GDP 年度增速

据世界银行报告称,美国的 GDP 总量大致相当于排名第 3 位至第 10 位国家(即日本、德国、英国、法国、印度、意大利、巴西和加拿大)的 GDP 总量之和。虽然从表 1-3 中看,美国 GDP 遥遥领先于其他国家,但从各大洲的排名看,当前亚洲正开始处于领先地位,占全球 GDP 的 33.84%。此外,北美 GDP 占比 27.95%,欧洲则为 21.37%。这三大洲占世界经济活动的约 83%。报告分析称,巴西是支撑南美洲经济的重要国家,但该国的 GDP 总量不到美国 GDP 的 1/10。此外,南美洲和非洲当前依然未能在全球经济中占据更多比重。南美洲四大经济体,巴西、阿根廷、委内瑞拉和哥伦比亚的GDP之和只占全球GDP的4%，而非洲三大国家，南非、埃及和尼日利亚的GDP之和只占1.5%。如表1－3所示：

表1－3 2015年世界各国名义GDP及占的比重

排名	国家	GDP(名义,2015年)	占世界的比重(%)
1	美国	18.0万亿美元	24.30%
2	中国	11.0万亿美元	14.80%
3	日本	4.4万亿美元	5.90%
4	德国	3.4万亿美元	4.50%
5	英国	2.9万亿美元	3.90%
6	法国	2.4万亿美元	3.30%
7	印度	2.1万亿美元	2.80%
8	意大利	1.8万亿美元	2.50%
9	巴西	1.8万亿美元	2.40%
10	加拿大	1.6万亿美元	2.10%
11	韩国	1.4万亿美元	1.90%
12	澳大利亚	1.3万亿美元	1.80%
13	俄罗斯	1.3万亿美元	1.80%
14	西班牙	1.2万亿美元	1.60%
15	墨西哥	1.1万亿美元	1.50%
16	印尼	0.9万亿美元	1.20%
17	荷兰	0.8万亿美元	1.00%
18	土耳其	0.7万亿美元	1.00%
19	瑞士	0.7万亿美元	0.90%
20	沙特阿拉伯	0.6万亿美元	0.90%

第二章

简单国民收入决定论

说明一个国家的生产或收入如何决定，是从分析最简单的经济关系开始的，为此，需要先作些假设。

假设所分析的经济中不存在政府，也不存在对外贸易，只有家庭和企业两个主体。消费和储蓄行为都发生在家庭部分，生产和投资行为都发生在企业部分。还假定企业投资是自主的，即不随利率和产量而变动。这样的简单经济关系称为两部门经济。

假设不论需求量为多少，经济制度均能以不变的价格提供相应的供给量。就是说社会总需求变动时，只会引起产量和收入的变动，使供求相等，而不会引起价格变动。这在凯恩斯西方经济学中有时称为凯恩斯定律。凯恩斯写作《就业、利息和货币通论》的时代背景：面对的是 1929—1933 年的资本主义世界的大萧条，工人大批失业，资源大量闲置。在这种情况下，社会总需求增加时，只会使闲置资源得以利用，生产增加，而不会使得资源价格上升，从而产品成本和价格大体上能保持不变。这条所谓的凯恩斯定律被认为适用于短期分析，即短期中收入和就业如何决定。因为在短期中，价格不易变动，或者说价格具有粘性，当社会需求变动时，企业首先考虑的是调整产量而不是改变价格。

此外，假定折旧和公司未分配利润为零，这样 GDP、NDP、NI、PI 就会相等。

由此可见，凯恩斯收入决定模型只涉及短期产品市场的分析，所以称为简单国民收入决定模型。

第一节　均衡产出

一、最简单的经济关系

简单国民收入决定模型是建立在以凯恩斯的短期总供给曲线为水平的情况下，均衡的国民收入水平取决于总需求水平。即厂商在有闲置生产能力的情况下,总需求越多,厂商所提供的产出也将越大。

二、均衡产出的概念

当总需求发生变化时,国民收入将会增加或减少多少?下面我们来作更进一步的分析。

在凯恩斯简单国民收入决定模型中,一般用总支出(Aggregate Expenditure,AE)的概念来解释,这个总支出也就是我们在用支出法核算 GDP 里的那个支出的概念,即国内生产总值的水平主要是由总支出水平决定的。而总支出是在价格水平不变的情况下,取决于国民收入水平。简单国民收入决定模型是在假定价格不变的前提下来分析国民收入是如何决定的,所以这里用总支出的概念来进行分析。

GDP 同时衡量两件事情:经济中所有人的总收入和用于经济中物品与服务产出的总支出。由于这两件事实际上是相同的,所以均衡国民收入是与总支出相等的收入。对于一个整体经济而言,总收入和总支出是相等的。如图 2－1 所示,纵轴表示支出,横轴表示收入。45°线被作为一条参考线(这也是在宏观经济学中经常采用的一种方法),它能把任何一段横轴距离转化为一段相等的纵轴距离。当总支出 AE 曲线与 45°线相交,则总支出水平与收入水平相等。如果国民收入水平大于 YE,则国民收入(产出)超过支出,厂商持有的非意愿存货(Unintended Inventory,UI)会增加,厂商将减少生产。相反,如果国民收入水平小于 YE,则国民收入(产出)低于总支出,企业存货会减少,企业就会增加生产(国民收入水平上升),可见厂商最终把产出定在与总支出相等的水平上,这个产出(国民收入)水平就是均衡产出(收入)水平。

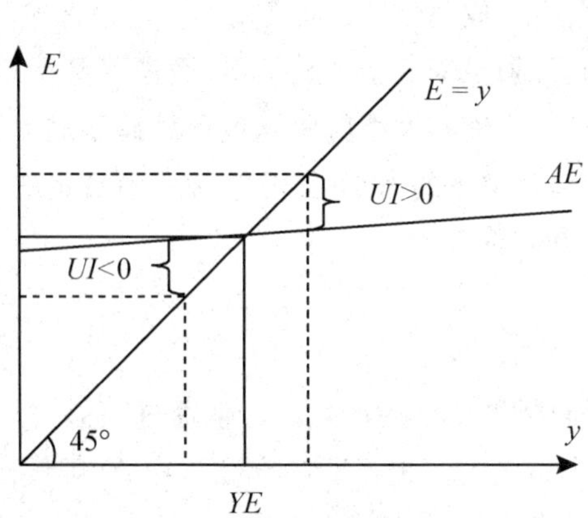

图 2－1　支出决定收入

据此,我们可以写出两部门经济中,均衡产出的表达式。均衡产出是和总需

求相一致的产出。由于两部门经济中没有政府和对外贸易,总需求就由居民消费和企业投资构成,于是均衡产出可用公式表示为:

$$y = c + i$$

还有必要指出的是这里 y、c、i 都用小写字母表示,分别代表剔除了价格变动的实际产出或收入、实际消费和实际投资,与大写字母表示的 y、c、i 分别代表的名义产出或收入、名义消费和名义投资是有区别的。

三、投资等于储蓄

此外均衡产出或收入的条件也可用 $i = s$ 来表示,因为这里的支出等于消费加投资。即 $e = c + i$,而生产创造的收入在两部门经济中,除了用于消费,就是用于储蓄。即 $y = c + s$ 按照均衡产出的条件,总支出等于总收入就是 $e = y$,即 $c + i = c + s$,等式两边消去 c,则得到:

$$i = s$$

社会总需求是由消费需求和投资需求所构成的,而又因为这一章开始的假设:投资为外生变量。所以国民收入主要由消费来决定,我们接下来就开始对消费函数进行分析。

第二节　凯恩斯的消费理论

既然均衡的产出水平是由总需求决定的,那么要分析均衡产出水平如何决定,就要分析总需求各个组成部分是如何决定的。这里首先分析消费是如何决定的,经济均衡的条件是计划投资等于计划储蓄,而消费又是总需求中最主要的构成部分,所以要知道计划投资的大小就要知道计划储蓄的大小;而要知道计划储蓄的大小就必须先知道消费量的大小,因此掌握了消费量的大小,就可以从国民收入中去掉消费量得到储蓄量。

一、消费函数

消费函数理论是自凯恩斯以后产生的。他通过建立收入与消费之间的函数关系,揭示了收入与消费之间的相互影响。20 世纪 30 年代初的资本主义大危机以后,产生了凯恩斯经济学,凯恩斯首先提出了自己的消费函数理论,该理论是他有效需求理论的重要组成部分。第二次世界大战以后,西方国家随着经济的恢复和发展,其收入和消费的情况发生了较大的变化,在此基础上,西方经济学家对凯恩斯的消费函数理论进行了较大的补充和修正，消费函数理论有了较大的发展。

消费函数主要是揭示收入与消费两者之间的相互关系，是基于消费者行为的基础上对总量消费状况的描述。由于总量消费是个体消费的综合，宏观经济特征可以由微观消费者的行为得到解释。按照我们上一节对均衡收入的介绍，简单国民收入 y 主要是由消费和投资构成，了解消费函数理论，将有助于我们更好地理解均衡国民收入的表达公式。

凯恩斯的消费函数理论被称为“绝对收入假定”，其中心是边际消费倾向递减理论。

事实上，在现实生活中影响消费支出的因素很多，比如：消费者的收入水平、商品的价格水平、消费者自身偏好、风俗习惯以及一个国家的宏观经济政策等，但其中最重要的是收入水平，收入水平的变化决定消费的变化。具体说来，消费支出是随着收入的增加而增加的——收入较高的家庭的消费多于收入较低的家庭，而且收入较高的国家一般具备较高的总消费水平。消费和收入之间的这种关系就是由消费函数来表示的（为了简化起见，这里讨论的是线性消费函数）。

凯恩斯的“绝对收入假定”的消费函数，可以用下面的公式表示：

$$c = \alpha + \beta y$$

其中，c：消费支出；

α：自发性消费；

βy：诱发性消费；

β：边际消费倾向（下文会重点解释这个概念）

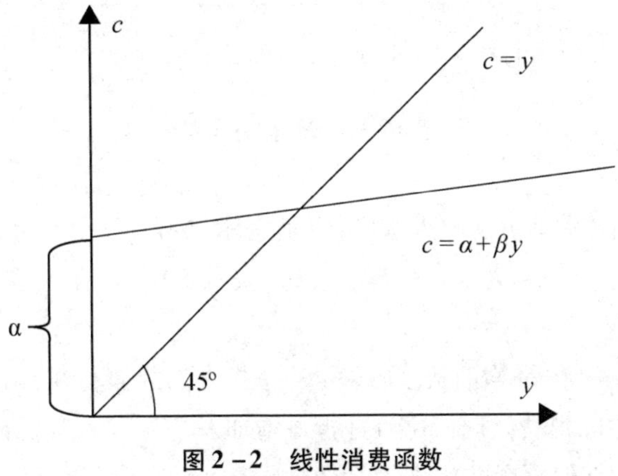

图 2－2　线性消费函数

变量α也即图2-2中消费函数在y轴上的截距,所谓自发消费表示全部消费支出中不随收入变化而变化的那部分消费支出。这一部分消费支出是针对短期分析而言的。在短期中,人们如果收入太低甚至没有收入,这时可以通过借钱或取出原来的存款来维持消费。但是如果从长期角度分析,人们如果没有收入,则不可能有消费,所以长期消费函数应该是 $c=\beta y$,是条从原点出发的直线。

二、储蓄函数

收入中除去用于消费的,余下的就是储蓄。假设收入增加1元,那么这其中有β用于消费,在不考虑政府和对外贸易的经济中,剩余的 $1-\beta$ 就是用于储蓄,再没有其他用途了。所以有:

$$S=Y-C$$

根据定义,储蓄等于收入减去消费。可见,通过消费函数可以推出储蓄函数。即:

$$S=Y-C=Y-(\alpha+\beta y)=-\alpha+(1-\beta)y$$

下面我们用图像来表示储蓄函数。

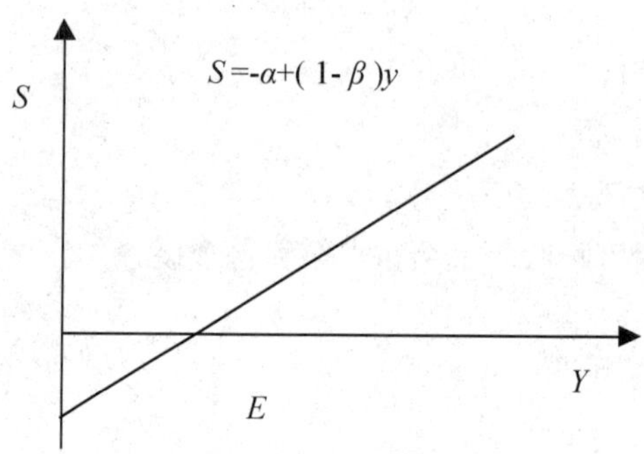

图2-3　线性储蓄函数

在图2-3中,横轴表示收入水平,纵轴表示储蓄水平。S为储蓄曲线。E点是收支相抵点,这时储蓄为0。在E点左边,表示负储蓄,在E点右边,表示有正储蓄。

与消费函数一样,平均消费倾向(APS)是指人们的储蓄在其收入中所占的比例,记为 S/Y。边际消费倾向(MPS)是指每增加一单位收入时,所增加的储蓄,记为 $MPS=\Delta s/\Delta y$,在储蓄函数中即为系数 $1-\beta$。由储蓄函数可见,储蓄是收入水平的一个增函数,因为边际储蓄倾向 $1-\beta$ 是正值。换言之,储蓄是随着收入水平的增加而增加的。例如假设边际消费倾向等于0.8,这意味着每增加1元收入时,其中 0.8 是被消费掉的，而当边际储蓄倾向等于 0.2 时，意味着收入里余下的 0.2 是被储蓄起来的。

三、消费函数和储蓄函数的关系

（一）平均消费倾向和边际消费倾向

1. 消费倾向

平均消费倾向（APC）是指人们的消费支出总量在收入总量中所占的比例，记为

$$APC = C/Y$$

APC 既可以小于 1，也可以大于 1，还可以等于 1。它们各代表不同意义：当 $APC = 1$ 时，表示全部收入用于消费；当 $APC < 1$ 时，表明收入除去消费外，剩余收入可用于储蓄。当 $APC > 1$ 时，即消费大于收入，消费者为了维持一个起码的消费水平，可通过动用过去存款或依靠社会救济等，即消费超过了收入。

2. 边际消费倾向

边际消费倾向（MPC）是指增加的消费占增加的收入的比重，即：

$$MPC = \triangle C/\triangle Y$$

也就是上面消费函数公式中的 β，表示每增加 1 元收入，消费将增加 β 元。例如当 β 等于 0.8 时，表示收入每增加 1 元，消费将增加 0.8 元。若收入和消费的增量均为极小时，上述公式可以写成：$MPC = dC/dY$，也即边际消费倾向是消费函数的导数。

边际消费倾向表示增加收入中增加的消费，凯恩斯认为，随着人们收入水平的增加，消费增长的速度是落后于收入增长速度的，也即边际消费倾向具有递减规律，随着收入的增加而呈现递减的趋势。

下面我们用一个例子来说明消费函数中的这些概念，假设消费函数为 $C = 100 + 0.80y$，就是说自发消费为 100，$MPC = 0.8$。若 $y = 1000$，则可算出消费为 900，其中 100 为自发消费，800 为诱发性消费，此时平均消费倾向 $APC = 0.9$。

当消费和收入之间呈线性关系时，消费函数是一条向右上方倾斜的直线，消费函数上每一点斜率相等，并且大于 0 而小于 1。消费增量只是收入增量中的一个部分，即收入增长后，人们不会全部用于消费。

（二）平均储蓄倾向和边际储蓄倾向

1. 储蓄倾向（储蓄与收入的比率）

平均储蓄倾向：储蓄总量与收入总量的比率，即 APS。

$$APS = s/y$$

收入 100 元中,80 元用于消费,其余 20 元用于储蓄,平均储蓄倾向 APS = s/y = 0.2。

2. 边际储蓄倾向(MPS)

每增减 1 元国民收入所带来的储蓄的变化。

边际储蓄倾向 MPS 是储蓄增量与收入增量的比率

$$MPS = \Delta s/\Delta y$$

当 Δs 与 Δy 趋于无穷小时,$MPS = ds/dy$,MPS 是储蓄函数的一阶导数;储蓄曲线上任一点切线斜率。

例:收入由 100 元增加到 120 元,消费由 80 元增加到 94 元。$MPS = S/Y = (26-20)/(120-100) = 0.3$。

储蓄函数为线性时,MPS 为常数$(1—b)$;非线性时,MPS 有随收入递增趋势。

(三)消费函数与储蓄函数的关系

由于全部收入分为消费和储蓄,因此:

1. 互为补数两者之和 $= y$,即 $y = c + s$。

2. 如果在该式两边同除以 y 有 $y/y = c/y + s/y$,即:$APC + APS = 1$

3. 与上同理,$y = c + s$,有 $\Delta y = \Delta c + \Delta s$;

两边同除 Δy,则 $\Delta y/\Delta y = \Delta c/\Delta y + \Delta s/\Delta y$ 即:$MPC + MPS = 1$

可以推断:若 MPC 有递减趋势,那么 MPS 必有递增趋势。随着收入的增加,人们的储蓄总量占收入总量的绝对比例也呈递增状态,即平均储蓄倾向 APS 也有递增趋势。

总结如下:

1. 消费函数与储蓄函数为互补函数,两者之和等于总收入。如图 2 - 4 所示。

2. 若 APC 和 MPC 都随收入增加而递减,但 $APC > MPC$,则 APS 和 MPS 都随收入的增加而增加,但 $APS < MPS$,如图 2 - 4 所示。

3. APC 和 APS 之和恒等于 1,MPC 和 MPS 之和恒等于 1。

4. 根据以上性质,消费函数和储蓄函数中只要有一个确定,另一个随之确定,当消费函数已知时,就可求得储蓄函数,反之亦然。

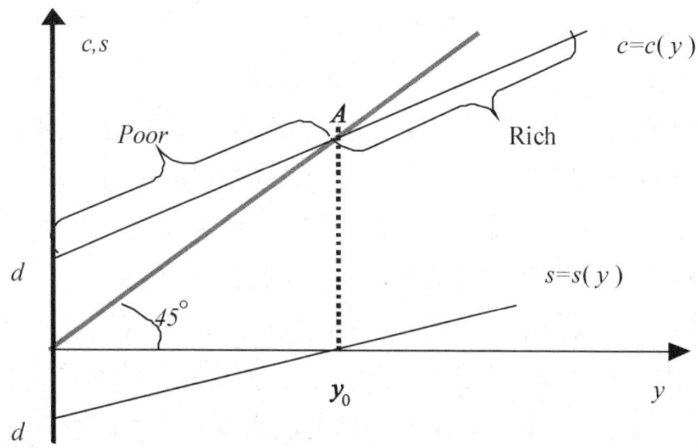

图 2－4　消费曲线与储蓄曲线的关系

第三节　两部门经济中国民收入的决定及变动

为了更好地理解影响国民收入水平高低的因素，首先要了解国民收入在实际经济中是如何运行的。在这一章的开始我们作出了以下假设：假设经济社会只有厂商和居民户两部门的经济。同时假定没有对外贸易，消费行为和储蓄行为都发生在家庭部门，生产行为和投资行为都发生在厂商部门，且投资不变。这种两部门经济在现实生活中是不存在的，但从这种简单化的假设出发可以说明国民收入决定的基本理论。

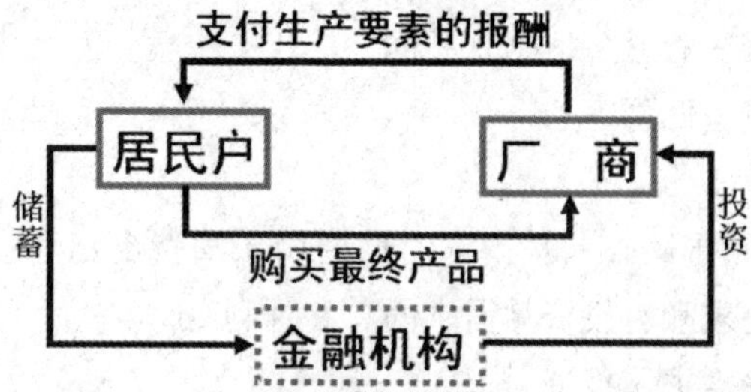

图 2－5　两部门经济的国民收入流程模型

在两部门经济中，居民户和厂商都是双重身份者，居民户是生产要素的提供者和最终产品的消费者；厂商是生产要素的使用者和最终产品的提供者。这一点在图 2－5 中我们也可以看到，居民向厂商提供自己的生产要素，获得相应的收入,然后用这些收入去购买和消费各种产品和劳务;厂商购买居民户提供的各种生产要素进行生产,并向居民户提供各种产品服务。

上图给我们传递了这样一个信息,在这个循环中只要居民把他们出卖自己生产要素所得到的收入用于购买厂商生产出来的各种产品和劳务,这个经济就可以以不变的规模循环下去。即使在这个循环中加入技术变化这个要素,新技术的使用一方面可以使得企业使用相同的生产要素提供更多的最终产品,另一方面居民户也可以凭借原来相同的生产要素,生产出更多的最终产品,最终也可以获得更多的收入。新技术的使用不会破坏这个循环,会使得总供给和总需求在更高水平重新达到平衡。但是如果居民户中有一部分收入现在不用作消费支出而储蓄起来,则国民收入的流量循环就要受到影响。这个时候只要通过金融机构把居民户的全部储蓄转化为厂商的投资,则储蓄等于投资,这个两部门经济就可以按不变的流量正常地循环下去。

一、两部门经济中国民收入的构成

如前所述,国民收入可以从收入、支出等不同角度加以分析,收入代表总供给,支出代表总需求。因此从供给方面看,国民收入是一定时期内各种生产要素(即劳动、资本、土地及企业家才能)生产出来的,也可以说是各种生产要素供给之和。这个总和又可以用各种生产要素相应得到的收入(即工资、利息、地租和利润)总和来表示,这些收入在两部门经济中不是用于消费就是用于储蓄,因而可用消费与储蓄相加进行表示。

总供给 = 各种生产要素供给的和
　　　 = 各种生产要素收入的总和
　　　 = 工资 + 利息 + 地租 + 利润
　　　 = 消费 + 储蓄

即 $y=c+s$。

从需求方面看,国民收入是一定时期内用于消费支出和投资支出的总和,也就是对消费品的需求和对投资品需求的总和,因此:

总需求 = 消费需求 + 投资需求
　　　 = 消费支出 + 投资支出
　　　 = 消费 + 投资

即 $y=c+i$。

在两部门经济中,国民收入的均衡条件是 $c+s=c+i$,两边同时消去 c,即得到 $i=s$。

这个等式表示经济运行不一定是总供给等于总需求的均衡状态，经济要达到均衡状态，则计划的投资必须和计划的储蓄要相等。如果投资不等于储蓄，则经济将出现非均衡状态。所以，计划投资等于计划储蓄是国民收入的均衡条件。

二、从消费函数出发决定的均衡国民收入

按照这章开始的假设，也就是凯恩斯认为的，短期内价格水平和总供给水平是不变的，均衡国民收入取决于总需求（即总支出）。在两部门经济中，总支出等于消费支出加投资支出，即 $y=c+i$，由于按照假设投资为自发的投资，为常数，即 $i=i_0$。根据这一假定，均衡的国民收入为 $y=c+i_0$，其中 $c=\alpha+\beta y$，$i=i_0$。这样就得到：$y=\alpha+\beta y+i_0$，那么

$$y=\frac{\alpha+i_0}{1-\beta}$$

下面我们通过一个例子来看下这个过程：

例如，消费函数为 $c=600+0.8y$，自发投资为200亿美元，则均衡收入：

$$y=\frac{600+200}{1-0.8}=4000$$

表2-1也说明了消费函数 $c=600+0.8y$ 和自发投资为200亿美元时的均衡收入决定情况。

表2-1　均衡收入决定情况

(1)收入 y	(2)消费 c	(3)储蓄 s	(4)投资 i
1000	1400	-400	200
2000	2200	-200	200
3000	3000	0	200
4000	3800	200	200
5000	4600	400	200
6000	5400	600	200
7000	6200	800	200

表2-1数据表明，$y=4000$ 亿美元时，$c=3800$ 亿美元，$i=200$ 亿美元，$y=c+i=3800+200=4000$（亿美元），说明4000亿美元是均衡收入。在收入小于4000亿美元时，c 与 i 之和都大于相应的总供给，这意味着企业的产量小于市场需求。于是，企业增加雇佣工人的数量，增加生产，使均衡收入增加。相反，收入大于4000亿美元时，c 与 i 之和都小于相应的总供给，这意味着企业的产量比市场需求多，产生了存

货投资,这会迫使企业解雇一部分工人,减少生产,使均衡收入减少。两种不同情况变化的结果都是产量正好等于需求量,即总供求相等,收入达到均衡水平。

均衡收入的决定还可用图 2-6 来表示。

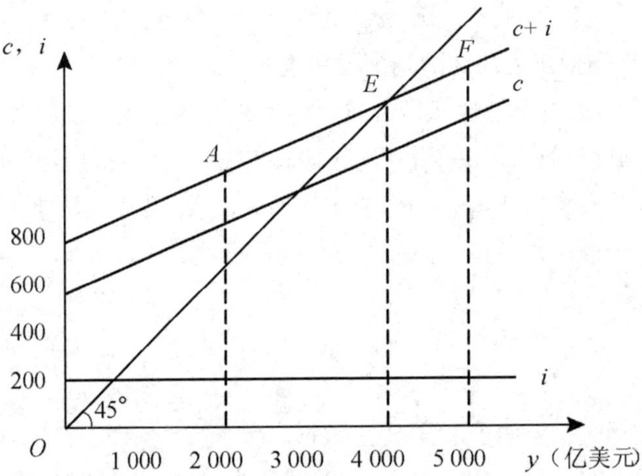

图 2-6 消费加投资决定国民收入

图 2-6 中的横轴表示收入,纵轴表示消费、投资。消费曲线 c 上加投资曲线 i 就得到总支出曲线 $c+i$,因投资为自发投资,自发投资总计等于 200 亿美元,故总支出曲线 $c+i$ 与消费曲线 c 是平行的,两条曲线在任何收入水平上的垂直距离都等于自发投资 200 亿美元。总支出曲线与 45°线相交于 E 点,E 点为均衡点,E 点决定的收入是均衡收入 4000 亿美元。如果经济处于总支出曲线 E 点之外的其他点上,就出现了总供求不相等的情况,这会引起生产的扩大或收缩,直至回到均衡点。比如,A 点的总需求为 2400 亿美元,比总供给 2000 亿美元多出 400 亿美元,这会使得国民收入增加,直到达到均衡的 4000 亿美元为止。F 点的总需求为 4800 亿美元,比总供给 5000 亿美元少 200 亿美元,国民收入就会减少,直至达到均衡的 4000 亿美元为止。

均衡的一个特征就是相对稳定,一旦偏离了均衡状态,总会自动向均衡状态去靠近。如果经济偏离了这个均衡点,具体来说在均衡点左边,表示总支出(或总需求)大于总供给,这意味着社会总支出大于厂商所生产出来的产量,厂商存货出现意外减少,于是厂商为使存货达到合意存货水平,就会增雇工人、增加产量,从而引起国民收入扩张,最终趋向均衡的国民收入水平。反之如果在均衡点右边,表示总支出(或总需求)小于总供给,这意味着厂商生产出来的产量大于它能销售出去的产量，厂商存货出现意外增加，为使存货达到合意存货水平，厂商就会减少雇佣工人、减少产量，从而引起国民收入收缩，并最终趋向均衡国民收入水平。只有在均衡点，总支出等于总产出时，厂商既没有非计划的存货投资，也没有非计划的存货负投资，厂商存货保持在合意水平，此时厂商既不会增加产量也不会减少产量，从而使国民收入维持在相对稳定的均衡状态。

三、从储蓄函数出发决定的均衡国民收入

上述均衡国民收入的决定是从消费函数出发得到的。实际上均衡国民收入也可以从储蓄函数出发得到，依据就是均衡国民收入的另外一种表述，计划投资等于计划储蓄时的国民收入水平即为均衡国民收入。

由于 $y = c + i, y = c + s$，得：$i = y - c = s$

而 $s = -\alpha + (1 - \beta)y$。

将以上两个方程联立并求解，就得到均衡收入：

$$y = \frac{\alpha + i}{1 - \beta}$$

上例中，$c = 600 + 0.8y, s = -600 + (1 - 0.8)y = -600 + 0.2y, i = 200$，令 $i = s$，即 $200 = -600 + 0.2y$，得 $y = 4000$（亿美元）。这一结果在表 2－3 中也体现出来，即 $y = 4000$ 亿美元时，投资 i 与储蓄 s 正好相等，从而实现了均衡。可以看到，这一结果与使用消费决定均衡收入的方法得到的结果是一样的。

储蓄与均衡国民收入的决定也可以用图 2－7 表示。

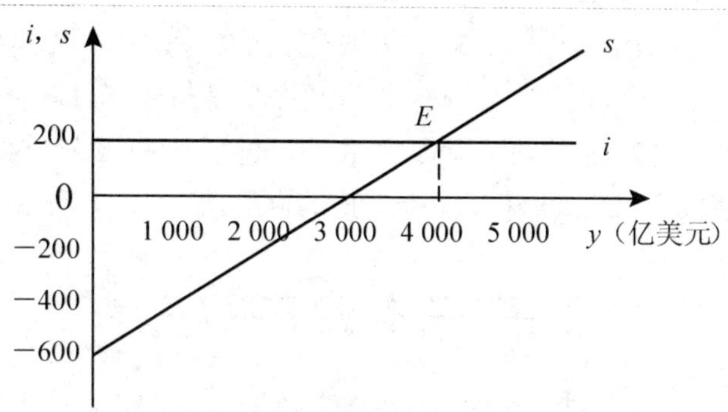

图 2－7　储蓄与投资相等决定国民收入

图 2－7 中的横轴表示收入，纵轴表示投资、储蓄。s 为储蓄曲线，由于储蓄随

收入增多而增多,故储蓄曲线向右上方倾斜。i 代表投资曲线,由于投资为自发投资,自发投资又不随收入变化而变化,其值总等于 200 亿美元,故投资曲线是一条与横轴平行的线。储蓄曲线与投资曲线相交于 E 点,E 点为 $i=s$ 的均衡点,由 E 点决定的收入是均衡收入,即 4000 亿美元。如果实际产量小于均衡收入,比如实际产量为 2000 亿美元,此时的投资大于储蓄,社会总需求大于总供给,产品供不应求,存货投资为负,企业就会扩大生产,社会收入水平就会增加,直至均衡水平。反之,实际产量大于均衡收入,比如实际产量为 5000 亿美元,此时的投资小于储蓄,社会总需求小于总供给,产品过剩,产生了非计划存货投资,企业就会缩小生产,社会收入水平因此而减少,直至均衡水平。只要投资与储蓄不相等,社会收入就处于非均衡状态,经过调整,最终达到均衡收入水平。

由于消费函数与储蓄函数的互补关系,无论使用哪种函数决定收入的方法,最后得到的均衡收入的结果都是相同的。

第四节　三部门经济的国民收入决定

所谓三部门经济是在两部门的基础上增加了政府。政府在经济中的作用表现在两个方面:在支出方面,总支出中将增加一个政府购买的支出;在收入方面,居民户和企业都需要将自己收入中的一部分以税收的形式上缴给政府。

一、三部门经济中国民收入的构成

三部门经济中,国民收入的构成,从供给方面看,在两部门经济的各种生产要素的供给之外增加了政府的供给,政府的供给主要是指政府为整个社会提供了国防、立法、基础设施等公共物品。政府由于提供了这些服务而得到相应的收入——税收,所以可以用政府税收表示政府的供给,如图 2-8 所示。

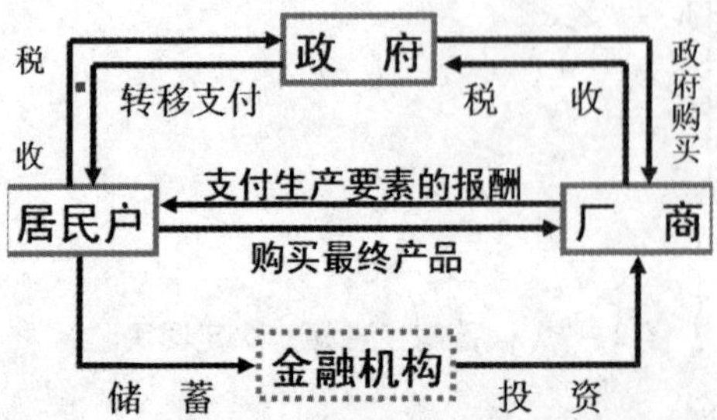

图 2-8　三部门经济的国民收入流程模型

总供给 = 各种生产要素的供给 + 政府的供给

= 工资 + 利息 + 租金 + 利润

= 消费 + 储蓄 + 税收

税收用 T 来表示，上面的公式就可以写成：

$$Y = C + S + T$$

从需求方面来看，在两部门经济的消费需求和投资需求之外又增加了政府的需求，政府的需求可以用政府购买支出来代表。这样：

总需求 = 消费需求 + 投资需求 + 政府需求

= 消费 + 投资 + 政府购买

通常用 G 代表政府购买，上面的公式就可以写成：

$$Y = C + I + G$$

接下来均衡公式可以参照两部门均衡国民收入得到的过程得出。根据 $Y = C + I + G$，将消费函数代入即可得到最后三部门均衡国民收入的公式为：

$$Y = \frac{\alpha + i + g - \beta T}{1 - \beta}$$

二、均衡国民收入的决定

在三部门经济中，国民收入均衡的条件仍然是：

总需求 = 总供给

这个条件也可以写成：

$$c + s + t = c + i + g$$

如果两边同时消去 c，则可得到：

$$s + t = i + g$$

此公式即为三部门经济中均衡国民收入的均衡条件。在这个等式中将储蓄函数代入，最后也可以得到均衡国民收入 Y 的表达式。

第五节　四部门经济中国民收入的决定

四部门经济是包括了厂商、居民户、政府和国外部门的经济。在这种经济中，国外部门扮演的角色是：作为国外生产要素的供给者，向国外各部门提供产品和劳务，对国外来说，就是进口；作为国内产品与劳务的需求者，向国内进行购买，对国外来说,这就是出口。

在这样的四部门经济中,从总支出来看,包括消费支出、投资支出、政府购买支出和出口支出,而总收入则用于消费支出、储蓄、税收和进口。据此有均衡收入 $y=c+i+g+x$。从供给来看,在三部门经济的各种生产要素和政府的供给之外,又增加了国外供给。国外供给对本国来说是进口,所以可以用进口来代替国外的供给。这样:

总供给 = 各种生产要素的供给 + 政府的供给 + 国外生产要素的供给

　　　= 工资 + 利润 + 地租 + 利息 + 税收 + 进口

　　　= 消费 + 储蓄 + 税收 + 进口

类似的,总需求可以写成:

总需求 = 消费需求 + 投资需求 + 政府需求 + 国外需求

　　　= 消费 + 投资 + 政府支出 + 出口

四部门经济中,国民收入的均衡条件仍然是:

总供给 = 总需求

这个条件可以写成:$c+s+t+m=c+i+g+x$

两边同时消去 c,则可以得到:$s+t+m=i+g+x$

第六节　乘数理论

一、乘数的概念

乘数理论最早是英国经济学家卡恩在 1931 年所发表的《国内投资与失业的关系》一文中提出的。卡恩在该文中论述了就业乘数,即初级就业(公共工程支出增加引起的最初就业的增加)与就业总量之间的比例关系。凯恩斯正是在这一基础之上完善了乘数理论。凯恩斯的完善主要是把乘数与边际消费倾向联系起来,并把乘数作为国民收入决定理论的一个重要组成部分。

乘数指的是某些支出(比如投资)的每 1 元变化所引起的国民收入 1 元以上的变化。乘数理论说明在一个存在闲置资源的经济中,投资、外贸、政府税收和支出政策等会怎样影响产出进而影响就业水平。

当自发支出增加 1 元时,均衡收入将增加多少呢? 问题看起来很简单,在均衡时收入等于支出,那么自发支出增加 1 元时,理所当然也应该使均衡收入增加 1 元。不过,这个答案是错误的。

首先假定自发支出(比如投资)增加1元,为了满足增加了的自发支出水平,产出随之增加了1元,接着由于收入水平已经上升,无疑这种产出和收入的增加会促使引致支出即消费的增加。在最初增加的1元收入中,有多少被花在消费上呢?根据消费函数理论,收入每增加1元,其中将有一部分被消费掉(β)。然后,为了满足这个引致支出,再假定生产得到了进一步增加,也就是产出和收入都增加了($1+\beta$)。这将仍然留给我们一个超额支出,因此生产和收入扩张($1+\beta$)将促使引致支出的进一步增加。很明显,这个过程可以一直下去。我们用一个通俗的例子来说明这个过程:假定现在政府增加一笔支出修建高速公路,比如是100万,那在整个总支出中首先将增加100万,这100万是用于购买钢筋、水泥、混凝土,还有一部分要用于雇佣筑路工人,那么由于建材的购买又会引致接下来的用于运输、水电支出的增加,同时筑路工人获得了收入又将用于增加消费,这个过程会一直进行下去,从而最终的政府支出的增加将带来数倍于政府支出的国民收入的增加。

我们更具体地看这个过程:第一轮开始于自发支出的一个增加量ΔA_0,我们让产出有一个扩张,以刚好满足那个支出的增加量,相应的产出增长是ΔA_0。产出的增长带来一个相等的收入增长,并通过边际消费倾向β,带来第二轮的引致支出,其规模为$\beta\Delta A_0$。假定产出又一次扩张以满足这一支出的增长,这次产出的调整是$\beta\Delta A_0$,而且它也是收入的增加量。这又带来了第三轮的引致支出,它等于边际消费倾向乘以收入的增加量$\beta(\beta\Delta A_0)$即$\beta^2\Delta A_0$。因为边际消费倾向小于1,所以β^2这一项小于β,而且第三轮的引致支出小于第二轮的引致支出。

如果我们想写出由初始的自发需求增加所引起的一轮又一轮的支出的增加,则我们得到$\Delta AE=\Delta A_0+\beta\Delta A_0+\beta^2\Delta A_0+\beta^3\Delta A_0+\cdots=\Delta A_0(1+\beta+\beta^2+\beta^3+\cdots)$。由于$\beta$小于1,所以,在这一系列中连续的各项是逐步变小的。事实上,我们涉及的是一个几何级数,因此该等式可以简化为:$\Delta AE=(\frac{1}{1-\beta})\Delta A_0=\Delta Y_0$

以上是从自发支出增加方面说明乘数效应的。事实上,自发支出的减少也会引起收入若干倍的减少,乘数效应的发挥是两方面的。这样,总支出的积累性的变化量等于自发支出的增加量的倍数。倍数被称为乘数。乘数$\frac{1}{1-\beta}$指当自发的总支出的增加1单位时均衡产出的变化量。

二、两部门经济中的乘数

下面我们先考察一下两部门经济中均衡国民收入的影响因素。在两部门经济中国民收入的决定模型是:

$$y = \frac{\alpha + i_0}{1 - \beta}$$

在两部门经济中，均衡国民收入受到三个因素影响：自发消费 α；边际消费倾向 β 或边际储蓄倾向 $1-\beta$；投资 I_0。在这三个因素中，自发消费和边际消费倾向是人们消费的行为参数，比较稳定，而投资则是厂商的行为参数，是比较容易变动的。我们用一个例子来说明：

假设消费函数 $C = 80 + 0.8Y$，投资为 40 亿元，则均衡收入为：

$Y = (80 + 40)/(1 - 0.8) = 600$

再假设其他因素不变，投资上升 50 亿元，则此时均衡国民收入为：

$Y = (80 + 50)/(1 - 0.8) = 650$

可见投资的增加引起了均衡国民收入的增加，具体来说投资增加了 10 亿元，均衡国民收入增加了 50 亿元，乘数为 $\Delta Y/\Delta I = 5$，也就是说，国民收入的增加量是投资增加量的 5 倍。

上例中的倍数在经济中则称为乘数，即均衡国民收入的变化量与引起这一变化量的变量之间的比率。增加的国民收入 ΔY 与引起这种增加的自发总支出的增量 ΔA 的比 $\frac{1}{1-\beta}$ 就是乘数，如果以 K 表示乘数，则有 $K = \frac{\Delta Y}{\Delta A} = \frac{1}{1-\beta}$

$$\text{乘数} = \frac{1}{1 - \text{边际消费倾向}} = \frac{1}{\text{边际储蓄倾向}}$$

自发总支出的增加会引起国民收入的增加，但是一定量自发总支出的增加会使国民收入增加多少，总支出增加与国民收入增量之间的关系如何，就是乘数原理所揭示的内容。

在实际生活中，边际消费倾向既不会接近于 1 也不会接近于 0，一般在 0.6—0.7 之间，所以投资乘数的数值多小于 3，而徘徊在 2.5 左右。

乘数的作用不可否认，一般来说，乘数理论反映了现代经济的特点，即由于经济各部门之间的密切联系，某一部门支出（即需求）的增加必然在经济中引起其他部门的连锁反应，从而使国民收入有更大的增加。从某种意义上说，乘数理论是适用于各种经济的一般规律。

但乘数原理发生作用是有一定条件的。首先，在社会上各种资源没有得到充分利用时，总支出增加才会使得各种资源得到利用，产生乘数作用。如果社会上各种资源已经得到了充分利用，或者某些关键部门（如能源、原料或交通）存在着制约其他资源利用的瓶颈状态，乘数就无法发挥作用。比如说刚才修建高速公路的例子，假设钢筋、水泥、混凝土的供应恰好很紧缺，那么这样的一个政府支出行为将会导致这些建材价格上涨进而抑制其他民间投资的发生。

其次,假定投资和储蓄相互独立,否则乘数作用将减弱。因为增加投资所引起的对货币资金需求的增加会使得利率上升,而利率上升将会刺激储蓄、削弱消费,从而部分地挤出了由于投资增加引起收入增加进而使消费增加的趋势。

最后,货币供给量的增加要能适应支出增加的需求。如果货币供给受限制,投资和消费增加时所增加的货币需求就得不到货币供给相应的支持,会使得利率上升,进而抑制消费和投资。

三、投资乘数

根据乘数的定义,投资乘数即是国民收入的增量与投资的增量之间的比率。令 k_i 为投资乘数,则有:

$$k_i = \frac{\Delta Y}{\Delta I} = \frac{1}{1-\beta}$$

从投资乘数的公式可以看出,乘数的数值直接取决于边际消费倾向和边际储蓄倾向的数值。乘数与边际消费倾向按同一方向变化,与边际储蓄倾向呈反向变化。边际消费倾向越大,乘数就越大,边际消费倾向最大为1,这时乘数 $k = \infty$;而边际消费倾向越小,乘数就越小,边际消费倾向最小为零,这时 $k = 1$。

投资乘数的作用是双重的:一方面,投资的增加会引起收入和就业量成倍增加;另一方面,投资的减少也会导致收入和就业量成倍的减少。

以上分析的仅仅是投资的乘数效应,实际上,总支出的任何变动,如消费的变动,政府支出的变动、税收的变动、净出口的变动等,都会引起收入若干倍的变动,都具有乘数效应。

四、政府购买乘数

政府购买乘数是指国民收入的变化量与引起国民收入变化的政府购买变化之间的比率,记作 k_g,则:

$$k_g = \frac{\Delta Y}{\Delta G} = \frac{1}{1-\beta}$$

五、税收乘数

税收乘数是指国民收入变化量与引起这种变动的税收变化量之间的比率,税收乘数记作 k_t,则:

$$k_t = \frac{\Delta Y}{\Delta T} = \frac{-\beta}{1-\beta}$$

与投资乘数不同的是税收乘数为负值,也就是说,税收与国民收入是反向变动的。政府增加税收会导致国民收入减少;相反,政府减少税收会使得国民收入增加。

六、政府转移支付乘数

政府转移支付乘数是指反映国民收入变化量与引起这种变动的政府转移支付变化量的比率,政府转移支付乘数用 K_{Ti} 表示,则:

$$K_{Ti}=\frac{\Delta Y}{\Delta T_r}=\frac{\beta}{1-\beta}$$

政府转移支付乘数的绝对值与税收乘数的绝对值相等,但政府转移支付乘数为正值,也就是说,政府转移支付与国民收入同方向变动。政府转移支付增加会使得国民收入增加,政府转移支付减少会使得国民收入减少。

七、平衡预算乘数

平衡预算乘数是指政府收入和支出同时以相等数量增加或减少时,国民收入变动对政府支出变动的比率。以 K_B 代表平衡预算乘数,ΔY 表示政府支出和税收各增加同一数量时国民收入的变动量,则 $\Delta Y=K_G\Delta G+K_{TX}\Delta T_X=\frac{1}{1-\beta}\Delta G-\frac{\beta}{1-\beta}\Delta T_X$,而如 $\Delta G=\Delta T_X$,那么有 $\Delta Y=K_G\Delta G+K_{TX}\Delta T_X=\frac{1}{1-\beta}\Delta G-\frac{\beta}{1-\beta}\Delta G=\frac{1-\beta}{1-\beta}\Delta G=\Delta G$,或 $\Delta Y=K_G\Delta G+K_{TX}\Delta T_X=\frac{1}{1-\beta}\Delta T_X=\frac{\beta}{1-\beta}\Delta T_X-\frac{1-\beta}{1-\beta}\Delta T_X=\Delta T_X$。鉴于此,必然有 $K_B=\frac{\Delta Y}{\Delta G}=\frac{\Delta Y}{\Delta T_X}=1$。

例:假定某社会的消费函数是 $C=c(y)$,投资支出为50亿元,政府购买支出为200亿元,政府税收收入为250亿元,政府转移支付为62.5亿元,求该三部门经济中的均衡国民收入和各种乘数。

将已知条件代入三部门经济中的均衡国民收入的决定模型,可得到均衡国民收入是1750亿元,现在根据乘数公式可得到各种乘数如下:

$$k_i=\frac{1}{1-\beta}=\frac{1}{1-0.8}=5$$

$$k_g=\frac{1}{1-\beta}=\frac{1}{1-0.8}=5$$

$$k_T=\frac{-\beta}{1-\beta}=\frac{-0.8}{1-0.8}=-4$$

$$k_{T_r}=\frac{\beta}{1-\beta}=\frac{0.8}{1-0.8}=4$$

案例分析:肯尼迪减税

1961年,肯尼迪政府成立了以詹姆斯·托宾和罗伯特·索洛(这两位之后都获得了诺贝尔经济学奖)为首的经济顾问小组。为刺激经济,增加就业,该小组提出了减税政策。

有分析认为,首先,减税增加了民众的实际收入,刺激了人们的消费需求,从而扩大了总需求,增加了经济中的生产和就业。

其次,当人们面对这种激励时,税收直接改变了物品和劳务的供给,因为这次减税中包括了投资税收减免。于是,高投资增加了经济中要素的供给,促进了长期的生产能力。

由此,减税不仅增加了总需求,还增加了总供给。较高的总需求促进了短期的生产,较高的总供给促进了长期的生产。实际上,当这一减税法案正式通过时,美国进入到了一个经济高速增长的时期。此后,减税成了美国政府应对衰退的一贯政策。

实际上,减税政策之所以受到广泛的认可,还有一个重要的原因就是它可以起到自动稳定器的作用。其实关于要不要通过政府政策来刺激衰退中的经济,学界一直是存在分歧的,一派持肯定态度,另一派持否定态度。之所以有人反对则是因为政策的时滞性,无论是货币政策还是财政政策,当其得到通过并实施生效时,经济情况可能已经发生了改变。

而税制则充当了一种重要的自动稳定器——当经济衰退时,总需求可以自动增加。以所得税为例,只要经济衰退,个人收入就会减少,企业利润也会减少,从而个人所得税和企业所得税都会自动减少。这种自动的减税可以扩大总需求,从而缓解经济的波动程度。

减税与增支一样,同为重要的财政政策。只是一味地增收增支虽然可以刺激公共投资,但往往是以挤出居民消费和民间投资为代价的;而减税政策则可以增加消费需求和民间的投资需求。因此,以上两者若能配合使用,则能更好地激发出财政政策的乘数效应。

第三章

产品市场和货币市场的一般均衡

上一章我们分析了产品市场均衡下国民收入的决定问题。其实那只是简单的产品市场均衡,因为没有考虑利率和投资的影响。这一章我们分析的 IS—LM 模型就是既要分析产品市场均衡状态下利率与收入关系模型,又要分析货币市场均衡状态下利率与收入关系模型,最后把两者综合起来,考察商品市场和货币市场同时均衡下收入和利率的决定。IS—LM 模型在分析国民经济时,将国民经济的均衡看成是产品方面的均衡和货币方面的均衡。这一模型在理论上是对总需求分析的全面、高度概括,在政策上可以解释财政政策和货币政策,因此被称为整个宏观经济学的基础。

第一节　投资的决定

通过上一章的学习我们已经知道,总支出由消费支出、投资支出和政府购买组成。在那里,投资支出是作为一个既定的由模型之外的因素所决定的外生变量看待的。这种处理应该说是由简单收入决定模型所涉及的范围和为使分析尽可能简化所决定的。然而,在现实中,投资支出并不是一个外生变量,而是一个应该放到模型中来分析的内生变量,并且投资本身是非常活跃的经济变量。当经济处于增长时,投资会迅速增加;当经济走向衰退时,投资又会大幅下降。为了使我们的分析更接近现实,有必要考察投资变化对宏观经济的影响。

一、投资的决定因素

(一)投资的概念

在日常生活中,投资具有多种含义。个人购买房产、生产设备、证券、股票等都视为投资。但在宏观经济学中的投资概念特指当期社会实际资本的增加,不包括以前各期形成的资本存量。具体表现为一定时期内增加新的建筑物、耐用设备以及增加或减少存货等，但不包括有价证券。

投资按照范围的不同有总投资、重置投资和净投资之分。总投资为重置投资与净投资之和。重置投资指用来补偿损耗掉的资本设备的投资，在价值上以提取折旧的方式进行，它取决于原有的资本存量。净投资指扩大资本存量进行的固定资本和存货投资，是为了弥补实际资本存量与理想的资本存量之间的缺口而进行的投资，它可以是正值、负值和零。

（二）投资的决定因素

投资受到很多因素的影响，比如利率、税收政策、投资风险等，而利率是其中影响投资的主要因素。

在现实当中，由于货币的相对稀缺性，当借款人向贷款人借一笔款项时，借款人在其归还这笔款项时，通常要再支出一定数量的货币作为报酬，这部分货币就是借款人向贷款人所支付的利息。利息与借（贷）款数额的比率被称为利息率。一般地说，利率与借贷时间长短、借贷的风险程度有关。时间越长，风险越高，利率也越高。

投资与利率两者之间是负相关关系。利率提高，投资就会减少；利率降低，投资就会增加。

二、投资函数及投资曲线

在宏观经济学中，投资与利率之间的反方向关系被称为投资函数，为使分析简单和明确，通常把投资函数设定成如下的线性函数：

$$I = I(r) = e - dr(e > 0, d > 0)$$

其中，I 代表私人部门的投资支出。e 代表自主投资，这部分投资与利率无关，即利率为零时企业所能有的投资支出，比如企业或家庭为了正常的生产或生活必须进行的投资；d 代表投资支出的利率弹性，它表示利率每上升或下降一个百分点的投资将会减少或增加的数量。如果 d 较大，则弹性较大，表示投资对利率比较敏感，利率的较小变化导致投资出现较大的波动；如果 d 较小，则弹性较小，表示投资对利率不太敏感，利率的较大变化只能引起投资出现较小的波动。

投资函数的几何表示如图 3－1 所示，投资曲线是一条向右下方倾斜的直线。

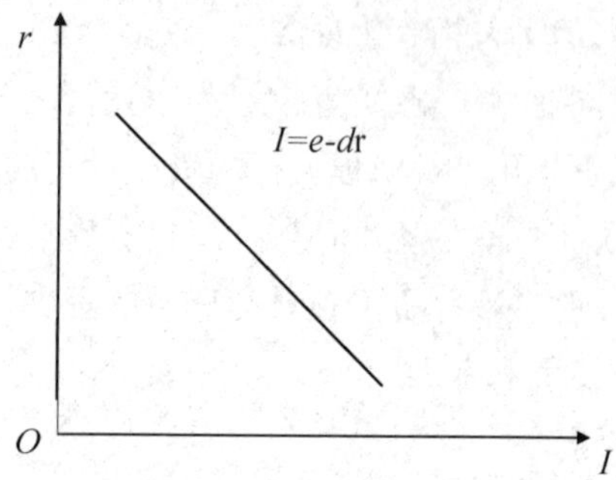

图 3－1 投资曲线

第二节 产品市场的均衡:IS 曲线

一、产品市场的均衡:IS 曲线

(一)产品市场的均衡

产品市场的均衡是指总产出、总收入等于总支出。当把投资作为利率的函数之后,宏观经济学进一步用 IS 曲线来说明产品市场均衡的条件。

(二)IS 曲线的推导

在两部门的经济中,凯恩斯宏观经济模型中产品市场的均衡其实包括三个方程,根据使用消费函数决定收入的分析方法,可得:

消费函数:$C = C(Y) = a + bY$

投资函数:$I = I(r) = e - dr$

均衡条件:$Y = C(Y) + I(r)$

均衡的国民收入表达式为

$$Y = \frac{a + e - dr}{1 - b}$$

或者

$$r = \frac{a + e}{d} - \frac{1 - b}{d}Y$$

由上式可以看出,要使产品市场保持均衡,即投资等于储蓄,则均衡的国民收入和利率之间存在着反向变化的关系。现在举例来说明这一点,假设投资函数 $I = 1250 - 250r$,消费函数 $C = 500 + 0.5Y$,将上述数据代入上式,可得:

$$r=\frac{a+e}{d}-\frac{1-b}{d}Y=7-\frac{1}{500}Y$$

则利率 r 与均衡国民收入 Y 间的反向变动关系、一一对应关系可用表 3－1 来描述:

表 3－1　IS 曲线中利率与国民收入之间的对应关系

r	1	2	3	4	…
Y	3000	2500	1500	1000	…

其实我们还可以通过计划投资等于计划储蓄来求出均衡的国民收入,结果与上面一致。

通过上面的式子可以看出,均衡的收入与利率之间是反方向变化的。要注意的是 IS 曲线所表示的利率与国民收入之间的关系并不是因果关系。它只表明当利率和国民收入存在着这样一种反方向变动关系时,投资和储蓄保持相等,产品市场均衡的条件得到了满足。

利率(r)与国民收入(Y)之间的这种函数关系如果用曲线来表示则称为 IS 曲线。以纵轴代表利率,以横轴代表收入,则可以得到一条反映利率和收入间相互关系的曲线,这条曲线上任何一点都代表一定利率和收入的组合,在这些组合下,投资和储蓄是相等的,也就是说产品市场是均衡的,因此这条曲线就是 IS 曲线。从图 3－2 中可以看出,IS 曲线是一条向右下方倾斜的曲线,其经济含义是:在其他条件不变的情况下,利率下降,投资需求增加,总需求增加,均衡国民收入增加;反之,当利率上升后,投资需求下降,总需求减少,均衡国民收入减少。

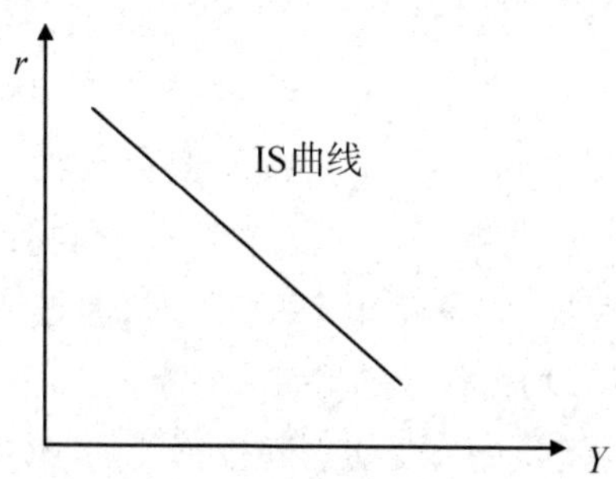

图 3－2　IS 曲线

下面是三部门经济 IS 曲线的推导。

三部门经济总支出函数为：$AE = C + I + G$

$$= a + b[(1-t)Y - T_0 + TR] + e - dr + G$$

由商品市场均衡的条件 $Y = AE = C + I + G$，均衡国民收入决定模型即：

$$Y = \frac{1}{1 - b(1-t)}(a - bT_0 + bTR_0 + e - dr + G)$$

或

$$r = \frac{a - bT_0 + bTR_0 + G + e}{d} - \frac{1 - b(1-t)}{d}Y$$

与两部门经济中的 IS 曲线相比，三部门经济的 IS 曲线相对复杂一点，但是它的内涵并没有发生变化。它表明在一个存在产品市场和货币市场的三部门经济中，在其他条件不变的情况下，利率与国民收入之间呈反向变动。这两式就是 IS 曲线的代数表达式，反映在图形上就可以得到 IS 曲线。

四部门经济的 IS 曲线可以以此类推。

二、IS 曲线的斜率

IS 曲线自左向右下方倾斜，这是由投资函数的特点决定的：利率越低，投资越多；通过乘数效应，国民收入均衡值越大。

IS 曲线的斜率表示利率(r)变动引起的国民收入(Y)变动的程度。由于 IS 曲线的方程是

$$r = \frac{a + e}{d} - \frac{1 - b}{d}Y$$

式子中 Y 前面的系数$\frac{1-b}{d}$就是 IS 曲线的斜率，所以 IS 曲线的斜率取决于两种因素：

1. 边际消费倾向 b

对于给定的自主的支出($a + e - dr$)，即不依存于收入的消费和投资，如果 b 较大，意味着投资支出乘数就越大，即投资较小的变动会引起收入较大的增加。当利率下降使投资成本降低，刺激投资量的增加时，通过乘数作用，总需求会大量增加，总需求增加必然导致均衡收入的增加。即 $r\downarrow \rightarrow I\uparrow \rightarrow AD\uparrow \rightarrow Y\uparrow$。在其他条件相同时，$b$ 越大，当一定量的 r 变动引起投资变动时，均衡收入 Y 将以较大幅度变动，所以 IS 曲线比较平缓，斜率也就较小。反之，b 越小，IS 曲线就越陡峭，IS 曲线的斜率较大。因此，IS 曲线的斜率与 b 呈负相关。

2. 投资的利率弹性 d

投资的利率弹性越大，表示投资对利率的变动作出的反应越大，即利率较小

的变动引起投资较大的变动，在其他的条件相同时，会引起收入更多的增加，IS 就较平缓，IS 曲线的斜率就越小。反之，d 较小，IS 曲线的斜率就大。在一个极端的场合，即投资的利率弹性为零，就是说，投资支出对利率的变动不作出任何反应，在这种情况下，不管乘数的大小，IS 曲线将变成一条垂直线。

三、IS 曲线的移动

从 IS 曲线的推导过程来看，IS 受到了投资（储蓄）、政府购买、政府转移支付和税收等诸多因素的影响。下面将分析这些因素变动对 IS 曲线的影响。

首先是投资（储蓄）变动。由于某种原因，如国外资本进入，或者企业家对未来的预期转好，或者投资利润率上升等，在同样的利率水平下，投资需求增加，导致总需求随之增加，从而导致国民收入上升。这种情况在图中即 *IS* 曲线向右上方移动（$IS_1 \rightarrow IS_2$），表明在同样的利率水平下，收入增加了。相反，如果由于某种原因导致储蓄增加（即投资下降），则 *IS* 曲线将向左下方移动（$IS_1 \rightarrow IS_3$），说明在同样的利率水平下，收入下降了。如图 3－3 所示：

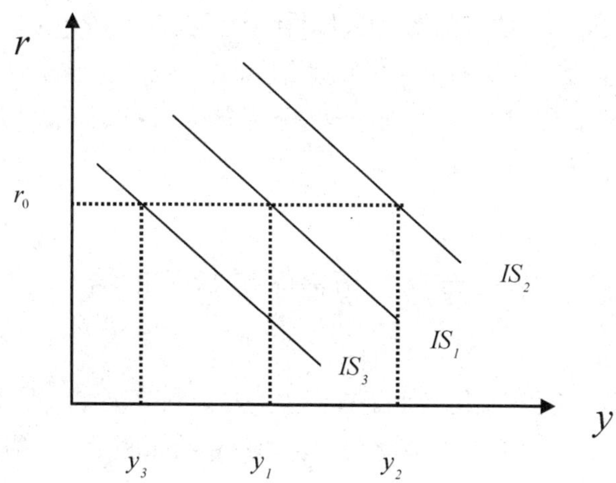

图 3－3　IS 曲线的移动

其次是政府购买支出和转移支出变动。政府购买支出的增加导致总需求增加，国民收入随之增加，在图中即是 IS 曲线向右上方移动；相反，政府购买支出下降将会导致 IS 曲线向左下方移动。政府转移支付并不能直接增加总需求，但由于政府转移支付多为向弱势群体的单方面无偿支付，如支付给失业人员的失业金、支付给穷人的救济金等，弱势群体在接收到政府转移支付后多用于当期消费以改善生活,所以政府转移支付也会间接增加社会总需求。所以,当政府转移支付增加时,IS 曲线向右上方移动;政府转移支付减少时,IS 曲线向左下方移动。如图 3-4 所示:

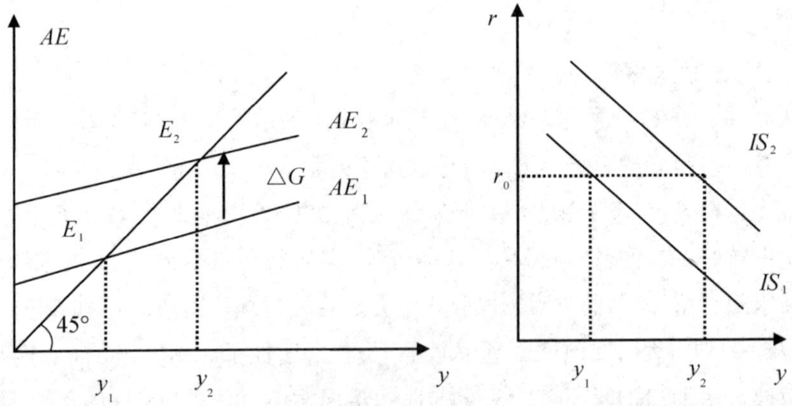

图 3-4 曲线的移动

最后是税收变动。政府税收的变动对社会总需求的影响极大,如果政府增加税收,则会使得企业和居民的生产积极性下降,同时也让企业和居民的实际消费和投资下降,因而总需求下降,IS 曲线向左下方移动;反之,如果政府减税,则总需求上升,IS 曲线向右上方移动。

第三节 货币需求与货币供给

在本章的第一节里,我们指出了投资主要是由利率决定。那么,利率本身又是如何决定的呢?凯恩斯认为,利率是由货币的供给量和货币的需求量共同决定的。在这里,我们就要引入货币的供给和需求来分析利率的决定问题。

一、货币供给

(一)货币的概念

在日常生活中,人们认为货币就是我们通常说的钱,但是这只是一种片面的认识。人们从事劳动或提供资产取得的收入用于个人消费以后的余额即储蓄,构成了人们积累的财富(资产)。在任一时点,个人或整个社会的财富可以区分为两大类型:金融资产和实际资产。金融资产按其流动性可以分为两项:(1)货币,包括通货(钞票与硬币)和活期存款(支票存款);(2)证券资产,包括定期存款、保险单、政府债券、储蓄存款以及工商企业发行的债券股票和期票、汇票等。实际资产包括房地产、各种机器设备、原材料、半成品以及各种耐用和半耐用的生活用品。①

据上所述,西方经济学认为,货币是一种被普遍接受为交换媒介、价值储藏和计算单位的物品。通常人们把手头的现金和活期存款之和,定义为货币 M1。除此之外储蓄存款和定期存款也可看成货币。它们与 M1 一起,定义为货币 M2。最后,个人及厂商所持有的债券,也被看成是一种货币的近似物。它与 M2 一起,定义为货币 M3。

(二)银行体系

现代银行体系主要由中央银行、商业银行和其他非银行金融机构组成。中央银行是由政府拥有的,借助各种政策工具以执行国家的货币金融政策,而不是在资金融通中经营牟利的机构,是用于控制管理银行体系的银行,这是一国最高的金融机构。通常以国名称之,如英国的英格兰银行,日本的日本银行,也有的称作储备银行,如美国的联邦储备体系和印度联邦储备银行。我国称为中国人民银行。中央银行的主要业务主要有三个职能:一是作为一国货币发行的银行,控制着国家的货币供给;二是作为商业银行的银行;三是作为政府的银行。控制流通中的货币量是中央银行的最重要的职能。中央银行所发行的现金(纸币和硬币)就是我们钱包中所携带的钞票。发行量的大小直接影响着流通中货币量的多少。中央银行发行的现金构成了它的负债。因为在金本位制时期,这些纸币就是银行向顾客承诺兑换一定数量黄金的凭证。除此之外,中央银行还管理着国家的黄金和外汇储备。

商业银行是我们平时接触最多的,因为它主要是为公众服务的。它主要是经营货币业务的企业,通过货币资金存贷,提供清算理财服务、信息咨询等活动来追求利润的最大化。我们银行体系的主体是四大商业银行:中国农业银行、中国工商银行、中国建设银行和中国银行,它们拥有整个银行体系大部分的资本和业务量。

政策性银行是为了贯彻国家政策而设立的金融机构。国家通过政策性银行向需要发展的行业部门发放优惠贷款,提供资金支持。政策性银行的设立是为了政策需要,所以它与商业银行存在的意义是不一样的。我国的政策性银行有三家:中国农业发展银行、中国进出口银行和国家开发银行。

① 宋承先:《现代西方经济学》,复旦大学出版社 1995 年版,第 250 页。

（三）存款创造与货币供给

货币供给（这里主要指 Ml）由个人、商业银行和其他非银行金融机构所持有的现金和活期存款组成。因此，中央银行和商业银行都可提供作为支付手段的货币。商业银行创造存款货币，中央银行直接控制了现金数量，就间接控制了活期存款。即中央银行通过法定准备金、贴现率和公开市场业务（买卖政府债券）控制着商业银行的活期存款。因而，可以说中央银行才是货币供给的最终决定者。

商业银行对货币供给的影响是因为它们的活期存款构成了货币供给量的一部分。当这部分活期存款数额发生改变时，流通中货币供给量就改变了。我们假定，商业银行的投资只有贷款一种形式，且它的存款全部都是活期存款。这样，当某个商业银行，如银行 A 取得一笔 100 万元的活期存款，它只需按中央银行所规定的法定准备金率（即银行准备金与其存款总额的一个最小比率）留出法定准备金所剩余的存款就可用于贷款。若法定准备金率为 20%，那么对于 100 万元的存款其准备金额就为 20 万元，剩余 80 万元银行 A 可用于贷款给其他企业，成为银行 A 的新的贷款，以赚取利润。企业获得 80 万元的贷款后，如果是用来购买一台机器，则机器制造商得到这笔付来的款项，又以活期存款的方式存放在与自己往来的银行如银行 B 手中。银行 B 同样按 20% 的法定准备率留出 16 万元准备金，剩余的 64 万元再用于贷款给第二家企业。若这家企业再把这笔贷款存入自己的往来银行 C，银行 C 的活期存款又增加了。其余可以类推。我们可以看出，最初一笔 100 万元的存款增加，带动了一系列银行的活期存款的增加，这些银行所增加的活期存款总额（500 万元）就是由商业银行所创造出的货币供给。这里 100 万元的原始存款通过银行体系的不断运转扩大到了 500 万元，是原来的 5 倍。这个倍数的大小实际上取决于法定准备金率的大小，是准备金率的倒数。当准备金率越大时，每家银行可留下来贷款的数量越少，可增加的存款也就越少。反之，当准备金率越小时，银行创造的货币存款就越多。可以说，任何时候银行发放贷款时，就增加了流通中的货币量。我们以 rd 表示经济中的法定存款准备金率，以 D 表示支票存款，以 R 表示银行准备金，则他们的增量存在这样的关系：

$$\Delta D = \Delta R \times \frac{1}{rd}$$

我们把银行的准备金和流通中的现金合称为基础货币，基础货币经过扩张就形成货币供给量，而这正是中央银行行使银行以货币政策调节经济职能的关键。中央银行影响货币供给量主要通过下述三种方式：(1)改变法定准备金；(2)改变贴现率；(3)买卖政府债券，即所谓的公开市场业务。

一般来说，中央银行有能力根据需要，适时地调控经济中的货币供给量，因此,在我们以后的分析中,都把货币供给量作为一个既定的外生变量来对待。在价格水平固定不变时,实际货币供给量为一个常数。而且这个常数与利率水平无关,所以货币供给曲线为一条垂直于横轴的直线。

二、货币需求动机及货币需求函数

在现实生活中,货币、股票、债券、房产等都是人们持有财富的形式,但是经济学家所说的"特殊"货币并不是指所有财富,而只是财富的一种类型,是可以很容易地用于交易的资产存量。而只有货币具有交易媒介的功能,人们才愿意把财富的一部分以货币的形式持有,这就是货币的需求。影响人们持有一定量货币的因素主要有以下几个。

1. 人们的实际收入

人们需要货币,首先是为了开支。而人们支出水平高低取决于他们的收入水平。实际收入越高的家庭,支出水平也越高,因而需要的货币数量也越多。可见,货币需求是和实际收入水平同方向变化的。

2. 商品价格水平或价格指数

人们持有货币是为了购买商品,因此,人们需要的货币实际是需要货币具有的购买力,或货币能买到的商品数量。假如某人原来持有 1000 元货币,现在若所有商品价格上升了一倍,则现在他必须持有 2000 元才能买到原先数量的商品,如果仍只有 1000 元,则他只能买到原来商品数量的一半。可见,当价格水平提高时,为了保持原先持有货币的购买能力,他需要持有的名义货币量必须相应增加。

3. 利息率

每个家庭在一定时期所拥有的财富数量总是有限的。人们必须决定他所拥有的那笔财富的形式。他们也许想以拥有一定数量货币来拥有这笔财富,但如果以货币形式拥有财富的比例越大,则以其他形式(如证券、实物资产等)拥有财富的比例就越小。以这些其他形式拥有财富会给他带来收益,例如,以房地产形式拥有财富会带来租金,以债券形式拥有财富会带来利息,而以货币形式拥有财富则会丧失这种收益。这就是持有货币的机会成本。若某人有价值 1 万元的财富,如购买债券或股票,则可得到利息或股息收入或红利收入。为方便起见,假定把所有非货币资产统称为债券,则债券年利率为 10% 时,手持 10000 元货币一年的损失或者说机会成本就是 1000 元,年利率为 5% 时,持币一年成本即为 500 元。显然,利率越高,人们越不愿意把很多货币放在手中,或者说对货币需求量就越小。

（一）货币的需求动机

宏观经济学所指的货币需求是实际货币需求，是用可购买的产品数量来表示的货币需求，它等于名义货币需求量除以价格水平。

根据凯恩斯的观点，人们持有货币的需求出于以下三种动机。

1. 交易性动机

交易性动机即人们需要货币是为了进行正常的交易或者支付。就个人或家庭而言，一般是定期取得收入，但经常需要支出，这种收入和支出在时间上的不同步性需要他们经常在手边保持一定数量的货币。就厂商而言，他们在取得货款以后，为应付日常成本开支，如购买原材料或发放工资奖金等，也需要持有一定量货币。按照凯恩斯的说法，个人和企业出于这种交易动机所需要的货币量主要由收入决定。一般地，收入越高，应付的日常支出就越多，相应地就需要为此持有更多的货币。

2. 谨慎性动机或预防性动机

谨慎性动机或预防性动机即人们需要货币是为了应付不测之需。无论个人还是厂商，尽管对未来收入和支出总有一个大致估计，但这种预测不一定完全合乎实际，遇到不测之需是常事，比如突发疾病、出现生产事故等。为此，人们总需要在正常的开支计划外，持有一部分货币以防万一。这部分货币需求也是与收入成正比的。

3. 投机性动机

投机性动机指人们为了抓住有利的购买有价证券的机会而持有一部分货币的动机。由于未来利率的不确定，人们为避免资产损失或增加资本收益，需及时调整资产结构，因而形成的对货币的需求。人们一时不用的财富只能用货币形式或债券形式来保存。债券能带来收益，而闲置货币则没有收益。债券价格与其收益成正比，与利率成反比，即：

$$\text{有价证券的价格}=\frac{\text{有价证券收益}}{\text{利益}}$$

假定一张每年取得10元利息的债券，当价格为100元时，利率就是10%；当价格为200元时，利率就是5%。当现行利率过高，即债券价格过低时，人们估计利率会下降，即债券价格会上升，于是，他们就会放弃货币，买进债券，以待日后债券价格上升后再卖出以获利，这样，对货币的需求就会下降；反之，利率过低即债券价格过高时，人们会认为买债券有很大风险（因为其价格估计会跌），于是对货币的需求就会增加。这种预计债券价格将下降（即利率上升）而需要把货币保留在手中的情况就是对货币的投机性需求。这种为避免资产损失或增加资产收益而及时调整货币和债券数量结构形成的对货币的需求，和利率呈反方向变动。

（二）流动性陷阱

当利率极高时，出于投机动机的货币需求量等于零，因为人们认为这时利率不大可能再上升，或者说有价证券价格不大可能再下降，因而将所持有的货币全部换成有价证券。反之，当利率极低时，人们会认为这时利率不大可能再下降，或者说有价证券市场价格不大可能再上升而只会跌落，因而，将所持有的有价证券全部换成货币。其原因在于，利率极低时，持有证券所能获得的利息不多，而有价证券的市场价格一旦下降可能遭受的损失却很大。这时，人们不再购买证券，而是有多少货币就愿意持有多少货币。这种情况，被凯恩斯称为“流动性陷阱”或“流动性偏好”。

（三）货币的需求函数

1. 货币的交易需求函数

由于出于交易性动机与预防性动机的货币需求量都取决于收入，则可以把出于交易性动机与预防性动机的货币需求量统称为货币的交易需求量，并用 L_1 来表示，用 Y 表示实际收入，那么货币的交易需求量与收入的关系可表示为：$L_1=kY$。

式中的 k 为货币的交易需求量对实际收入的反应程度，也可叫货币需求的收入弹性，$L_1=kY$ 式反映出货币的交易需求量与实际收入的同方向变动关系。

2. 货币的投机需求函数

货币的投机需求取决于利率，如果用 L_2 表示货币的投机需求，用 r 表示利率，则货币的投机需求与利率的关系可表示为：$L_2=-hr$。

式中的 h 为货币的投机需求量对实际利率的反应程度，$L_2=-hr$ 式反映出货币的投机需求量与实际利率的反方向变动关系。

3. 货币的需求函数

对货币的总需求是对货币的交易需求、预防需求和投机性需求的总和。因此，对货币的总需求为：$L=L_1+L_2=L_1(Y)+L_2(r)$

为了便于分析，我们通常把货币需求函数设定为收入 Y 和利率 r 的线性函数，即：$L=kY-hr$。

式中，k 和 h 为参数，k 衡量当收入增加时引起货币需求增加多少，这是货币需求关于收入变动的系数。h 衡量当利率提高时引起货币需求降低多少，这是货币需求关于利率变动的系数。货币需求函数的几何表示即为货币需求曲线。

在图 3－5(a)中的横轴表示货币需求量或货币供给量，纵轴表示利率。L_1 为货币的交易需求曲线，由于 L_1 取决于收入，与利率无关，故其是一条垂线。L_2 为货币的投机需求曲线，它最初向右下方倾斜，表示货币的投机需求量随利率的下降而增加,即货币的投机需求与利率成反方向变动关系;货币投机需求曲线的右下端为水平状,在这一区段,即使货币供给增加,利率也不会降低。图 3－5(b)中的曲线 L 为包括货币的交易需求与投机需求在内的货币需求曲线,其上的任何一点表示的货币需求量都是相应的货币交易需求量与投机需求量之和。L 曲线向右下方倾斜,表示货币需求量与利率的反方向变动关系,即利率上升时,货币需求量减少;利率下降时,货币需求量增多。

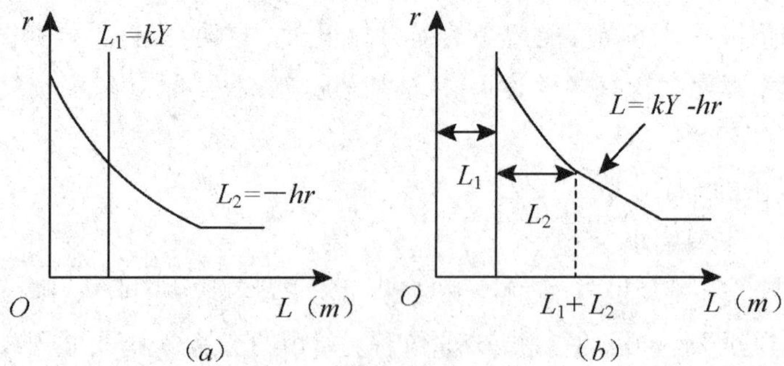

图 3－5 货币需求曲线

第四节 货币市场的均衡:LM 曲线

一、货币市场的均衡

货币市场的均衡其实是研究利率的决定,是指经济中对货币的需求等于中央银行确定的货币供给,所以我们分析了货币的需求曲线和供给曲线就可以说明利率的决定了。在前面已经分析过,货币供给是由中央银行控制的,在货币市场均衡的分析中我们可以把货币供给看作一个外生变量,用 M_s 表示。结合货币需求函数,货币市场的均衡条件就可以表示为:$M_S = M_d$。

在货币的供给 M_0 既定情况下,用以表达货币市场货币的供给与需求达到平衡时国民收入(Y)与利息率(r)之间的依存关系的函数式,描述 Y 与 r 之间的函数关系的曲线,称为 LM 曲线。即:货币市场达到均衡,则 $m = L, L = ky - hr$。得到 LM 曲线:

$$m = ky - hr。$$

即:

$$y = \frac{hr}{k} + \frac{m}{k}$$

或

$$r=\frac{ky}{h}-\frac{m}{h}$$

它表示当货币供给不变时，如果国民收入增加（这导致 L_1 增加），为了保持货币市场的均衡即 $L=M$，必导致 L_2 减少（则利息率上升），这种国民收入与利息率同方向变动的关系正是 *LM* 曲线的含义。

图 3－6　LM 曲线

二、LM 曲线的斜率及三个区域

（一）LM 曲线的斜率

从上面我们推导出来的 LM 曲线的函数关系式 $r=\frac{ky}{h}-\frac{m}{h}$ 可以看出来，LM 曲线的斜率取决于货币需求的收入系数 k 和利率系数 h。

具体来说，如果收入系数值 k 比较大，就意味着货币需求对收入比较敏感，收入出现较小的变动就能引起货币需求产生较大的变动，对于利率发生改变所引起的货币需求变动，只需要收入作一个较小的调整就能够使之回归平衡，表现在图形上就是 LM 曲线比较陡峭；反之，如果 k 值比较小，则 LM 曲线就比较平坦。

如果货币需求的利率系数 h 比较大，就意味着货币需求对利率比较敏感，利率较小的变动将造成货币需求发生较大的变动，收入需要作出较大的调整才能平衡利率变动对货币需求的影响，表现在图形上就是 LM 曲线比较平坦；反之，如果 h 比较小，则 LM 曲线比较陡峭。

（二）完整的 LM 曲线

如图 3－7 所示，一条完整的 LM 曲线应该包括三个区域。在货币供应量既定不变条件下，国民收入增加，交易动机所需货币相应增加，因而利率必须相应提高，以减少投机性货币需求，并使得货币总需求恰好等于既定的货币供应量，故国民收入与利率同方向变化，即 LM 曲线自左向右上方倾斜（图中的中间区域）。另外还要考虑投机性货币需求的两个极端情况：一种是利率很高的时候，投机性货币需求为零，货币需求对利率完全不敏感，即 h 接近于 0，此时，LM 曲线将接近与垂直状态，被称为是处于古典区域；另一个极端情形是当利率降低到很低水平以致人们认为，利率不会再下降即债券价格不会再提高了，在这种情况下，人们将按债券现行价格将债券换成现金，就表现为对货币的需求无限大，即处在流动性陷阱的时候，LM 曲线表现为水平线，即凯恩斯区域。

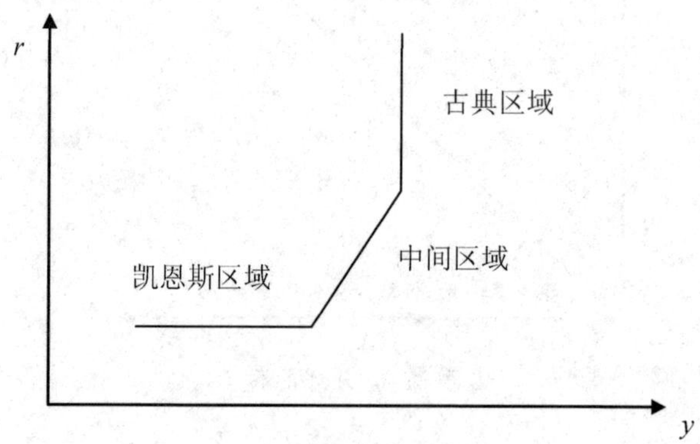

图 3－7　完整的 LM 曲线

三、LM 曲线的移动

由于 LM 曲线的形成是由货币的投机需求、交易需求和货币供给共同决定的，因此，LM 曲线的位置移动，主要取决于这三个因素的变化。

首先，货币供给的变动。如果其他条件不变，货币供给量的变动将导致 LM 曲线的同方向移动，即货币供给增加，使 LM 曲线向右下移动，货币供给减少使 LM 曲线向左上移动。

其次，货币投机需求变动。如果其他条件不变，货币投机需求增加，LM 曲线将向左上移动：如投机需求减少，则 LM 曲线将向右下移动。这是因为，货币供给不变时，货币投机需求增加，货币市场上将出现供不应求，导致利率上升，同时导致收入下降，从而 LM 曲线向左上移动；反之，货币投机需求减少，则 LM 曲线将向右下移动。

最后，货币交易需求变动。如果其他条件不变，货币交易需求增加，货币市场上也会供不应求，同样会导致利率上升，收入下降，LM 曲线向左上移动；反之，则向右下移动。

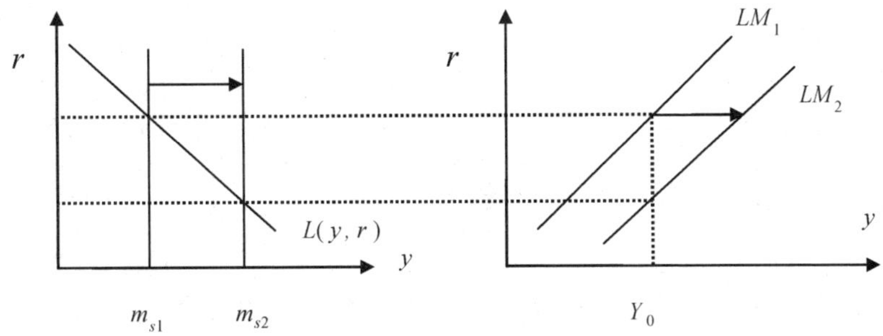

图 3－8　LM 曲线的移动

需要指出的是,在使 LM 曲线移动的三个因素中,应该特别重视货币供给量变动这个因素。因为,货币政策的内容正是通过货币当局根据货币需求情况调节货币供给量,从而调节利率和国民收入,来达到货币政策的目标。

第五节　均衡国民收入决定:IS—LM 模型

IS—LM 模型是凯恩斯宏观经济学的核心,凯恩斯主义的全部理论与政策分析都是围绕这一模型而展开的。

一、两市场同时均衡

通过前面的分析我们已经知道:在产品市场上,要决定均衡收入,必须先决定利率,否则投资水平无法确定;另外,利率又是在货币市场上决定的,而在货币市场上,如果不先确定一个特定的收入水平,利率就无法确定,而收入水平又是在产品市场上决定的,因此利率的决定又依赖于产品市场。可以看出,两个市场的均衡实际上是互为条件、互为前提的,收入和利率也是相互作用的。应该将两个市场结合起来考察两个市场同时均衡。

IS 曲线体现了产品市场均衡时利率与收入之间负相关的关系,LM 曲线体现了货币市场均衡时利率与收入之间正相关的关系。IS—LM 模型通过把 IS 曲线和 LM 曲线结合起来,分析在产品市场和货币市场同时均衡的条件下,利率与国民收入的决定问题。如图 3－9 可以看出,这一均衡的利率和收入可以在 IS 曲线和 LM 曲线的交点上求得。

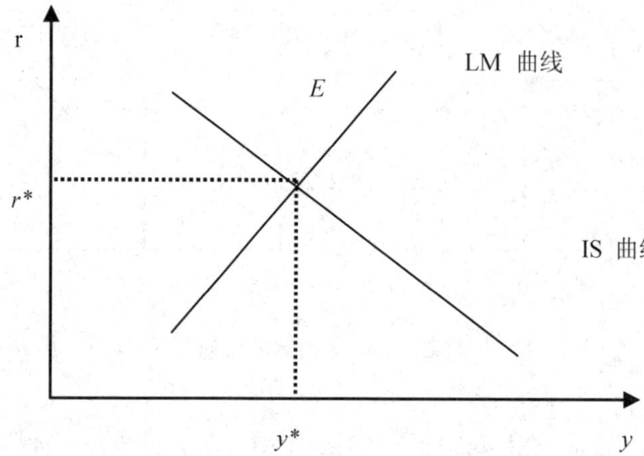

图 3-9　产品市场和货币市场同时均衡

我们可以举一个例子来说明两个市场同时均衡下的利率与收入的求解问题。已知经济中 $I=1250-250r$，$S=-500+0.5y$，$m=1250$，$L=0.5y+1000-250r$，求 IS 曲线和 LM 曲线的方程，并求均衡收入和利率。

解：$I=S$ 时，$y=3500-500r$（即为 IS 曲线方程）。

$L=m$ 时，$y=500+500r$（即为 LM 曲线方程）。

两个市场同时均衡，$IS=LM$。

联立两个方程，再解方程组，得 $y=2000$，$r=3$。

二、市场失衡及其调整

以上我们讨论了产品市场和货币市场同时达到均衡时，IS 曲线和 LM 曲线的交点就是产品市场和货币市场的唯一均衡点。即除了这一点之外的所有点都不能表示两个市场同时均衡的状态。接下来我们就市场失衡的问题进行分析。

（一）产品市场的失衡

IS 曲线上的任何一点都表示在产品市场均衡情况下利率和国民收入之间的相互关系，而不在 IS 曲线上、位于坐标系第一象限上的点都表示产品市场是失衡的。

在图 3-10 中，A 点为 IS 曲线右边的任意一点，B 为 IS 曲线左边的任意一点。A、B 都表示产品市场处于失衡的状态。A 点利率和国民收入的组合为 (r_A, Y_A)，当收入为 Y_A 时，在 IS 曲线上均衡利率为 r_e，$r_A>r_e$。由于利率和投资呈反方向变动，可得：$I_A<Ie=Se$，由于 A 为 IS 曲线右上方任意一点可得在 IS 右上方都有：$I<S$。同理，可得在 IS 左下方都有：$I>S$。

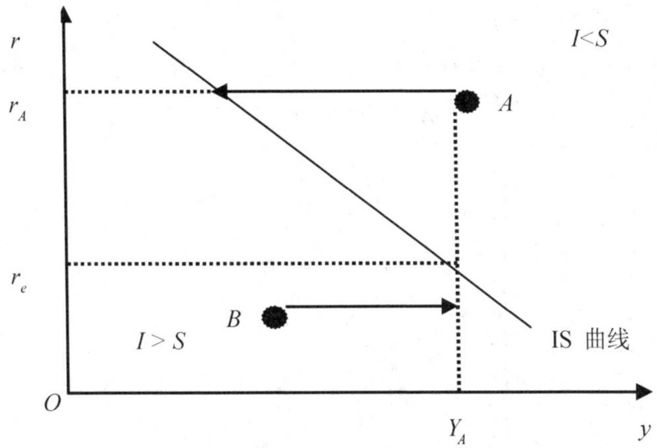

图 3－10　产品市场失衡

（二）货币市场的失衡

LM 曲线是货币市场达到均衡时利率与收入的组合点连线，在 LM 曲线外的任意一点，都表示货币市场失衡的状态。

在图 3－11 中，A 点和 B 点分别表示 LM 曲线左边和右边任意的点。在 A 点利率和国民收入的组合为 (r_A, Y_A)，当收入为 Y_A 时，均衡利率为 r_e，$r_A > r_e$。由于利率和货币需求呈反方向变动，可得：$L_A < Le = Me$，由于 A 为 LM 曲线左上方任意一点，可得在 LM 左上方都有：$L < M$。同理，可得在 LM 右下方都有：$L > M$。

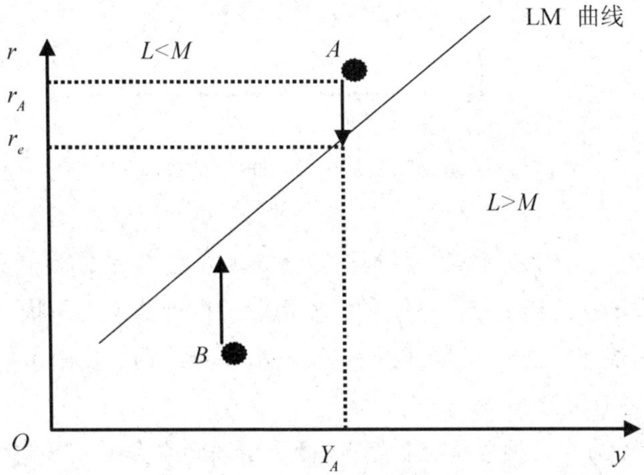

图 3－11　货币市场失衡

（三）两个市场的失衡

两个市场的失衡包括两种情形：一是其中一个市场达到了均衡，而另一个市场处于失衡状态；二是两个市场同时处于失衡状态。

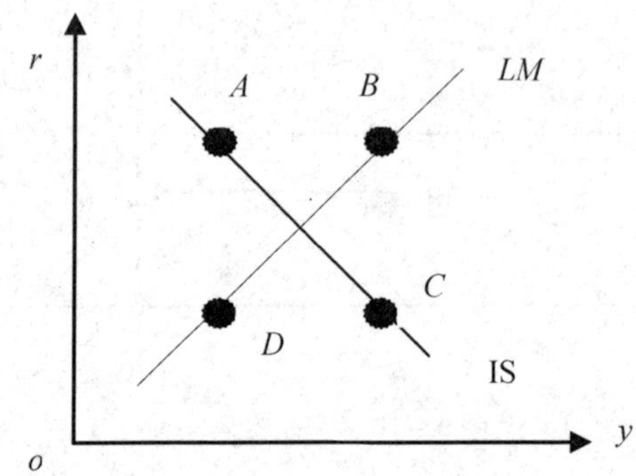

图 3－12(1)　两个市场的失衡

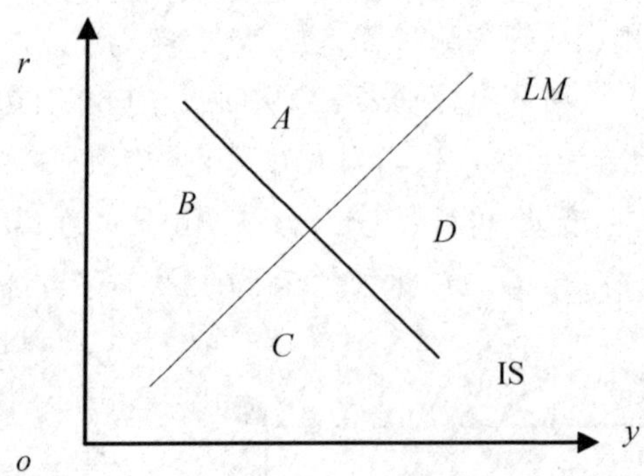

图 3－12(2)　两个市场的失衡

图 3－12(1)中反映了第一种情况。比如 A 点在 IS 曲线上同时又在 LM 曲线的左边，表示 A 点达到了产品市场的均衡但货币市场处于失衡状态 $L<M$。同理，B 点在 LM 曲线上又处于 IS 曲线的右边，表示 B 点达到了货币市场的均衡但处于产品市场的失衡状态 $I<S$。

图 3－12(2)中反映了第二种情况，两个市场同时失衡。IS 曲线和 LM 曲线把整个坐标平面分成了四个部分，每个部分代表了同时失衡的四种情形。

表 3-2 产品市场与货币市场同时失衡的情况

区域	产品市场	货币市场
A	$I<S$	$L<M$
B	$I>S$	$L<M$
C	$I>S$	$L>M$
D	$I<S$	$L>M$

无论出于哪一种失衡情况,经济都将作出调整,向均衡状态回归。

(四)均衡的调节过程

当经济运行中出现各种失衡时,市场经济本身的力量将使失衡向均衡状况调整,IS 不均衡会导致国民收入变动:投资大于储蓄($I>S$)会导致国民收入上升,投资小于储蓄($I<S$)会导致国民收入下降。LM 不均衡会导致利率变动:货币需求大于货币供给($L>M$)会导致利率上升,货币需求小于货币供给($L<M$),会导致利率下降。这种调整最终都会趋向均衡利率和均衡国民收入,即一直至 $IS=LM$ 为止。因此,$IS=LM$ 就是一般宏观均衡理论的均衡条件。

三、均衡收入与均衡利率的变动

以上我们讨论了在 IS 曲线与 LM 曲线既定的条件下产品市场与货币市场的均衡状态以及失衡的调整过程。然而,如果 IS 曲线与 LM 曲线变动了,则均衡利率和均衡收入就会发生相应的变化。

首先,假定 LM 曲线不变,IS 曲线变动。

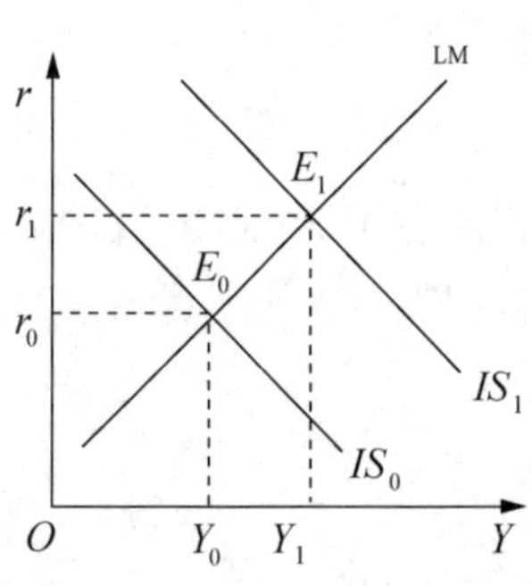

图 3-13 假定 LM 曲线不变,IS 曲线变动

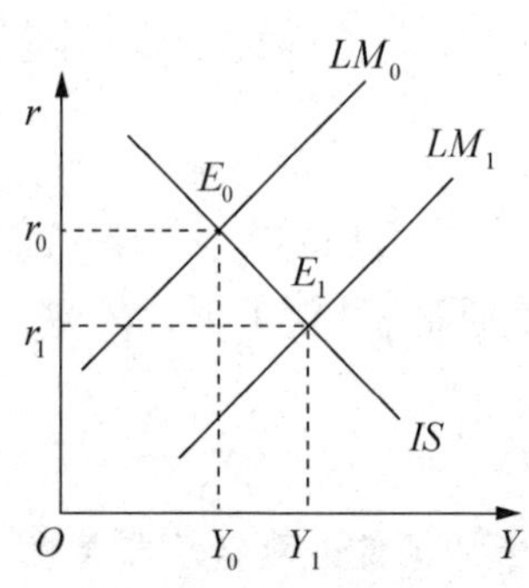

图 3-14 假定 IS 曲线不变,LM 曲线变动

从前述关于影响 IS 曲线位置的因素分析中我们已经知道,投资、消费、政府支

出等变动都会引起IS曲线的移动。现假定政府实行扩张性的财政政策，增加政府支出，则IS曲线将向右上方移动，如图13中所示，IS_0 移动到 IS_1。随着政府支出增加，即总需求的增加，将使生产和收入增加。但是随着收入的增加，对货币交易需求 $L_1(Y)$ 也将增加。由于假定 LM 曲线不变(即货币供给量不变)，因此，人们只能通过出售有价证券来获取从事交易所需的货币，这就导致利率上升及货币的投机需求 $L_2(r)$ 下降，部分地抵消了因政府支出增加而面临的总需求增加的压力。最终使利率 r_0 上升到 r_1，国民收入由 Y_0 增加到 Y_1，宏观经济在 E_1 点达到均衡。同样地，如果因消费、投资、政府支出减少，使总需求减少，将使IS曲线向左下方移动，当LM曲线不变时，导致利率与国民收入同时减少。

其次，假定IS曲线不变，LM曲线变动。

从前述关于影响LM曲线位置的因素分析中我们已经知道，货币供给量以及货币需求函数的变化等因素都将引起LM曲线的移动。现假定政府实行扩张性的货币政策，增加货币供给量，则LM曲线将向右下方移动，如图3-14中所示，LM_0 移动到 LM_1。随着货币供给量的增加，将使货币市场供给大于需求，利率下降。由于假定 IS 曲线不变，因此，利率下降将使投资增加，进而导致国民收入增加。最终使利率 r_0 下降到 r_1，国民收入由 Y_0 增加到 Y_1，宏观经济在 E_1 点达到新的均衡。同样地，如果因货币供给减少，或者因货币需求量增加，将使LM曲线向左上方移动，当IS曲线不变时，导致利率上升，国民收入减少。

最后，若IS曲线与LM曲线因各种因素的共同作用而同时变动，则IS与LM曲线新的交点将随IS、LM曲线变动的方向与程度的不同而不同。在各种情况下，利率与收入的变动，可以从上面两种情况中推导出来。

第六节　凯恩斯的基本理论框架

凯恩斯是20世纪一位著名的经济学家。他在1936年出版的《就业、利息和货币通论》奠定了现代宏观经济学的基础，因此被称之为现代宏观经济学之父。

一、凯恩斯的宏观经济学革命

它以凯恩斯1936年《就业、利息和货币通论》的出版为标志，是对传统经济学的背离，在资产阶级学史上是具有划时代意义的，称为“凯恩斯革命”。

在方法上，凯恩斯建立了宏观经济学的基本概念体系，复活了重商主义曾经使用过的宏观总量分析方法，开辟了经济学研究方法的一个新时代。

在理论上，否定代表古典和新古典经济学理论基本传统观念的所谓“萨伊定律”，强调总需求对决定国民收入至关重要的作用。

在政策上，凯恩斯反对“自由放任”和“无为而治”的传统做法，主张国家通过经济政策，主要是财政政策和货币政策对经济生活进行积极干预和调节。

二、凯恩斯的基本理论框架

凯恩斯理论的核心是有效需求原理。他是以国民收入为中心，从就业量入手来建立这一原理的。凯恩斯经济理论纲要包括以下几点。

1. 国民收入决定于消费和投资。

2. 消费由消费倾向和收入决定。消费倾向分为平均消费倾向和边际消费倾向。边际消费倾向大于0而小于1，因此，收入增加时，消费也增加，但在增加的收入中，用来增加消费的部分所占比例可能越来越小，用于增加储蓄部分所占比例可能越来越大。

3. 消费倾向比较稳定，因此，国民收入波动主要来自投资的变动。投资的增加或减少会通过投资乘数引起国民收入的多倍增加或减少。投资乘数与边际消费倾向有关。由于边际消费倾向大于0而小于1，因此，投资乘数大于1。

4. 投资由利率和资本边际效率决定，投资与利率呈反方向变动关系，与资本边际效率呈正方向变动关系。

5. 利率取决于流动偏好与货币数量。

6. 资本边际效率由预期收益和资本资产的供给价格或者说重置成本决定。

案例分析：虚拟经济与实体经济

全球金融危机爆发以来，世界经济深陷泥淖复苏乏力，发达国家先后实施史无前例的非常规量化宽松货币政策，向市场注入流动性以期稳定金融体系并提振经济。长期而言，信用扩张并未有效刺激经济复苏，非常规性货币政策在拉动实际经济产出和促进就业方面的效果有限，过度依赖货币政策导致虚拟经济急剧膨胀。这体现为全球金融资产规模攀升，股票市场与经济基本面脱节，大宗商品金融化加剧，外汇主要用于套利而非贸易结算。据统计，2014年全球金融资产总规模达294万亿美元，金融资产总规模与GDP之比接近400%；2015年初，全球股市总市值近75万亿美元，与GDP总量近似；2016年日均外汇交易额达5.1万亿美元。虚拟经济与实体经济的背离，已成为全球经济体系的“典型化”特征。

中国经济同样面临“脱实向虚”问题。2015 年第三季度 GDP 同比增速六年来首度“破 7”,2016 年 GDP 比上年增长 6.7%。在经济增速换挡、动能转换、结构优化的过程中,实体经济下行压力严峻,融资成本居高不下、产能库存严重过剩、供求关系错配、信贷资源配置低效,大量资金涌入资本市场导致资产价格轮动,加剧市场系统性风险,压缩货币政策执行空间,阻碍经济转型升级。

第四章

总需求与总供给模型

前面关于简单国民收入决定、IS—LM 模型等宏观经济问题的讨论，都是假定一般价格水平固定不变，因此没有说明产量（国民收入）和价格水平之间的关系。本章中总需求和总供给模型的论述则取消了价格水平固定不变的假定，着重说明产量和价格水平之间的关系以及价格和产量水平的决定。

第一节　价格调整和总需求曲线

一、总需求函数

（一）总需求

总需求是经济社会对产品和劳务的需求总量，通常用产出水平来表示。总需求由消费需求、投资需求、政府需求和国外需求构成。在不考虑国外需求的情况下，经济社会的总需求是指价格、收入和其他经济变量在既定条件下，家户部门、企业部门和政府将要支出的数量。因此，总需求衡量的是经济社会中各种行为主体的总支出。推动总需求的力量除了价格水平、人们的收入、对未来的预期等因素外，还包括税收、政府购买或货币供给量的政策变量。

（二）总需求函数

总需求函数是产量（国民收入）和价格水平之间的关系，表示在某个特定的价格水平下，经济社会需要多高水平的收入。

（三）总需求曲线

总需求曲线是指在各种价格水平上，产品市场和货币市场同时均衡条件下的国民收入水平的轨迹。因此可以从简单的收入—支出模型中推导出来，也可以从产品市场和货币市场的同时均衡（IS—LM 模型）中得到。

二、价格调整与总需求

(一)消费的实际货币余额效应

1. 消费函数

在推导IS—LM模型时,假定消费仅仅是收入水平的函数,事实上,消费还受到实际货币余额的影响。

实际货币余额是指名义货币存量同价格水平的比值,即M/P,于是消费函数可以写为:

$$C=f(y,M/P)$$

2. 消费的实际货币余额效应(庇古效应)

在均衡的条件下,人们会根据当时的收入水平,制订一个相应的交易规模计划,并持有一个相应的实际货币余额,当价格水平发生变化时,实际货币余额就会发生变化,人们的消费就要受到影响。

若价格水平下降,人们持有的实际货币余额及其他以货币固定价值的资产的实际价值就增加,会变得相对富裕,于是人们的消费支出将增加。同时价格水平下降,会使人们的名义收入减少,从而使人们进入更低的纳税档次,税负减轻,可支配收入增加,进而使人们的消费支出增加。这种消费的增加不是由于收入增加引起的,因此类似于自发消费的增加,于是IS曲线将会向右上方移动,反之亦然。

这种思想是英国经济学家哈伯勒(G. Haberler)和庇古(A. C. Pigal)在20世纪40年代初提出的,因此可以把消费的实际货币余额效应称作哈伯勒—庇古效应,简称庇古效应。

(二)投资的实际货币余额效应(利率效应或凯恩斯效应)

货币市场的均衡条件是:$M/P=L_1(y)+L_2(r)$。当价格水平下降时,人们的实际货币余额增加,用于交易和预防的货币减少。假定货币市场其他条件保持不变,则货币市场将出现供过于求的情况,为了保持货币市场的均衡,就只有降低利率以增加货币的投机性需求。市场利率的下降会引起投资支出的增加,进而均衡国民收入水平增加。在宏观经济学中,将价格水平变动引起利率同方向变动,进而使投资和产出水平反方向变动的情况,称为利率效应。这是凯恩斯的主张,因此也称作凯恩斯效应。

三、总需求函数和总需求曲线的推导

(一)根据 IS—LM 模型推导总需求函数

$$\left.\begin{cases} 1.\ \text{IS 曲线}: S(y) = I(r) \\ 2.\ \text{LM 曲线}: M/P = L_1(y) + L_2(r) \end{cases}\right\} \Longrightarrow y = f(P)$$

该解式 y = f(P)表示了不同价格水平(P)与不同的需求总量(y)的函数关系，即总需求函数。

若　$S = -1000 + 0.5y$

$I = 2500 - 240r$

$1000/P = 0.5y - 260r$

求解得：$y = (3640P + 960)/P = 3640 + 960/P$(总需求函数)

(二)根据 IS—LM 模型推导总需求曲线

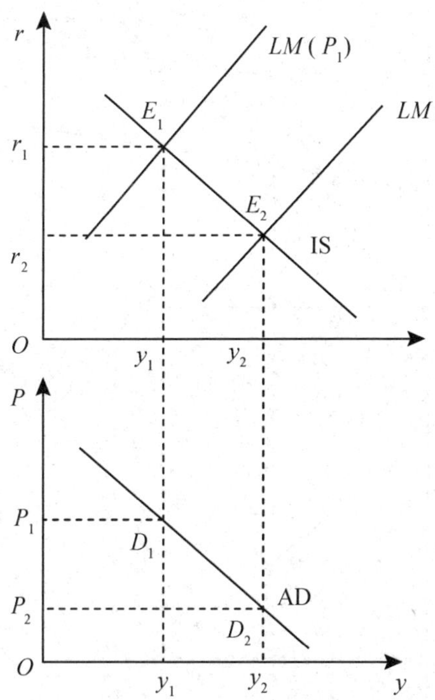

图 4-1　总需求曲线的推导

1. 如图 4－1 所示，在价格水平固定不变且货币供给为已知时，IS 曲线和 LM 曲线的交点决定均衡的收入（产量）水平。

2. 当价格水平为 P_1时，此时 $LM(P_1)$曲线与 IS 曲线相交于 $E_1(y_1, r_1)$，便得到总需求曲线上的一点 $D_1(y_1, r_1)$。

3. 若价格水平降为 P_2，$LM(P_1)$曲线移动到 $LM(P_2)$曲线，与 IS 曲线相交于 $E_2(y_2, r_2)$，便得到总需求曲线上的一点 $D_2(y_2, p_2)$。

4. 把 D_1、D_2等一系列点连接起来便得到总需求曲线 AD。

注意：价格水平的变化，对 IS 曲线的位置没有影响，因为决定 IS 曲线的变量被假定为实际量，而不是随货币数量变动的名义量。

5. 总需求曲线表示社会的需求总量和价格水平之间的反向关系，即总需求曲线是向右下方倾斜的。（价格水平的提高使货币需求增加，由于货币量保持不变，结果使利率提高，投资支出减少，从而导致产量或收入减少。）

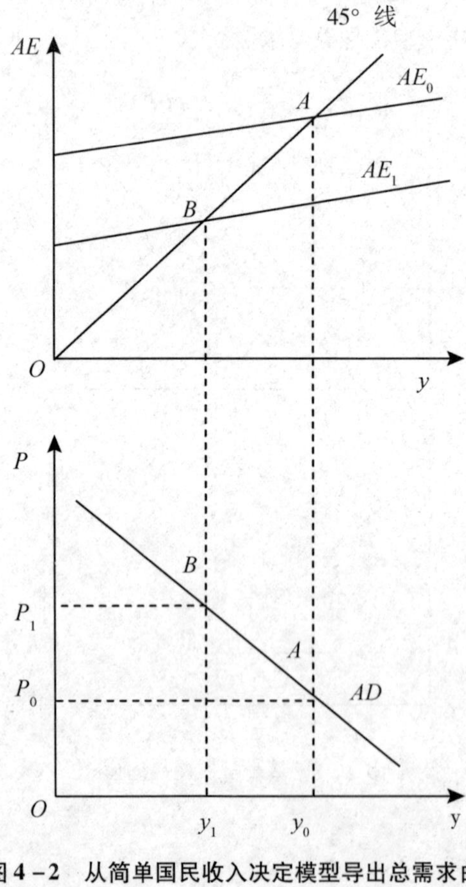

图 4－2　从简单国民收入决定模型导出总需求曲线

（三）从简单国民收入决定模型中推导总需求曲线

1. 当价格水平为 P_0时，均衡的总支出或收入为 y_0，于是就得到与价格水平 P_0 相对应的 y_0，即总需求曲线上的一点 A，如图 4－2 所示。

2. 当价格水平从 P_0上升到 P_1时，在其他条件不变的情况下，价格上升将导致消费支出和投资支出下降，从而使总支出水平下降，总支出曲线从 AE_0下移到 AE_1，从而使均衡的收入从 y_0下降为 y_1，于是得到了总需求曲线的一点 B。

3. 将 A、B 这类点用曲线连接起来，便得到总需求曲线 AD。

（四）总需求曲线和单个商品的需求曲线的区别

1. 单个商品需求曲线的纵轴是单个商品的价格，总需求曲线的纵轴是价格总水平。

2. 单个商品需求曲线的横轴是实物量，总需求曲线的横轴是实际总支出。

3. 二者向右下方倾斜的原因是不同的。单个商品需求曲线向右下方倾斜的原因是替代效应和收入效应共同作用的结果，总需求曲线向右下方倾斜的原因是消费和投资的实际货币余额效应共同作用的结果。

四、总需求曲线的移动

总需求函数为 $AD = AD(A, M/P)$ 或 $AD = AD(A, M, P)$，该式表示总需求是自发性支出 A、名义货币供给量 M 以及价格水平 P 的函数。当 A、M 既定时，总需求表现为价格水平的函数，即 $AD = AD(P)$。该需求函数在 P—Y 平面上即可表现为位置确定的总需求曲线。同时也就表明：当 A 或 M 改变时，总需求曲线的位置会随之改变。

（一）自发性支出变动对总需求曲线的影响

假设自发性支出中的政府购买支出 G 增加。

1. 如图 4－3 所示，市场均衡曲线在 $P = P_1$时为 LM_1，$P = P_2$时为 LM_2。价格水平变动不影响产品市场均衡曲线 IS_0的位置。由上述交点可知，当 $P = P_2$时，$AD = y_1$；当 $P = P_1$时，$AD = y_3$。于是得到总需求曲线 AD_1。

2. 政府购买支出增加使 IS_0曲线右移至 IS_1，IS_1曲线与 LM_1线的交点指示在 $P = P_1$情况下政府购买支出增加使 AD 由 y_3增加至 y_4；IS_1曲线与 LM_2的交点指示在 $P = P_2$情况下政府购买支出增加使 AD 由 y_1增加至 y_2。由此可知，在各个可能的价格水平下，政府购买支出增加均使总需求增加，即总需求曲线向右移动，$AD_1 \rightarrow AD_2$。

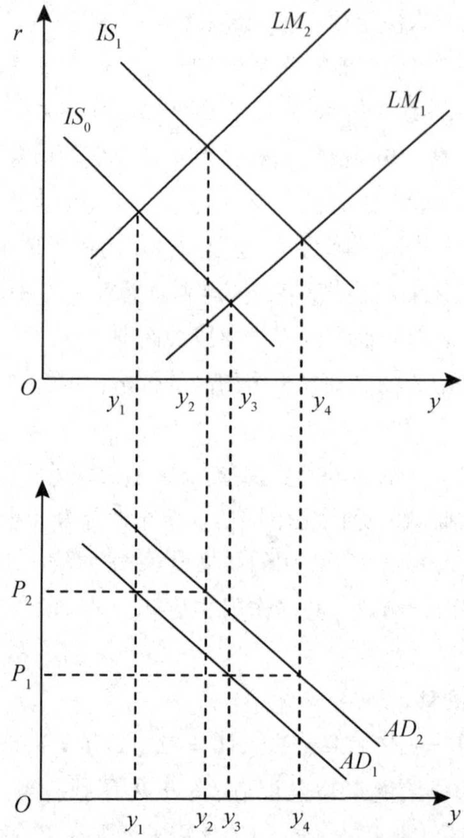

图 4-3 自发性支出变动对总需求曲线的影响

(二)名义货币供给量变动对总需求的影响

假设名义货币供给量增加。

1. 如图 4-4 所示 $P=P_2$时的 LM_1 曲线与 IS 曲线的交点指示了当 $P=P_2$时,总需求为 y_1;$P=P_1$时的 LM_3 曲线与 IS 曲线的交点指示了当 $P=P_1$时,总需求为 y_3。于是得到总需求曲线 AD_1。

2. 扩张性的货币政策在 $P=P_2$时使 LM_1 曲线右移至 LM_2,LM_2 与 IS 的交点说明货币扩张在 $P=P_2$ 情况下使总需求由 y_1 增至 y_2。扩张性的货币政策在 $P=P_1$时使 LM_3 曲线右移至 LM_4,LM_4 与 IS 的交点说明货币扩张在 $P=P_1$ 情况下使总需求由 y_3增至 y_4。由此可知,货币扩张在各个可能的价格水平下均使总需求增加,从而总需求曲线右移,即 $AD_1 \rightarrow AD_2$。

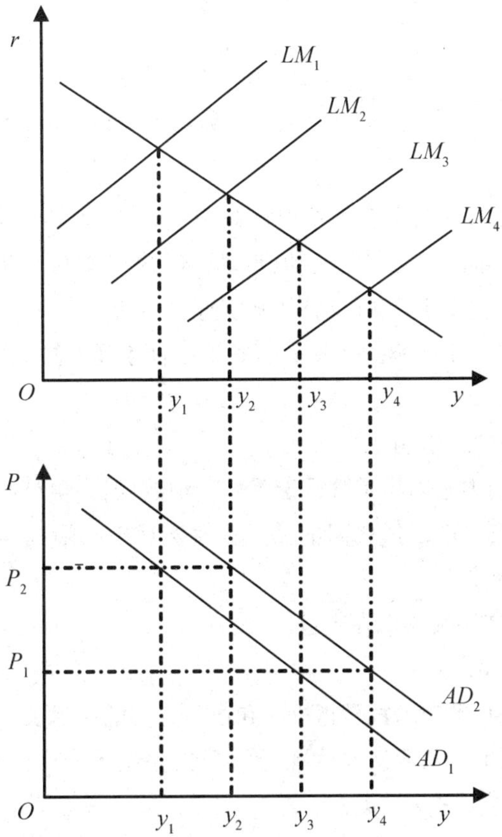

图 4-4　扩张性财政政策和扩张性货币政策都会使总需求曲线向右移动

第二节　劳动市场均衡和总供给曲线

一、总供给的一般说明

(一)总供给函数

1. 总供给

总供给是经济社会的总产量或总产出,它描述了经济社会的基本资源用于生产时可能有的产量。一般而言,总供给主要是由劳动力、生产性资本存量和技术决定的。

2. 总供给函数

总供给函数是表示总产量和一般价格水平之间的关系,其几何图形表示为总供给曲线。

3. 价格水平影响总产量的基本过程

(1)价格水平的变化影响实际工资。若名义工资不变,则实际工资与价格水平成反比。

(2)实际工资的变化又影响劳动市场的供求。劳动供给与实际工资同方向变动,劳动需求与实际工资反方向变动;劳动供求决定实际就业量。因此若其他条件不变,实际工资就通过劳动市场影响就业量。

(3)就业量的变化影响总产量。若其他条件不变,总供给随就业量的增加而增加,反之亦然。

4. 总供给分析的中心内容

总供给分析的中心内容是分析宏观生产函数,因为生产函数是描述在一定技术条件下的投入量与产出量之间的关系。而宏观生产函数的变量在很大程度上与劳动市场理论有关。

(二)宏观生产函数与潜在产量

1. 宏观生产函数

西方经济学中,生产函数是指投入和产出之间的技术关系。生产函数有微观和宏观之分,宏观生产函数又称总量生产函数,是指整个国民经济的生产函数,它表示总投入和总产出之间的关系。

假定一个经济社会在既定的技术水平下使用总量意义下的劳动和资本两种要素进行生产,则宏观生产函数可表示为:

$$y = f(N, K)$$

式中 y 为总产出, N 为整个社会的就业水平或就业量, K 为整个社会的资本存量。该式表明,经济社会的产出取决于整个社会的就业量和资本存量。

在宏观生产函数两个自变量中,资本存量 K 的规模和数量被认为由经济社会以前各年的投资决定。同时资本存量通常较大,新投资流量在短期内对资本存量的影响非常有限。因此,在宏观经济波动分析中,一般把资本存量作为外生变量处理。若短期内经济社会现有的资本存量不变,则生产函数为: $y = f(N, K)$ 。

宏观生产函数表示,在一定的技术水平和资本存量条件下,经济社会生产的产出 y 取决于就业量 N,即总产量是经济中就业量的函数,随总就业量的变化而变化。

2. 宏观生产函数的性质

一是总产出随总就业量的增加而增加;二是由于"报酬递减规律"的作用,随着总就业量的增加,总产出按递减的比率增加。这样,宏观生产函数可以用图 4－5 表示。

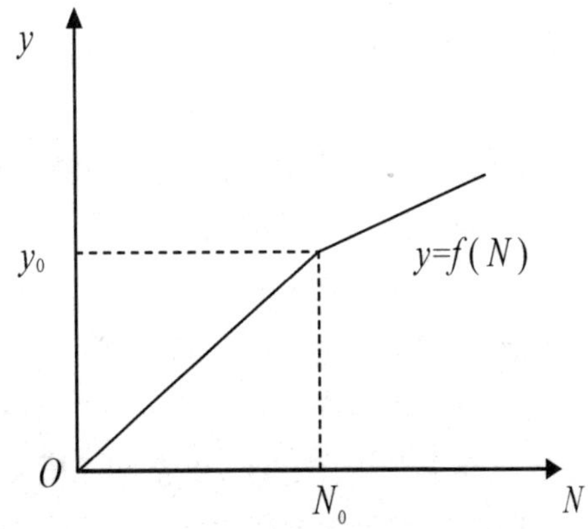

图 4－5　宏观生产函数的图形表示

3. 潜在就业量与潜在产量

(1)潜在就业量。即充分就业量,是在现有激励条件下所有愿意工作的人都参加生产时所达到的就业量。由于经济中一些难以避免的原因,当就业量等于潜在就业量时,失业率并不为零,这时的失业率被称为自然失业率。一般地,当就业量低于潜在就业量时,失业率高于自然失业率;反之,当就业量高于潜在就业量时,失业率低于自然失业率。在宏观经济学中,潜在就业量通常被看作是一个外生变量,即它不取决于产量、消费、投资和价格水平等宏观经济变量。但一个社会的潜在就业量又不是固定不变的,它随着人口的增长而稳定增长。

(2)潜在产量。所谓潜在产量又称充分就业的产量,是指在现有资本和技术水平条件下,经济社会的潜在就业量所能生产的产量。它可以用生产函数表示为:

$$y^* = f(N^*, K)$$

潜在就业量不受价格水平等宏观经济变量的影响,所以潜在产量也不受价格水平等经济变量的影响,也被视为一个外生变量。当一个经济社会的生产达到了其潜在产量时,意味着该经济社会较充分地利用了现有的经济资源。

宏观生产函数建立了在一定资本存量和技术水平条件下,总产量和总就业量之间的关系。换句话说,在一定时期和一定条件下,总供给将主要由经济的总就业水平决定。那么,经济中的总就业水平又是由什么决定的呢?为此,有必要引入另一个市场,即劳动市场。

(三)劳动市场的均衡理论

在西方宏观经济学中,关于总供给的理论是最有争议的领域之一。而这种争议在相当程度上体现在劳动市场理论方面。由于这里只是想说明经济中的就业水平是如何决定的,故下面只对最简单的劳动市场—完全竞争的劳动市场加以说明。

劳动市场理论包括劳动需求、劳动供给和劳动市场供求均衡三方面内容。

1. 劳动需求。劳动需求是实际工资的减函数。则:

$$N_d = N_d(W/P)$$

2. 劳动供给。劳动供给是实际工资的增函数。则:

$$N_S = N_S(W/P)$$

3. 劳动市场均衡。在完全竞争的条件下,价格和工资具有完全的伸缩性,劳动的供求相互作用决定实际工资和劳动的就业水平,即劳动供给曲线和劳动需求曲线的交点,才能确定均衡的实际工资和就业水平。如图 4-6 所示,劳动市场均衡的条件是:

$$N_d(W/P) = N_S(W/P)$$

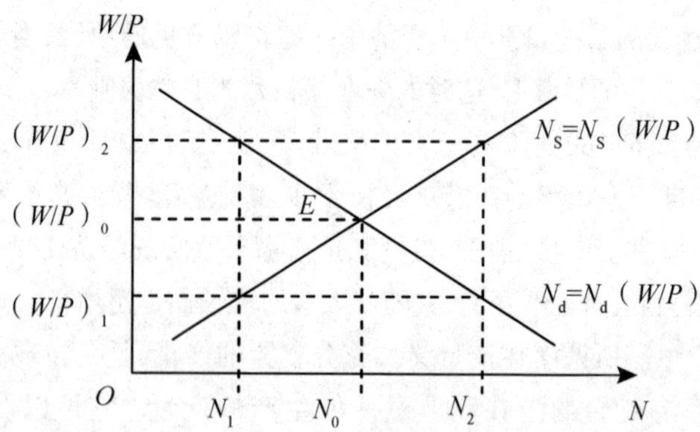

图 4-6 劳动市场均衡

二、总供给曲线

(一)总供给曲线的含义

总供给曲线是在经济制度、资源数量和技术水平既定的情况下,各种价格水平和经济中产生的商品和服务的数量之间的组合关系,即产出是投入的函数。

（二）古典宏观经济理论的总供给曲线（长期总供给曲线）

1. 假设条件

（1）市场上的信息是充分的，信息的传递是迅速而及时的，各种资源的流动也不会花费时间和成本。

（2）价格和货币工资具有完全的伸缩性。劳动供求是由实际工资决定，决定实际工资的货币工资和价格水平都是非常灵活的，不论向上还是向下调整都是如此。当劳动市场出现对劳动的超额需求时，货币工资从而实际工资水平就会上升；当劳动市场出现对劳动的过度供给时，货币工资从而实际工资水平就会下降。而且这种调整过程是瞬间完成的。

2. 长期总供给曲线的推导

（1）图 4－7a 是用实际工资表示的劳动市场，图 4－7b 是生产函数曲线，图 4－7c是 45 度线，图 4－7d 是价格—产出空间，用来反映总供给曲线。

（2）初始均衡状态：价格水平为 P_0，实际工资水平为 W_o，均衡就业量为 N_0，总供给为 y_0。

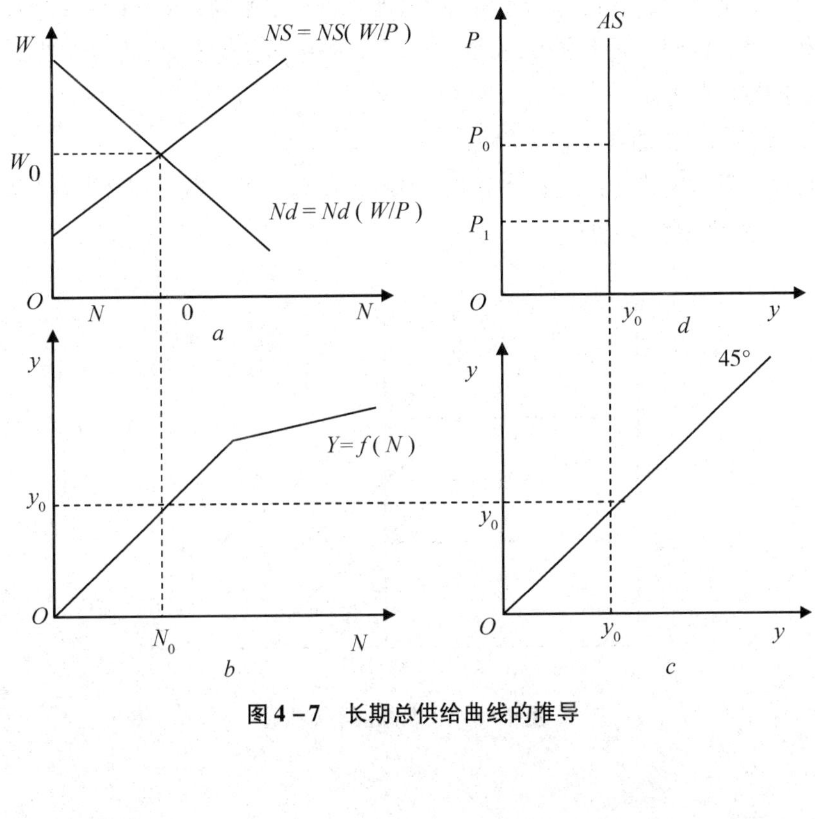

图 4－7　长期总供给曲线的推导

(3)假定价格水平下降到 P_1,在货币工资不变情况下,实际工资水平就会上升。于是,在劳动市场上就会出现失业,但这只是暂时的现象。根据假设,货币工资就会相应下降,(因为工人为了得到工资而互相竞争)直至失业消失。在这一过程中,货币工资水平要下降到使实际工资水平恢复到原来的水平,即货币工资要与价格水平等比例下降。结果,劳动市场的均衡就业量保持不变,总供给也就保持不变。因此,古典宏观经济理论的总供给曲线是一条位于经济的潜在产量水平上的垂直线。

(4)古典宏观经济理论中的总供给理论关于劳动市场信息传递和劳动要素流动的充分性、货币工资水平和价格水平调整的一致性内容,只有在时间足够长的情况下才符合经济实际,因此现在古典宏观经济理论的总供给曲线经常被认为是长期总供给曲线。另外,当生产函数中假定保持不变的因素发生变化,或劳动供求函数发生变化时,由经济供给方面决定的均衡总供给水平就会发生相应的变化,这时长期总供给曲线就会发生左右平移。

(5)垂直的长期总供给曲线表明,在长期中,实际产出主要由充分就业的劳动力数量所决定,因而产出独立于价格水平,即当价格水平变化时,在经济中的价格水平和货币工资调整发生之后,长期的产量水平并不发生变化,而始终处于充分就业的产量水平上。

3. 长期总供给曲线的政策含义

长期总供给曲线旨在影响总需求的财政政策和货币政策,只会使价格水平变动,并不能对产量发生影响。

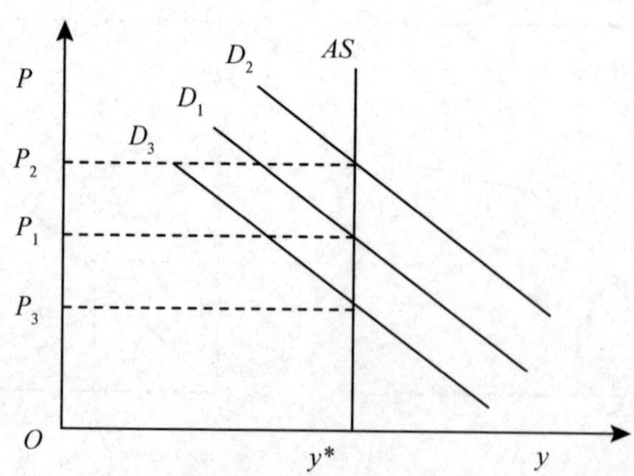

图 4-8 长期总供给曲线

（三）短期总供给曲线——凯恩斯模型

1. 前提条件

（1）货币工资刚性。货币工资刚性是指由于劳动市场上工会等因素的作用，使得货币工资只能升不能降，从而呈现出一种向下的刚性的现象。

（2）工人具有"货币幻觉"。即人们只看到货币的票面值而不注意货币的实际购买力。两种情况都会造成实际工资的下降，然而工人会对相同的结果，采取截然不同的态度，即工人会抵抗在货币工资不变情况下的货币工资的下降，却不会抵抗货币工资不变下的价格水平的提高。

2. 短期总供给曲线的推导

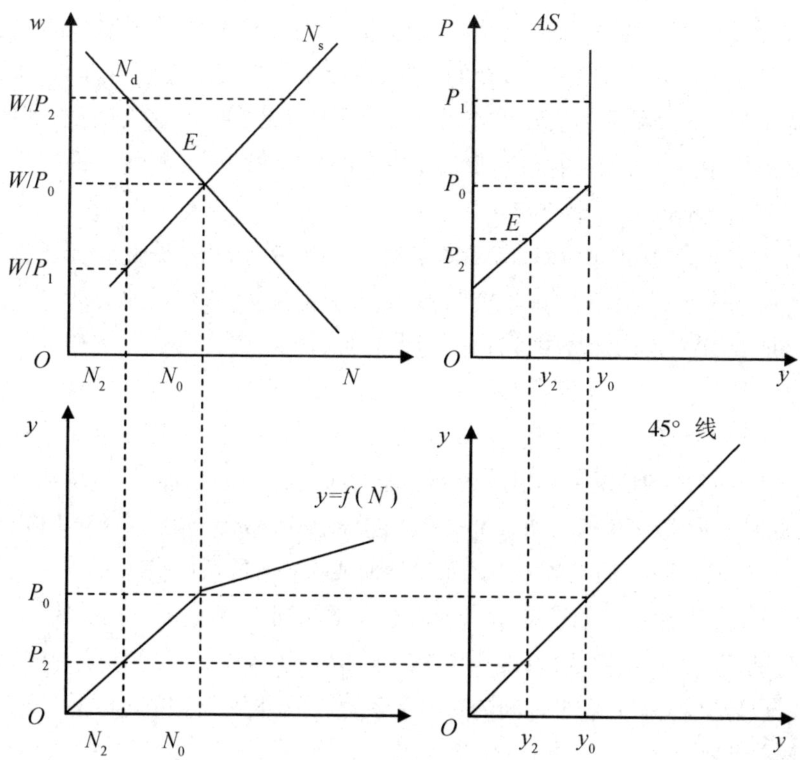

图 4－9　短期总供给曲线

（1）如图 4－9 所示假设货币工资不变，仍然为原有的 W 的数值，然而，价格水平却提高到 P_1。因此，实际工资下降到 W/P_1。此时，劳动的需求量大于劳动的供给量，所以厂商会提高工资来争购更多的劳动，从而，货币工资上升。根据假设条件，劳动者决不会阻挠货币工资上升，因此，货币工资会迅速上升到使实际工资在上涨的价格(P_1)的情况下等于原有的均衡实际工资(W/P_0)时为止。此时,由于劳动的供求相等,所以货币工资不再上升,就业量为N_0。这一过程不但适用于P_1,也适用于任何大于P_1的P_0。这就是说:在货币工资(W)变动的情况下,价格水平(P)的任何大于P_0的变动都不会影响就业量,就业量总是为N_0。把N_0的数值代入生产函数中,会得到相应的国民收入(y)的数值y_0。这也就是说,在货币工资(W)变动的情况下,价格水平(P)的任何大于P_0的变动都不会影响国民收入(y)的数值,y的数值总是等于y_0。

上述P与y之间的关系即为图中的垂直线段,该线段表示:在货币工资(W)可上升的情况下,相对于任何大于P_O的价格水平(如P_1),国民收入的数值均为y_0。

(2)假设货币工资的数值仍然为原有的W,而价格水平却下降到P_0以下,譬如说下降到P_2。由于W不变和P的下降,所以实际工资上升到W/P_2。此时,要想维持原有的充分就业的实际工资(W/P_0),货币工资(W)势必要降低。但是,根据假设条件,由于工人们的抵抗,货币工资(W)的下降具有“刚性”,即不能下降,所以实际工资不得不上升(W/P_2)。

当实际工资为(W/P_2)时,劳动的供给大于对劳动的需求,此时,虽然存在着大量的劳动供给,但由于实际工资太高,企业只能雇用N_2数量的劳动,N_2代表就业量。把N_2代入生产函数中,可以得到相应的y_2的数值。由于N_2小于N,所以y_2也小于y_0。

当P逐渐上升时,在货币工资不变的条件下,实际工资不断下降。这时,就业量也会和上述P_2的情况一样沿着劳动的需求曲线(N_d)而增加,一直增加到N_0时为止,此时的价格等于P_0。如果价格水平还要上升,那么,实际工资会下降到均衡水平(W/P_0)以下,劳动市场会进入总供给曲线为垂直线段的情况。

总之,当P逐渐上升时,就业量会随之而增加到N_0的数值。把这些不同数值的N分别代入生产函数,可以得到相应的y的数值。由于N逐渐增加到N_0,所以y也逐渐增加到y_0。P和y之间的这种关系可以用图中E点以下向左下方倾斜的线段表示出来。

(3)把图4-9左上方中的垂直线段和倾斜线段连接在一起就是凯恩斯主义的总供给曲线。

3. 特殊形式

在得到上述的总供给曲线之后,西方学者往往还对该曲线进一步简化,把该曲线的向左下方倾斜的部分当作一条水平线,即把水平线当作向左下方倾斜部分的近似值,如图4-10所示。西方学者把图中的由垂直和水平线段组成的曲线称为反 L 形的总供给曲线。它的意义是:在到达充分就业国民收入以前,经济社会大致能以不变的价格水平提供任何数量的国民收入,而在到达 y_0 之后,不论价格水平被提高到何种程度,该社会的国民收入不会增长,而有可能出现通货膨胀的现象。

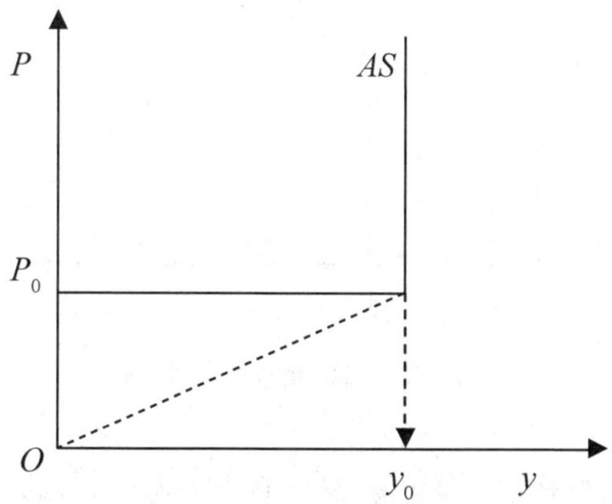

图 4-10　凯恩斯萧条模型的总供给曲线

该曲线也被称为凯恩斯萧条模型的总供给曲线,因为,在严重的萧条状态时,由于存在着大量闲置不用的劳动力和资本设备,所以当整个社会的生产量或国民收入增长时,价格水平和货币工资会大致保持不变。因此,总供给曲线是一条水平线,一直到充分就业时为止。

第三节　凯恩斯主义对经济波动的解释

以上分别论述了总需求曲线和总供给曲线。作为凯恩斯主义重要代表的主流学派经济学家试图用总供给曲线和总需求曲线来解释宏观经济波动。在这里,同时使用长期和短期总供给曲线。也就是说,他们把向右上方倾斜的总供给曲线称为短期总供给曲线,把垂直的总供给曲线称为长期总供给曲线。

一、萧条和高涨状态

从图 4-11 中可以看到,短期的收入和价格水平的决定有两种情况。

第一种情况是,*AD* 是总需求曲线,AS_S是短期总供给曲线,总需求曲线和短期总供给曲线的交点 *E* 决定的产量或收入为 *y*,价格水平为 *P*,二者都处于很低的水平，第一种情况表示经济处于萧条状态。

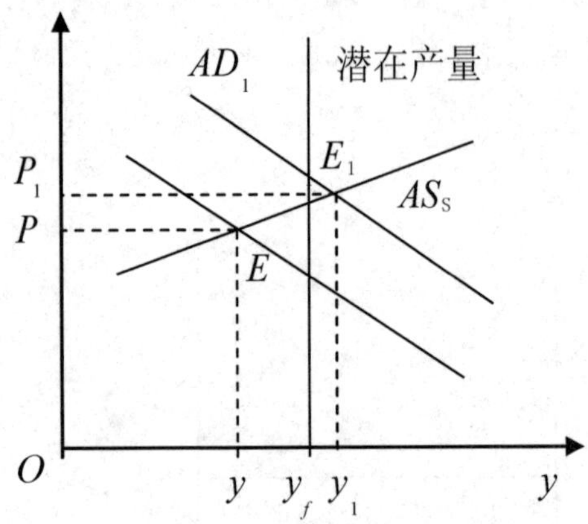

图 4－11　萧条状态与高涨状态

第二种情况是，当总需求增加，总需求曲线从 *AD* 右移到 AD_1 时，短期总供给曲线 *ASs* 和新的总需求曲线 AD_1 的交点 E_1 决定的产量或收入为 y_1，价格水平为 P_1，二者都处于很高的水平，第二种情况表示经济处于高涨状态。

二、滞胀状态

假定短期总供给曲线由于供给冲击（如石油价格和工资等提高）而向左移动，但总需求曲线不发生变化。在这种情况下，短期收入和价格水平的决定可以用图 4－12 表示。

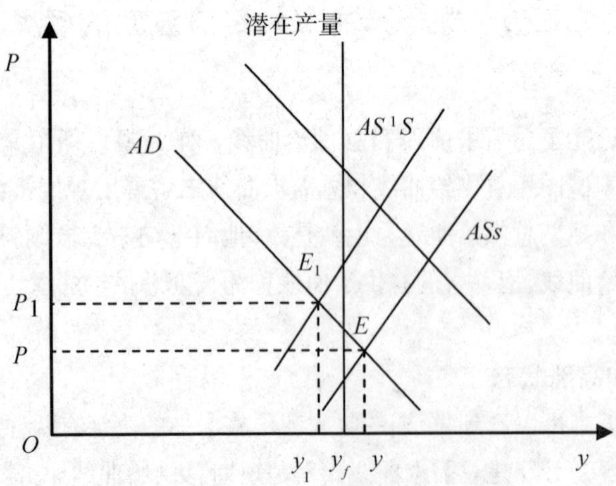

图 4－12　短期收入和价格水平的决定

在图中，AD 是总需求曲线，ASs 是短期总供给曲线，两者的交点 E 决定的产量或收入为 y，价格水平为 P。现在由于出现供给冲击，短期总供给曲线向左移动到 AS^1S，总需求曲线和新的短期总供给曲线的交点 E_1 决定的产量或收入为 y_1，价格水平为 P_1，这个产量低于原来的产量，而价格水平却高于原来的价格水平，这种情况表示经济处于滞胀状态，即经济停滞和通货膨胀结合在一起的状态。

上述的萧条状态、高涨状态和滞胀状态都被认为是短期内存在的状态。在短期内，例如在几个月或在一两年内，企业所使用的生产要素的价格相对不变，因而总供给曲线向右上方延伸。在长期内，一切价格都能自由地涨落，经济具有达到充分就业的趋势，因而总供给曲线成为垂线。

三、长期状态

图中的 AS_L 是长期总供给曲线，它和潜在产量线完全重合，当总需求曲线为 AD 时，总需求曲线和长期总供给曲线的交点 E 决定的产量为 y，价格水平为 P，当总需求增加使总需求曲线从 AD 向上移动到 AD_1 时，总需求曲线和长期总供给曲线 AS_L 的交点 E_1 决定的产量为 y_1，价格水平为 P_1，由于 $y=y_1=y_f$，所以在长期中总需求的增加只是提高了价格水平，而不会改变产量或收入。

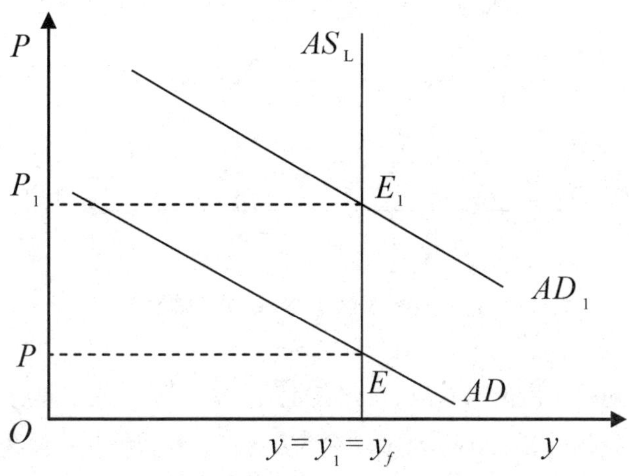

图 4－13　长期收入与价格水平的决定

由上述可见，主流学派认为总供给—总需求分析可以用来解释萧条状态、高涨状态和滞胀状态的短期收入和价格水平的决定，也可以用来解释充分就业状态的长期收入和价格水平的决定。相应地，在政策主张上，主流学派经济学家认为，虽然经济在长期可以处在充分就业的均衡状态，但短期内的萧条和过度繁荣是不可避免的，仍然可能给社会带来损失。因此，有必要执行凯恩斯主义的经济政策，以熨平萧条和过度繁荣所带来的经济波动，使经济持续处于稳定的充分就业的状态。

第四节 总需求曲线与总供给曲线移动的效应

总需求和总供给曲线不仅可以从供求这两个方面来说明收入的决定，而且可以更充分地说明宏观经济政策的有关问题。本节说明总需求曲线与总供给曲线移动的效应。先介绍在不同的供给假定下的财政政策和货币政策。

一、凯恩斯情形

在图 4－14 中，将凯恩斯总供给曲线与总需求曲线结合起来。

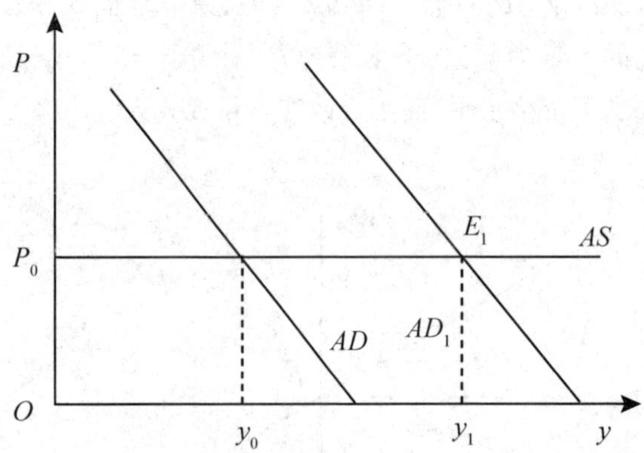

图 4－14 财政扩张：凯恩斯情形

假设经济初始均衡位于 E 点，在此点 AS 和 AD 相交。假定政府进行一次财政扩张，使 AD 曲线向右移动，从 AD 移动至 AD_1。这时经济的新均衡在 E_1 点，产量增加。由于厂商在价格水平 P_0 下愿意供给任意数量的产品，因而不存在对价格的影响。根据上图，政府财政扩张效果只是提高产量和就业。同样可以说明，在凯恩斯情形下，名义货币量的增加会导致经济中均衡产量的增加，且也不存在对价格的影响。

二、古典情形

在古典情形下,总供给曲线在充分就业的产量水平上是垂直的。不论价格水平如何,经济中的全体厂商的供给量为 y_f。在这样的供给假定之下,可以得出与上述凯恩斯模型完全不同的结果。

图 4－15 中,左图考察了在古典供给假定下一次财政扩张的效果,总供给曲线为 AS,经济初始均衡为 E 点。政府的财政扩张使总需求曲线从 AD 移动到 AD_1。在初始价格水平 P_0,经济的支出升至 E_1 点。在价格水平 P_0,产品需求上升了。但厂商不可能获得劳动力来生产更多的产量,产品供给对新增的需求无法作出反应。由于厂商试图雇用更多的工人,他们抬高了工资和生产成本,因而必须为他们的产品索取更高的价格。于是,产品需求的增加只会导致更高的价格,而不能提高产量。

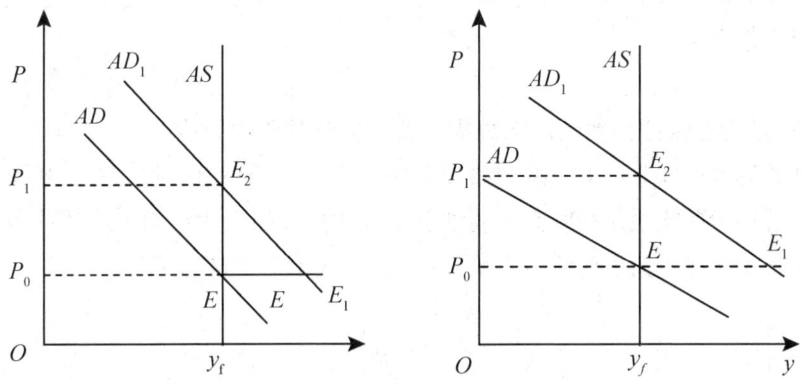

图 4－15　货币扩张:古典情形

价格的上涨降低了实际货币存量并导致了利率的上涨和支出的减少。经济沿 AD_1 曲线不断向上移动,直至价格的上升和货币实际余额的下降使得利率提高和支出降低到与充分就业相一致的水平。这就是在价格 P_1 的情形。在 E_2 点,总需求在更高的价格水平上再次与总供给相等。

再来看古典条件下货币扩张的效果,图 4－15 中,右图描述了在古典供给条件下名义货币扩张的情况。

图中的 E 点为初始的充分就业均衡点,AD 与 AS 在此点相交。现在假定名义货币存量增加了,相应地,总需求曲线向右移动到 AD_1。假如价格固定,经济会移动至 E_1,即凯恩斯均衡点,但是,现在产量是固定供给的,总需求的增加导致了对产品的超额需求。试图通过雇用更多劳动力来实施扩张的厂商推动了工资和成本的上涨。相应地，价格也随之上涨，这意味着实际货币存量将不断向其初始水平回落。事实上，价格会持续上涨，直到产品的超额需求消失时为止。这样，价格必须上涨经济达到 E_2 点的程度，这时 AS 与新的总需求曲线 AD_1 相交。只有当总需求再次与充分就业的供给量相等的时候，产品市场才会出清，价格上升的压力才会消失。

再来考虑经济从 E 点移动到 E_2 点的调整过程。这里没有产量的变化而只有价格水平的变化，注意价格上升与名义货币量的增加恰好变动了同一比例。从图中可以看到，作为对名义货币增加的反应，AD 曲线会向上移动一段与货币增加比例相同的距离。因此，在 E_2 点，实际货币存量 M/P 恢复到其初始水平。在 E_2 点，名义货币和价格均变动了同一比例，使得经济的均衡产量维持不变。这样，可以得出古典模型的一个重要结论：在古典供给条件下，名义货币的增加将促使价格水平上升同一比例而利率和实际产出维持不变。在宏观经济学中，将货币存量的变动只导致价格水平的变化而实际变量（产量、就业）无一发生变化的这种情况，称为货币是中性的。

三、常规总供给曲线情形下总需求曲线移动的不同效应

在政策效果部分讨论了财政政策和货币政策的相对有效性。在此用总需求曲线与总供给曲线说明政府旨在刺激总需求的措施所产生的效果在很大程度上依赖于两条曲线相交于何处。下图 4－16 进一步说明了这一问题。

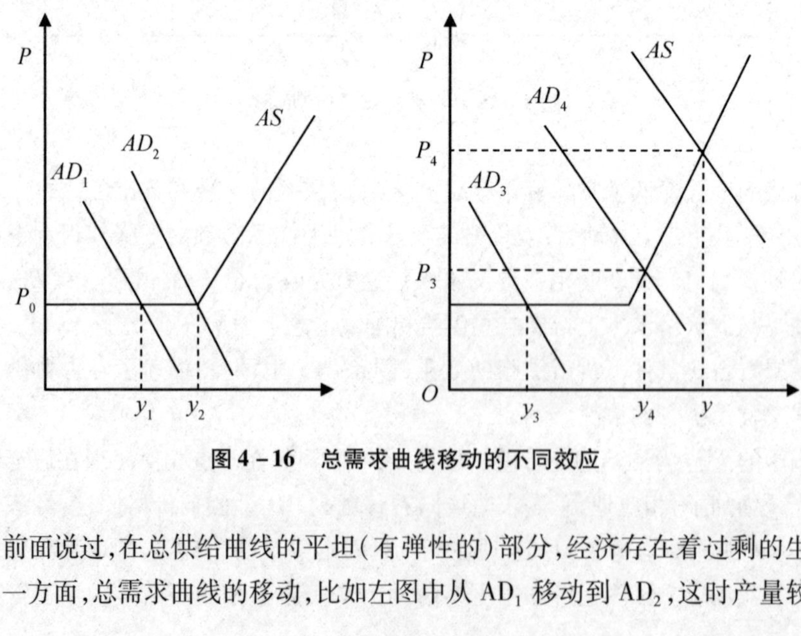

图 4－16　总需求曲线移动的不同效应

前面说过，在总供给曲线的平坦（有弹性的）部分，经济存在着过剩的生产能力。一方面，总需求曲线的移动，比如左图中从 AD_1 移动到 AD_2，这时产量较大的

增加只伴随着价格以较小的幅度上升。另一方面，在总供给曲线的陡峭(弹性较小)的部分，经济接近于其生产能力。这时总需求曲线的移动，比如在右图中从 AD_3 移动到 AD_4，产量增加很少，而价格却显著上升。

四、总供给曲线移动的效应

AD—AS 模型不仅能清楚地说明总需求曲线移动的效应，而且还能说明总供给曲线移动的效应，这是 IS—LM 模型所不及的。

下图说明了总供给曲线移动的效应。在此考虑的是由于经济中企业的设备投资增加而造成生产能力增大的情形。这时，总供给曲线将向右移动，从 AS_0 移动到 AS_1。如果经济最初运行在总供给曲线的陡峭部分，而且总需求曲线是相当无弹性的，比如说，如图 4－17 中所示的 AD_1，那么总供给的增加意味着新的均衡价格水平将明显低于初始价格水平。如果经济最初运行在总供给曲线的平坦部分，比如说图中的 AD_0，则总供给曲线移动的效果不大。这是因为总供给曲线的平坦部分表明了经济中存在着过剩的生产能力。新追加的生产能力对于生产的均衡数量和均衡价格水平的影响都很小。

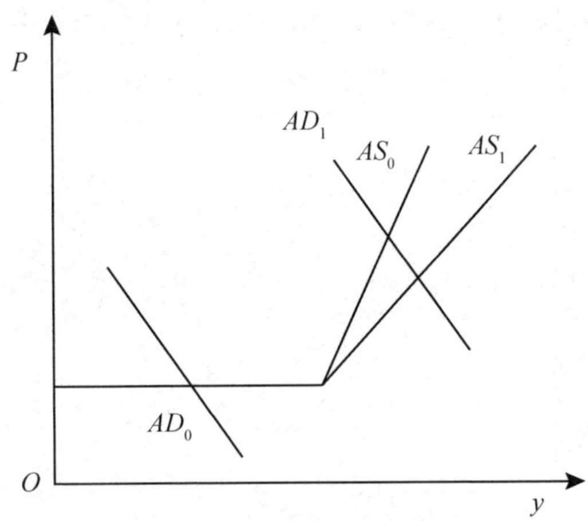

图 4－17 总供给曲线的移动效应

下图 4－18 描述了从国外购买的投入品(比如石油)价格上涨的效应。这时总供给曲线向上移动($AS_0 \to AS_1$)。从微观角度看，为了使厂商愿意生产与以前相同的产量，它们必须能得到更高的产品价格($P_0 \to P_1$)。从图中可以看出，即使这时经济存在过剩的生产能力，价格水平也会上升。

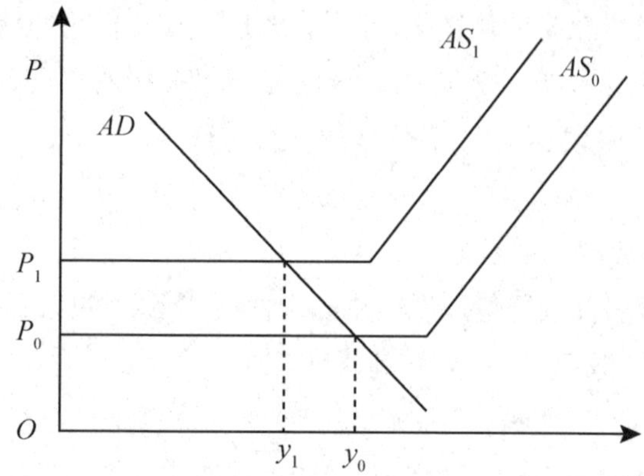

图 4-18 进口投入品价格上涨的效应

20 世纪 70 年代初期美国经济受到石油供给冲击被认为是一个现实的事例。冲击主要由中东国家组成的石油输出国组织(欧佩克)在 1973 年决定运用它们的市场力量对输出到包括美国在内的某些西方国家的石油数量加以限制所造成。最初的限制部分是出于政治上的考虑,因为许多欧佩克成员看到,美国在以色列与控制欧佩克的阿拉伯国家双方之间持续不断的争端中始终支持以色列。然而,不久它们就认识到自己具有(至少在短期内是这样)真正的经济力量,石油价格进而迅速上升。

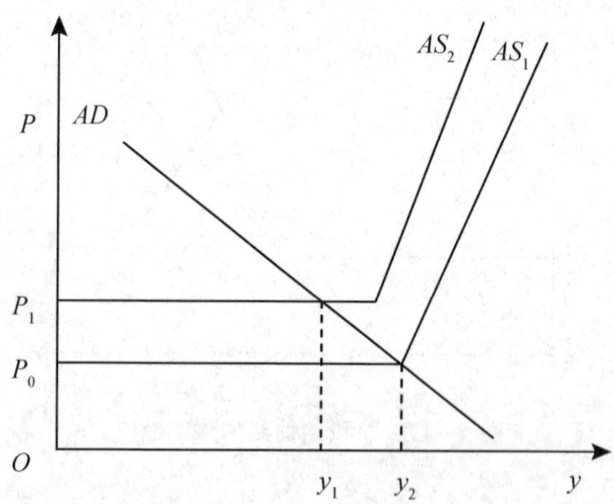

图 4-19 20 世纪 70 年代初期的石油价格冲击

就整个美国经济而言,石油价格的提高使许多高度依赖于石油的行业生产成本提高。这个结果可以用供给曲线的移动来说明,如上图 4-19 所示。面对更高的石油价格，厂商在每一价格水平上愿意生产的产量降低了。总供给曲线的移动使通货膨胀的压力增加。在初始价格水平 P_0处，总供给曲线的移动意味着存在对商品的超额需求。在图中，欧佩克提高了石油价格。这使得总供给曲线向上移动（$AS_1 \rightarrow AS_2$），从而导致一个更高的均衡价格水平 P_1与更低的产量水平。

第五节 总需求和总供给模型的数学小结

对总需求和总供给曲线的研究，可以说是对到目前为止的全部宏观经济理论体系作出的总结。这一研究涉及了三个市场和一个总量函数，即产品市场、货币市场、劳动市场和总量生产函数。它们中的每一个都能用数学公式表示出来。因此，在结束对总需求曲线和总供给曲线的研究之际，在此以数学方程的形式对过去的全部宏观理论进行总结。

一、短期总供给模型

产品市场均衡条件： $i(r)+g=s(y-t)+t$

货币市场均衡条件： $M/P=L_1(y)+L_2(r)$

（以上两式）$\rangle\ y=f(N)$

劳动市场均衡条件： $N_d=N_d(W/P)\ \ W=\bar{W}$

总量生产函数： $y=f(N,\ \bar{K})$

（以上两式）$\rangle\ y=f(P)$

（全部）$\rangle\ y、P、r、N$

在上述第一和第二个方程中消去 r，可得到 y 与 P 之间的关系，这一关系即为总需求曲线。利用第三个方程和第四个方程消去 W，可得到另一个 y 与 P 之间的关系，即为总供给曲线。总供给函数和总需求函数结合在一起决定 y 与 P 的数值，然后把这两个数值代入其他公式可以求得 r 与 N 的数值。总之，从上面四个方程可以确定 y、N、r 和 P。

二、长期总供给模型

产品市场均衡条件：$i(r)+g=s(y-t)+t$

货币市场均衡条件：$M/P=L_1(y)+L_2(r)$

（以上两式）$\rangle\ y=f(P)$

劳动市场均衡条件：$N_d=N_d(W/P)\ \ NS=NS(W/P)$

总量生产函数： $y=f(N,\ K)$

（以上两式）$\rangle\ y=yf$

（全部）$\rangle\ y、P、r、N$

可以看到,长期和短期模型的差别仅在于劳动的供给函数。在长期模型中,通过劳动市场的均衡条件,可以求得充分就业的 N,把 N 代入生产函数,可以求得充分就业的 y,根据充分就业的 y 所作的垂直线即为长期总供给曲线。根据第一个方程式和第二个方程式可以求得 P 和 y 之间的关系,这个关系代表总需求曲线,总之,通过四个联立方程,可以求得 y、N、r 和 P 的数值。

关于 *AD—AS* 模型的内容,有四个特点需要注意。

第一,总需求和总供给模型是静态和封闭的宏观经济模型。这里的"静态"是指没有时间先后或差距的意思,它的含义和微观部分相同。由于是静态模型,所以它只限于解释均衡状态,或者解释由于外生变量的一次性变动而引起的内生变量(如价格水平)的变化。换言之,严格说来,总需求和总供给模型,虽然涉及价格的高低,但却不能解释通货膨胀率的大小及其变动的问题,因为这一问题涉及通货膨胀率,从而涉及时间的变化。由于这一原因,要想论述通胀问题,必须把该模型加以动态化。这一工作将在通货膨胀理论中进行。这里"封闭"的含义和它的经济学的一般含义相同,是指不对外开放的封闭经济。关于对外开放的宏观经济模型,将在四部门经济模型中加以论述。

第二,总需求和总供给模型,除了它本身的意义以外,还是对宏观部分迄今所包括的内容的总结。这一点可以从短期和长期总供求数学模型的四个方程中看出来。在四个方程中,代表 IS 和 LM 曲线的前两个方程的综合构成了总需求曲线;代表劳动市场均衡和总量生产函数的后两个方程的综合则构成总供给曲线。

第三,既然总需求和总供给模型是宏观部分迄今所包括的内容的总结,过去对宏观经济学所作出的全部评析当然也适用于这个模型。

第四,在总需求和总供给模型中,生产函数是总供给曲线的一个组成部分。然而,在生产函数中,却存在着一个重大缺点,即:它假设整个国家只生产一种产品(y 或国民收入)。然而,这个单一的产品却被使用于两种不同的用途,消费和投资。要想做到这一点,必须假设:不论国民收入的数值为多少,它所含有的消费品和投资品的比例都能适合消费和投资两个部门的要求。而事实表明,这种假设是没有根据的。

虽然生产函数的这一重大缺点并不足以推翻总需求和总供给模型,然而,它可以再一次提醒我们,西方经济学是一个需要进一步完善的学科,从而,即使以它的有用部分而论,它也只能在粗略的意义上给我们提供参考性的意见。

早在百余年以前,马克思已经考虑到生产资料(投资品)和消费(消费品)两大部门的比例问题。他的简单再生产和扩大再生产的公式以及对公式的说明可以充分证实这一点。在今天，它们仍具有重大的意义。

案例分析：大萧条

1929 年，美国经济日趋繁荣。美国的工业生产指数在 1921 年时平均仅为 67（1923 年至 1925 年为 100），但到 1928 年 7 月已上升到 110，到 1929 年 6 月则上升到 126。给人印象更为深刻的是美国股票市场的行情。实业家、学究式的经济学家和政府领导人都表示对未来充满信心。财政部长安德鲁·梅隆也于 1929 年 9 月向公众保证：现在没有担心的理由，这一繁荣的高潮将会继续下去。

1929 年 10 月 29 日，人群聚集在纽约华尔街，当天的股市暴跌。美国的大萧条耗尽了美国原本可用于欧洲投资的资本。

1929 年秋天，股票市场的价格跌到了最低点，世界范围的经济萧条随之而来，而且萧条的强烈程度和延续时间的长久都是空前的。造成这意想不到结局的一个原因似乎是严重的国际经济不平衡，这种不平衡是在（第一次世界大战之后）美国大规模地成为债权国时发展起来的。

英国在大战以前已是债权国，但它将来自海外投资和贷款的收入用来支付长期的入超。相反，美国则通常都是贸易顺差，而且由于国内政治原因使关税保持在高水平，这种贸易顺差也就被加大。此外，20 世纪 20 年代，因不少国家支付战争债务，金钱源源不断地流入美国，美国的黄金贮藏量在 1913 年至 1924 年间从 19.24 亿美元增加到 44.99 亿美元，即世界黄金总贮藏量的一半。

在 1929—1930 年，由于投资者和消费者减少了大约 150 亿美元的支出，国民生产总值的支出约减少了 140 亿美元。政府支出虽稍有增加，但其影响微不足道。反映投资和消费支出有所减少的是：劳动力市场上解雇和失业增多，工商业的销售额和利润降低了。根据上述分析，可见只要查明消费者支出和企业投资之所以减少的来由，即能确定这次大萧条产生的原因了。

第五章

财政政策与货币政策分析与实践

宏观经济政策是指国家或政府为了增进整个社会经济福利、改进国民经济的运行状况、达到一定的政策目标而有意识和有计划地运用一定的政策工具而制定的解决经济问题的指导原则和措施。

第一节　宏观经济政策目标

宏观经济政策就是为了实现一定的经济政策目标而制定的。宏观经济政策目标是指宏观经济政策最终所要达到的目的。宏观经济政策的目标主要包括充分就业、物价稳定、经济增长和国际收支平衡四大目标。

充分就业是宏观经济政策的首要目标。按照凯恩斯的观点,失业一般分为三类:摩擦性失业、自愿失业和非自愿失业。摩擦性失业是因为劳动力市场不完善、信息不畅而产生的一种暂时的、短期的失业,是人们变换工作和寻找新的工作的过程而存在的失业。自愿失业指工人不愿意接受现行工资水平和工作条件而导致的失业。非自愿失业是指即使愿意接受现行工资水平和工作条件但仍然找不到工作的失业。

充分就业并非百分之百的就业,充分就业时仍有一定的失业,凯恩斯认为,消除了非自愿失业但仍存在摩擦性失业和自愿失业的就业状态就是充分就业。也就是说,经济社会实现了充分就业时,仍然有摩擦性失业和自愿失业存在。

物价稳定是宏观经济政策的第二个目标。物价稳定就是避免或减少通货膨胀,但并不是通货膨胀率为零。物价稳定是指整体物价总水平的稳定。在任何一个经济社会中,由于各种经济和非经济因素的影响,物价不可能保持在一个固定不变的水平上,一般来说,随着经济的发展会或多或少地有一些或高或低的通货膨胀,因此,物价稳定并不意味着每种商品和劳务的价格固定不变。

经济增长是指一个经济社会在一定时期内(通常为一年)所生产的商品和劳

务即产量或收入的增加，通常用一定时期内实际年均 GDP 或年人均 GDP 来衡量。

国际收支平衡是指既无国际收支赤字又无国际收支盈余。从长期看，一国的国际收支状况无论是赤字还是盈余对一国经济的稳定发展都会产生不利的影响，会对其他宏观经济目标的实现造成障碍。具体说来，若国际收支长期处于盈余状态，会减少国内消费与投资，使社会总需求减少，不利于实现充分就业和经济持续稳定地增长；如果出现长期的国际收支赤字，赤字将由外汇储备或通过对外举债偿还，必将导致国内通货膨胀的发生。

从长期来看，这四个宏观经济目标之间是相互促进的。经济增长是充分就业、物价稳定和国际收支平衡的物质基础；物价稳定又是经济持续稳定增长的前提；国际收支平衡有利于国内物价的稳定，有利于利用国际资源扩大本国的生产能力，加速本国经济的增长；充分就业本身就意味着资源的充分利用，这当然会促进本国经济的增长。但是，在短期中，从迄今为止的各国宏观经济政策实践来看，这几个目标之间并不总是一致的，而是相互之间存在着矛盾。

经济政策之间的矛盾给制定宏观经济政策带来了一定的困难，但宏观经济政策是为了全面实现这四个宏观经济目标，而不仅仅是要达到其中某一两个目标，这样，就需要考虑各种因素来对各种政策目标进行协调。

第二节　财政政策

一、财政政策的概念

财政政策是一个国家的政府为了达到预期的经济目标而对政府收入、政府支出和公债水平所作出的决策。

二、财政政策工具及其运用

政府对经济生活的干预是通过政府的财政支出政策和财政收入政策进行的。

政府购买是政府对商品和劳务的购买，包括购买军需品、警察装备用品、政府机关办公用品、付给政府雇员的酬金、各种公共工程项目的支出等。可以说，政府购买涉及各种项目，从航空母舰到森林管理人员的薪金，无所不包。由于政府购买发生了商品和劳务的实际交换，直接形成了社会总需求和实际购买力，是国民收入的一个重要组成部分，因此是一种实质性的支出，它的大小是决定国民收入水平的主要因素之一，直接关系到社会总需求的规模。政府购买支出的变动对整个社会总支出水平起着举足轻重的调节作用。当社会总支出水平过低,人们的有效需求不足,存在严重的失业时,政府可以通过增加购买支出,例如兴办学校、增加教育投入、举办公共工程,以增加整个社会的总需求水平,减少失业,同经济衰退进行斗争。相反,当社会总支出水平过高、社会存在超额需求、存在通货膨胀时,政府应该采取减少政府的购买性支出的政策,以降低社会的总体有效需求,抑制通货膨胀,从而使经济达到充分就业的均衡。因此,通过改变政府购买性支出水平是政府财政政策的强有力手段之一。

政府支出的另一部分是转移支付,与政府购买性支出不同,政府转移支付是指政府的社会福利等支出,如卫生保健支出、收入保障支出、退伍军人福利、失业救济和各种补贴等方面的支出。既然转移支付也是政府支出的重要组成部分,政府转移支付的增减对整个社会总支出同样具有重要的调节作用。与政府购买性支出一样,政府转移支付也是一项重要的财政政策工具。一般来说,当社会总支出水平不足、社会的有效需求不足、经济社会失业增加时,政府可以通过增加政府的转移支付、提高社会福利水平,使公众手中的可支配收入增加,从而提高人们的消费水平,增加整个社会的有效需求,减少失业;当社会总支出水平过高、有效需求过旺、存在通货膨胀时,政府则应该减少政府的转移支付,降低社会福利水平,使人们的可支配收入减少,降低公众的消费水平,从而使社会的有效需求降低,以制止通货膨胀。总之,通过政府转移支付的变动达到总供给与总需求的均衡,实现经济持续稳定地增长。政府购买支出和转移支付的变动通过乘数效应作用于国民收入,由于购买支出乘数大于转移支付乘数,因此,政府的购买支出乘数效应大于转移支付乘数效应。

在政府的收入中,税收是最主要的部分。经济学家普遍给税收这样定义:税收是个人和企业不能等价交换商品和服务而向政府的非自愿的支付。西方国家财政收入的增长,在很大程度上源自于税收收入的增长。税收依据不同的标准可以进行不同的分类。根据课税对象的不同,税收可以分为:财产税、所得税和流转税三类。财产税是指对纳税人的动产和不动产课征的税收。许多国家对财产的赠予或继承征税,有些国家还对纳税人的净财产(资产减去负债)征税,称之为个人财产税。所得税是对个人和公司赚取的所得课征的税收。在西方政府税收中,所得税占有的比例较大,因此,其税率的变动对社会经济生活会产生巨大的影响。流转税是对流通中的商品和劳务的交易额课征的税收。增值税是其中主要的税种之一。根据收入中被扣除的比例,税收可分为累退税、累进税和比例税。累退税是指税率随征税客体总量增加而递减的一种税,比例税是税率不随征税客体总量变动而变动的一种税,即按一个统一的税率比例从收入中征收,多适用于流转税和财产税。累进税是税率随征税客体总量增加而增加的一种税。西方国家的所得税大部分属于累进税。这三种类型的税通过税率的变动反映了赋税的负担轻重和税收总量的关系,因此,税率的高低以及变动的方向对经济活动如个人收入和消费、企业投资、社会总需求等都会产生极大的影响。

税收既是作为西方国家财政收入的主要来源之一,又是国家实施其财政政策的一个重要手段,它与政府的购买性支出、政府的转移支付一样,同样具有乘数效应,即政府税收的变动对国民收入的变动具有成倍的作用。在讨论税收乘数时,一般要分清两种情况:一种是税率的变化对国民收入的影响;另一种是税收绝对量的变动对国民收入的影响。因此,税收作为一种财政政策工具,既可以通过改变税率也可以通过变动税收总量来实现宏观经济政策目标。例如,可以通过一次性减税即变动税收总量来达到刺激社会总需求的目的,还可以通过改变税率使社会总需求得以变动,以此达到预定的目标。由于改变税率主要是指所得税率的变动,一般而言,当税率降低时,会引起税收的减少,个人和企业的消费和投资增加以致整个社会的总需求增加以及国民收入水平的提高。反之,税率的提高,会导致社会总需求的减少和国民收入水平的降低。因此,当经济社会有效需求不足时,一般可采用减税这种扩张性的财政政策抑制经济的衰退,而经济出现需求过旺通货膨胀时,可通过增加税收这种紧缩性的财政政策抑制通货膨胀。

公债是政府向公众举借的债务,或者说是公众对政府的债权,它是政府财政收入的另一个组成部分。公债是相对于私债而言的,其最大的区别就在于公债的债务人是拥有政治权力的政府。公债与税收不同,公债是以国家(或政府)信用为基础的,是政府以其信用向公众筹集财政资金的特殊形式。从公债发行的主体看,有中央(联邦)政府公债和地方各级政府公债,通常将中央政府发行的内债称为国债,它是指本国公民持有的政府债券。公债一般分为短期公债、中期公债、长期公债三种形式。短期公债一般指偿还期在 1 年或 1 年以内的公债,短期公债最常见的形式是国库券,主要是为了弥补当年财政赤字或解决临时资金周转不灵的问题,利息一般较低,主要进入短期资本市场(货币市场)。中期公债是指偿还期限在 1 - 5 年的公债,主要目的是弥补财政赤字或筹措经济建设资金。长期公债则是指偿还期限在 5 年以上的公债,但一般按预先确定的利率逐年支付利息,主要是为了筹措经济建设资金。中长期公债由于期限长、风险大因而利率较高,也是西方国家资本市场上最主要的交易手段之一。从以上对公债性质的分析可以看出,政府发行公债,一方面,能增加政府的财政收入,弥补财政赤字,筹措建设资金,影响财政收支,属于政府的财政政策;另一方面,又能对货币市场和资本市场在内的金融市场产生扩张和收缩的作用,通过公债的发行在金融市场上影响货币的供求,促使利率发生变动,进而影响消费和投资,调节社会总需求水平,对经济产生扩张和收缩的效应。因此,从这一点上来看,公债既具有财政政策的功能,又有一定的货币政策作用。

扩张性财政政策,即增加政府支出、减少政府税收或二者双管齐下,以刺激总需求,解决衰退和失业问题;相反,当总需求过旺、价格水平持续上涨时,政府要实行紧缩性财政政策,如减少政府支出、增加政府税收或二者双管齐下,以抑制总需求,解决通货膨胀问题。这种根据不同的经济形势而交替使用的扩张性和紧缩性财政政策被称为补偿性财政政策或斟酌使用的财政政策。

三、自动稳定器和斟酌使用的财政政策

(一)自动稳定器

自动稳定器也称为内在稳定器,是经济中一种自动的作用机制,它可以自动地减少由于自发总需求变动而引起的国民收入波动,使经济发展较为平稳。自动稳定器主要是指那些对国民收入水平的变化自动起到缓冲作用的财政调节工具如政府税收等,它的功能表现在:当经济繁荣时自动抑制通货膨胀,在经济出现萧条时自动减轻萧条,而不需要政府采取任何措施。自动稳定器是通过以下几项制度发挥其作用的。

首先是政府税收。税收特别是个人所得税和公司所得税是重要的稳定器。在经济萧条时期,国民收入水平下降,个人收入减少,在税率不变的条件下,政府税收会自动减少,而人们的可支配收入也会因此自动地少减少一些,虽然萧条时期的消费和需求有一些下降,但会下降得少一些。例如,在累进税制的情况下,由于经济萧条会引起收入的降低,使某些原来属于纳税对象的人下降到纳税水平以下,另外一些人也被降到较低的纳税等级。结果,个人缴纳的税因为国民收入水平的降低而减少了,政府税收下降的幅度会超过收入下降的幅度,从而起到抑制经济萧条的作用。反之,在通货膨胀时期,失业率较低,人们收入会自动增加,税收会因个人收入的增加而自动增加,使得个人可支配收入由于税收的增加少增加一些,从而使消费和总需求自动增加得少一些。在实行累进税制情况下,经济的繁荣使人们收入增加,更多的人由于收入的上升自动地进入到较高的纳税等级。政府税收上升的幅度会超过收入上升的幅度,从而使得通货膨胀有所收敛。另外,公司所得税也具有同样的作用。

其次是政府转移支付。这里的政府转移支付主要包括政府的失业救济金和其他的社会福利支出。在经济出现衰退和萧条时期,由于失业人数增加,符合领取失业救济金的人数相应增加,政府转移支付会自动增加,使得人们的可支配收

入会增加一些,这就可以抑制经济萧条使人们收入下降而使个人消费和总需求的下降,起到抑制经济萧条的作用。反之,当经济过热产生通货膨胀时,由于失业率降低,符合领取失业救济金和各种补贴的人数减少,政府的这笔支出会因此自动减少,从而自动抑制可支配收入的增加,使消费和总支出减少,内在稳定器在一定程度上可以起到降温和遏制通货膨胀的作用。

最后是农产品价格维持制度。经济萧条时期,国民收入水平下降导致价格水平会降低,农产品价格也将下降,政府为了抑制经济的衰退,依照农产品价格维持制度,按支持价格收购农产品,使农民收入和消费维持在一定水平上,不会因国民收入水平的降低而减少太多,也起到刺激消费和总需求的作用。当经济繁荣时,由于国民收入水平提高使整体价格水平上升,农产品价格也因此上升,这时政府减少对农产品的收购并售出库存的农产品,平抑农产品价格,无形中抑制了农民收入的增加,从而降低了消费和总需求水平,起到抑制通货膨胀的作用。

总之,税收、政府转移支付的自动变动和农产品的价格维持制度在一定程度上对宏观经济运行起到了稳定的作用,成为财政制度的内在稳定器和防止经济大幅度波动的第一道防线。各种自动稳定器一直都在起减轻经济波动的作用,但效果有限。

(二)斟酌使用的财政政策

斟酌使用的财政政策是指政府审时度势,主动采取一些财政措施,变动支出水平或税收以稳定总需求,使之接近物价稳定的充分就业水平。

当认为总需求非常低,出现经济衰退时,政府应该通过削减税收、降低税率、增加支出或双管齐下以刺激总需求,这是扩张性财政政策;当认为总需求非常高,出现通货膨胀时,政府应该增加税收或者削减开支,以抑制总需求,这是紧缩性财政政策。

交替使用扩张性财政和紧缩性财政政策的政策被称为补偿性财政政策,基本原则是"逆经济风向行事",即经济衰退时实行扩张性财政政策,通货膨胀时实行紧缩型财政政策。

四、功能财政与平衡预算财政

根据上述积极的财政政策,政府在财政方面实施积极的政策主要目的是实现物价稳定的充分就业水平。当实现了这一目标时,预算可以是盈余的,也可以是赤字的。这样的财政称之为功能财政。

预算赤字往往是政府采取扩张性的财政政策即减税和扩大政府支出而造成的政府支出大于收入的结果,政府支出大于收入的差额即为预算赤字。预算盈余则是政府实行紧缩性财政政策即增加税收和减少政府支出而造成政府的收入大于支出的结果,政府收入超过支出的余额产生了预算盈余。

功能财政思想是凯恩斯主义的财政思想,是对凯恩斯以前的财政平衡预算思想的否定。20 世纪 30 年代以前,西方国家奉行的理财思想基本上还是亚当·斯密在其 1776 年出版的《国富论》中提出的原则:一个谨慎行事的政府应该厉行节约,量入为出,每年预算都要保持平衡。这就是所谓的年度平衡预算思想,它要求每个财政年度的收支平衡。30 年代的世界经济危机和"凯恩斯革命"使人们意识到在经济衰退时期机械地保持预算平衡既无必要同时也会加深衰退。在衰退时税收会由于收入的减少而减少,要保持年度预算平衡,就必然减少政府支出或提高税率,结果加深了衰退;在经济繁荣、通货膨胀严重时,由于税收随收入的增加而增加,为了减少盈余,保持年度预算平衡,政府必然增加支出或降低税率,结果造成更严重的通货膨胀。因此,年度预算平衡的思想受到众多经济学家的质疑。这样,年度平衡预算思想发展为保持每一个经济周期的预算平衡思想,这就是周期平衡预算。在萧条时期政府采取扩张性政策,可以允许赤字的存在;在繁荣时期政府采取紧缩性政策,可以有预算盈余,但要以繁荣时期的预算盈余弥补衰退时期的预算赤字,使每个经济周期政府的盈余和赤字相抵,实现整个经济周期的预算平衡。周期平衡预算的思想仅从理论上讲十分完美,但具体实行起来却非常困难,因为在一个经济周期内很难准确地估计出繁荣和衰退的时间和程度,并且两者更难相等,因此,周期平衡预算很难实现。

1962 年美国肯尼迪政府总统经济顾问委员会提出一个新的思想,认为每年度的预算平衡甚至周期的预算平衡都是不必要的。财政政策目标应该是提供足够的有效需求在制止通货膨胀的同时实现充分就业,因此,不能机械地用财政预算收支平衡的观点对待预算盈余和预算赤字,而应从反经济周期的需要出发来合理地利用预算盈余和预算赤字。当存在通货紧缩缺口即有大量失业存在时,政府有责任不惜一切代价实行扩张性财政政策,增加政府支出和减少税收,实现充分就业。即使原来存在预算赤字,政府也应不惜赤字的继续扩大而果断地执行扩张性的财政政策。当经济存在通货膨胀缺口时,政府要采取紧缩性财政政策即减少支出、增加税收,即使原先存在预算盈余,也要不惜盈余的继续扩大实施紧缩性政策。功能财政的中心思想就是:政府为了实现充分就业和物价的稳定,应根据经济形势的变化采取相应的政策措施,需要有赤字就有赤字,需要存在盈余就有盈余,而不应单纯为实现财政的收支平衡而影响政府制定和执行正确的财政政策。

功能财政思想否定了原来的预算思想,主张预算的目标是实现无通货膨胀的充分就业,而不是仅仅追求政府的收支平衡,因此,这一思想的提出同单纯强调政府收支平衡的思想相比是一大进步。但是,也应该看到,功能财政的实施也存在相当大的困难。一方面,经济形势的波动常常难以预测,对经济形势的估计也不会十分准确;另一方面,政府的决策需要一定的时间,并且效果也具有某种滞后性,所以导致这种政策难以奏效。例如,为消除失业采取了减税和增加政府支出等扩张性财政政策后,由于政策的滞后性,经济形势可能已转入了繁荣,但扩张性政策仍在实施,结果会导致更加严重的通货膨胀。

五、充分就业的预算盈余

依照功能财政的思想,政府实行扩张性财政政策,即政府增加支出或降低税率会提高国民收入水平,刺激经济。反之,政府采取紧缩性财政政策如减少支出或提高税率将使国民收入水平降低,从而抑制经济。政府支出增加会使预算盈余减少或使预算赤字增加,而税率的提高则会使预算盈余增加或使预算赤字减少。这样就容易将预算盈余或预算赤字作为衡量财政政策对经济产生影响大小的一种简单标准,一般将预算盈余减少或预算赤字增加看成扩张性财政政策的结果,将预算盈余的增加或预算赤字的减少看成紧缩性财政政策的结果,但事实并非如此。因为预算盈余或预算赤字有时并不是由财政政策的主动变动引起的,而是由某些自发的支出变动被动地引起的。例如,在经济衰退时期,由于收入水平下降,私人消费和投资支出的减少引起国民收入水平的下降,在自动稳定器的作用下,进而引起税收的自动减少,政府转移支付的增加,也会引起预算盈余减少或预算赤字增加;在经济高涨时期,由于收入水平上升,会引起私人消费和投资支出的增加,国民收入水平提高,在自动稳定器机制的作用下,税收会自动增加,政府转移支付会自动减少,从而使预算盈余增加或预算赤字减少。上述两种情况下出现的预算盈余或预算赤字的变动与财政政策本身无关,也就说明不能简单地将预算盈余或预算赤字的变动作为判断财政政策是紧缩性的还是扩张性的标准。引起预算盈余或预算赤字的变动的原因可能来自两方面:一是经济运行情况本身的变动,即经济趋向高涨时会引起预算盈余的增加或赤字的减少,经济趋向衰退时会引起预算盈余的减少或赤字的增加。二是财政政策的变动,即扩张性财政政策会使预算盈余减少或赤字增加,紧缩性政策会使预算盈余增加,赤字减少。因而,仅凭预算盈余或赤字的变动很难判断出财政政策是扩张性的还是紧缩性的。要使预算盈余或赤字成为衡量财政政策是扩张性的还是紧缩性的标准就必须消除经济周期波动本身的影响。美国经济学家 C. 布朗(C. Brown)在 1956 年提出了充分就业预算盈余的概念。

充分就业预算盈余是指既定的政府预算在充分就业的国民收入水平(即潜在

国民收入水平)上所产生的政府预算盈余,它是以充分就业的国民收入水平,而不是实际国民收入水平来衡量预算状况的。以实际国民收入水平衡量的预算盈余,是实际的预算盈余。充分就业的预算盈余和实际的预算盈余两者的差别就在于充分就业的国民收入水平和实际国民收入水平的差额。如果以 BS^* 代表充分就业的预算盈余,BS 代表实际的预算盈余,y_f 代表充分就业的国民收入水平,y 表示实际国民收入水平,t、G、TR 分别表示边际税率、既定的政府购买支出和政府转移支付支出,则:

$$
\begin{aligned}
BS^* - BS &= ty_f - G - TR - (ty - G - TR) \\
&= ty_f - ty \\
&= t(y_f - y)
\end{aligned}
$$

如果实际国民收入水平低于充分就业的国民收入水平,则充分就业预算盈余大于实际预算盈余,即 $y_f > y$ 时则有:

$$BS^* > BS$$

反之,如果实际国民收入水平高于充分就业的国民收入水平,则充分就业预算盈余就小于实际预算盈余,即 $y_f < y$ 时有:

$$BS^* < BS$$

如果实际国民收入水平等于充分就业的国民收入水平,则充分就业预算盈余等于实际预算盈余,即 $y_f = y$ 时有:

$$BS^* = BS$$

西方经济学家认为,充分就业预算盈余概念的提出有两个重要的作用。第一,把国民收入水平固定在充分就业时的水平上,消除了经济中收入水平周期性波动对预算状况的影响,从而就能更准确地反映财政政策对预算状况的影响,并为判断财政政策究竟是扩张性还是紧缩性提供了一个较为准确的依据。如果充分就业的预算盈余增加了或者预算赤字减少了,就说明财政政策是紧缩性的,反之则说明政策是扩张性的。第二,充分就业预算盈余概念的提出,使政策的制定者更加重视充分就业的问题,把充分就业作为目标来确定预算盈余或赤字的规模,以便正确地确定财政政策。正因为如此,这一概念一经提出就得到了广泛的运用。但是,也要注意到,这一概念同样也存在着一定的缺陷,主要是充分就业的国民收入或者说潜在的国民收入很难被较为准确地估算出来。

六、公债与赤字

遵循功能财政的思想,许多西方国家先后实行了政府干预经济的积极财政政策,这种政策就是逆经济风向行事的“相机抉择”。但由于政府出于政治上的考虑,大部分是实行消除失业的扩张性财政政策,结果造成财政赤字的上升和国家债务的累积。

财政赤字是国家的预算开支超过收入的结果。弥补财政赤字的方法有二:借债和出售政府债券。政府借债又有两种方法:一是向中央银行借款,由中央银行购买政府债券,这会引起货币供给增加。中央银行购买政府债券,实际上是通过创造新货币来进行支付,这种为赤字筹资的方式称为货币筹资,结果会引发通货膨胀,其本质上是用征收通货膨胀税的方法解决赤字问题。许多发展中国家解决赤字问题往往采用这种方法,但发达国家却很少使用这种方法。另一种方法是发行公债包括内债和外债。内债是政府向本国居民、企业和各种金融机构发行的债券,外债是向外国举借的债务,包括向外国借款和发行外币债券,发行债券可称为债务筹资。从一般意义上讲,内债是向国内公众举借的债务,是将购买力由公众向政府进行转移,由于基础货币并没有增加,故不会引起直接的通货膨胀。但政府债券的发行往往会引起债券价格下降,利率上升,中央银行要想稳定利率,只有在公开市场业务中买进政府债券,无形中增加了货币供给,使得预算赤字增加的同时引起了通货膨胀。

公债作为政府取得收入的一种形式起到了弥补财政赤字的作用,但政府发行公债毕竟是一种负债,与税收不同,发行公债是要还本付息的,当每年累积的债务构成了巨大的债务净存量时,这些债务净存量所支付的利息又构成政府预算支出的一个重要的部分。在美国,政府的利息支出在 GDP 中的比重在 20 世纪 60 年代为 1.3%,到 90 年代初上升到 3.5%,政府的利息支付在 30 年间增长了近 3 倍,利息支付已成为政府支出中的主要组成部分。在政府预算的总赤字中,包括两个主要部分:非利息赤字(除利息支出外的全部政府支出与政府收入之差)和利息支出。因此,当非利息赤字为零或不变时,只要利息支出增加,政府的预算赤字就会进一步增长。假设其他条件不变,赤字增长会引起政府增加债券的发行,导致政府债务增加,债务的增加又会引起政府利息负担的加重,使赤字进一步增长,如此循环往复,公债的利息支付与政府赤字、公债便会同步增长。衡量一国债务负担率的指标是债务—收入比率,它是一国债务与 GDP 的比率。债务—收入比率的变动主要取决于以下几个因素:公债的实际利率、实际 GDP 的增长率和非利息预算盈余的状况。当非利息预算盈余不变时,公债的利率越高,GDP 的增长率越低,这一比率将会上升;若非利息预算盈余不断增加,实际利率有所下降,实际 GDP 不断提高,则这一比率将会逐步下降。

目前世界上大多数国家的政府债务累积额都在不断地增加,1992 年底,美国的政府债务总量已达到 4 万亿美元。面对日益庞大并且不断增长的政府债务,西方经济学家对公债的是非功过提出了各自不同的看法,争论的焦点涉及两大问题:公债的资源配置效应和公债的收入分配效应。一些经济学家认为,公债无论是内债还是外债,和税收一样,都是政府加在人民身上的一种负担。原因是公债要还本付息,它最终是要通过征税和发行货币的方法得以解决,必然加重人民的负担。同时这种负担还将转移到未来几代人的身上,往往通过发行新债的办法来偿还旧债。然而,另外一些经济学家则认为,外债对一国公民而言是一种负担,因为其本金和利息必须使用本国公民创造的产品来偿还,但内债则不同,因为内债是政府欠人民的债,而内债的还本付息,归根结底来自课税,所以是“自己欠自己的债”。从整个国家来看,债权和债务总是恰好相抵的,因而不构成负担。况且政府总是存在的,会通过发新债的办法偿还旧债;即使通过征税的办法来偿还债务,实际上也仅是财富的再分配而已,对整个国家来说,财富并未损失。尤其是当经济未达到充分就业时,由于发行公债可以促进资本的形成,增加有效需求,使经济增长速度加快,可以为子孙后代创造更多的财富,因此不会对子孙后代产生不良影响。只有在充分就业的情况下,发行公债并且不是用于资本的形成,或者公债的增加挤占了私人投资,这种公债的发行就会成为人们的负担。

第三节　财政政策的效果与应用案例

一、财政政策效应

(一)乘数效应

乘数效应包括正反两个方面。当政府投资或公共支出扩大、税收减少时,对国民收入有加倍扩大的作用,从而产生宏观经济的扩张效应。当政府投资或公共支出削减、税收增加时,对国民收入有加倍收缩的作用,从而产生宏观经济的紧缩效应。

1. 投资或公共支出乘数效应

它是指投资或政府公共支出变动引起的社会总需求变动对国民收入增加或减少的影响程度。一个部门或企业的投资支出会转化为其他部门的收入,这个部门把得到的收入在扣除储蓄后用于消费或投资,又会转化为另外一个部门的收入。如此循环下去,就会导致国民收入以投资或支出的倍数递增。以上道理同样适用于投资的减少。投资的减少将导致国民收入以投资的倍数递减。公共支出乘数的作用原理与投资乘数相同。

2. 税收乘数效应

它是指税收的增加或减少对国民收入减少或增加的程度。由于增加了税收,消费和投资需求就会下降。一个部门收入的下降又会引起另一个部门收入的下降,如此循环下去,国民收入就会以税收增加的倍数下降,这时税收乘数为负值。相反,由于减少了税收,私人消费和投资增加,从而通过乘数影响国民收入增加更多,这时税收乘数为正值。一般来说,税收乘数小于投资乘数和政府公共支出乘数。

3. 预算平衡乘数效应

预算平衡乘数效应,指的是这样一种情况:当政府支出的扩大与税收的增加相等时,国民收入的扩大正好等于政府支出的扩大量或税收的增加量,当政府支出减少与税收的减少相等时,国民收入的缩小正好等于政府支出的减少量或税收的减少量。

(二)奖惩效应

奖惩效应主要是指政府通过财政补贴、各种奖惩措施、优惠政策对国民经济的某些地区、部门、行业、产品及某种经济行为予以鼓励、扶持或者限制、惩罚而产生的有效影响。

(三)货币效应

1. 货币效应直接影响货币流通

表现为政府投资、公共支出、财政补贴等本身形成一部分社会货币购买力,从而对货币流通形成直接影响,产生货币效应。

2. 公债政策的货币效应

财政政策的货币效应主要体现在公债上。公债政策的货币效应又取决于公债认购的对象和资金来源。如果中央银行用纸币购买公债,这无异于纸币发行,从而产生通货膨胀效应;如果商业银行购买公债,且可以用公债作为准备金而增加贷款的话,也会导致货币发行,从而使流通中的货币增加,等等。

(四)稀释效应

国债投资的方式是集中性的而不是社会化的,投资的机制是行政性的而不是市场化的,因而这种投资规模再大,在分散到各个地区和部门以后,也不过是杯水车薪,不足以对社会经济产生持续的和有效的拉动作用。特别是国债投资的方向大都为基础设施建设,其在产业发展链条上的前项关联与后项关联都相对较弱,再加上我国生产资料市场已处于典型的买方市场格局,因而以基础设施为主要投向的国债投资对经济增长的拉动作用也就不能不具有比较明显的局限性。

(五)挤出效应

积极财政政策的长期化产生了直接的与间接的挤出效应。从直接方面来说,政府的投资规模过大对社会投资产生了挤出效应,社会投资增长乏力和居民储蓄存款暴增就是这种挤出效应的直接反映。同时,政府在经济运行中的作用过强就必然导致市场机制的作用趋弱,使得市场和市场机制不能对经济运行产生全面的、有效的调节作用。从间接方面来看,我国财政的基本职能还没有从行政型财政转向公共型财政,在吃饭与建设两个方面中,用于建设的资金的扩大就必然导致用于吃饭即消费的资金的减少,从而也就必然间接地减弱消费对经济增长的拉动作用。由于积极财政政策的实施是以财政收入的稳定增长为前提的,因而税赋过重所导致的民间收入进而民间投资与消费的减少就是一个不可避免的过程。因此,积极财政政策实际上是一把双刃剑:在扩大了政府投资的同时也挤缩了社会投资,在增加了政府收入的同时也限制了民间消费。怎样解决政策实施过程中的这种矛盾,是摆在我们面前的一个紧迫课题。

二、财政政策的效果

(一)IS 曲线斜率不同:在 LM 曲线的斜率给定的情况下,IS 曲线的斜率越陡峭,财政政策对国民收入和利率的影响越大;反之,IS 曲线越平坦,财政政策的效果越小。

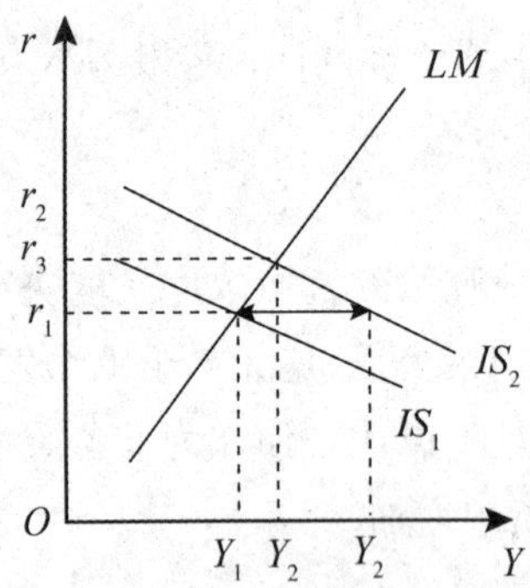

图 5-1 IS 曲线平坦,财政政策的效果

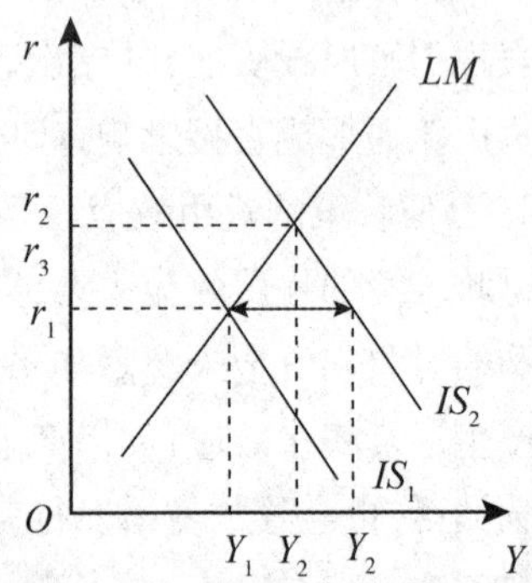

图 5-2 IS 曲线陡峭,财政政策的效果

LM 曲线不变,IS 曲线变动。假定 LM 曲线完全相同,并且起初的均衡收入 Y_1 和利率 r_1 也完全相同,政府实行一项扩张性财政政策,则会使 IS_1 曲线右移到 IS_2,右移的距离是 Y_1Y_2,在图形上就是指收入应从 Y_0 增加至 Y_2,但实际上收入不可能增加到 Y_2,因为 IS 曲线向右上移动时;货币供给没有变化(即 LM 曲线不动)。因此,无论是左图还是右图,均衡利率都上升了,利率的上升抑制了私人投资,这就是所谓"挤出效应"。由于存在政府支出"挤出"私人投资的问题,因此新的均衡点只能处于 E,收入不可能从 Y_0 增加到 Y_2,而只能分别增加到 Y_1 和 Y_3。右图财政政策效果更大。

左图 IS 曲线比较平缓,右图 IS 曲线较陡峭。IS 曲线斜率大小主要由投资的利率敏感度所决定,IS 曲线越平缓,表示投资对利率敏感度越大,即利率变动一定幅度所引起的投资变动的幅度越大。若投资对利率变动的反映较敏感,一项扩张性财政政策使利率上升时,就会使私人投资下降很多,就是挤出效应较大,因此 IS 曲线越平坦,实行扩张性财政政策时被挤出的私人投资就越多,从而使得国民收入增加较少。右图中 IS 曲线较陡峭,说明私人投资对利率变动不敏感,所以挤出效应较小,政策效果也较前者大。

(二)LM 曲线斜率不同:在给定 IS 曲线的情况下,LM 曲线越陡峭,财政政策效果越小;LM 曲线越平坦,财政政策效果越大。

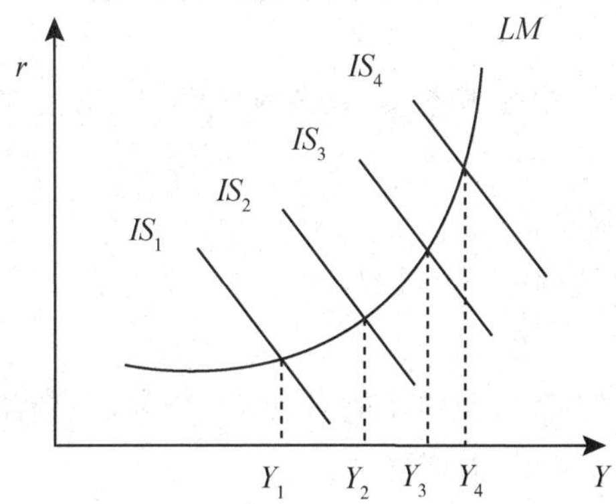

图 5-3 LM 曲线斜率不同,财政政策效果不同

假设 IS 曲线斜率相同,但 LM 曲线斜率不同。在这种情况下,政府实行一项扩张性财政政策如政府增加支出,则它使 IS_1 右移到 IS_2,IS_3 右移到 IS_4,右移的距离相等,但由于利率上升会产生“挤出效应”。使国民收入实际分别只增加 Y_1Y_2 和 Y_3Y_4。

政府同样增加一笔支出,在 LM 曲线斜率较大即曲线较陡时,引起国民收入变化较小,也即财政政策效果较小;而 LM 曲线较平坦时,引起的国民收入变化较大,即财政政策效果较大。其原因是:当 LM 曲线斜率较大时,表示货币需求的利率敏感性较小,这意味着一定的货币需求增加将使利率上升较多,从而对私人部门投资产生较大的“挤出效应”,结果使财政政策效果较小。相反,当货币需求的利率敏感性较大(从而 LM 曲线较平坦)时,政府由于增加支出,即使向私人借了很多钱(通过出售公债),也不会使利率上升很多,从而不会对私人投资产生很大影响,这样,政府增加支出就会使国民收入增加较多,即财政政策效果较大。

（三）垂直的IS曲线：表明国民收入对利率变化有完全弹性。在这种情况下，政府采用扩张性的财政政策对产量的增加有完全效应。投资需求的利率系数为零，投资不随利率变动而变动，挤出效应为零。

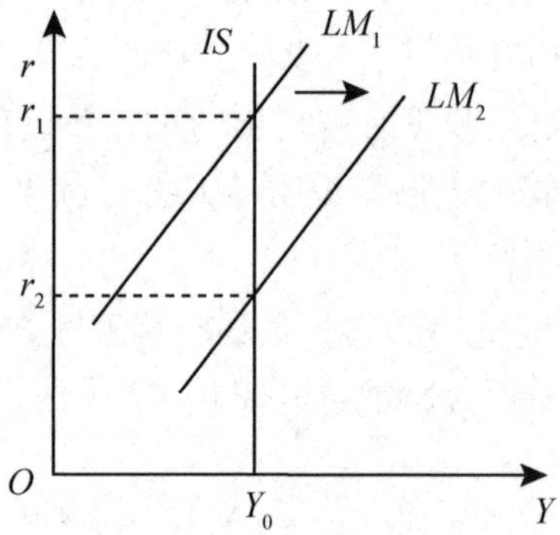

图5－4　垂直的IS曲线

三、财政政策的实践

（一）促进国民经济调整的财政政策

时间：1979年。

背景：经济出现过热现象及引发的财政赤字严重、投资需求和消费需求双膨胀、物价持续上涨、外贸逆差增加等问题。

内容：中央提出对国民经济进行“调整、改革、整顿、提高”的八字方针。

一是改革财政体制，实行“分灶吃饭”，促进各级财政实现收支平衡。

二是压缩基建规模，控制投资需求。

三是控制消费需求，压缩各项开支。

四是增加农业、轻工业投资，提高消费品供给能力。

五是稳定市场，平抑物价。

六是调整进出口商品结构，平衡国际收支。

效果：通过宏观调控，基本实现了财政收支平衡、物价稳定和信贷平衡的预期目标。但由于经济调整中紧缩的政策力度过大，经济增长率从1980年的7.8%降到1981年的5.2%。

时间：1982年。

背景：国民经济出现下滑。

内容：1982年开始实行宽松的财政政策和货币政策，主要是通过放松银根，继续深化财政体制改革，对企业实行利改税，调动企业和地方的生产积极性，增加有效供给，缩小总供给与总需求之间的差距。

效果：从1982年开始，国内生产总值增长速度逐步回升，当年增长9.1%，增幅较上年提高3.9个百分点，1983年加快到10.9%。

（二）紧缩的财政政策

时间：1988年9月。

背景：从1984年后期开始，国民经济过热的迹象又逐步显现，社会总需求与总供给的差额不断扩大，投资消费高速增长，价格总水平大幅攀升。为满足社会固定资产投资增长的要求和解决企业流动资金短缺的问题，国家不断扩大财政赤字，而为弥补赤字，银行超量发行货币，又加剧了物价指数上升。

内容：十三届三中全会提出"治理经济环境、整顿经济秩序、全面深化改革"的方针，实行了紧缩财政、紧缩信贷的"双紧"政策。

一是大力压缩固定资产投资规模。

从1988年9月至1989年第一季度，停建、缓建固定资产投资项目共1800多个。同时，将调整预算外基建投资作为压缩投资需求的重点，一方面通过征集国家预算调节基金限制预算外资金的规模，合理引导预算外资金的流向；另一方面鼓励能有效地增加供给的生产投资，限制"楼、堂、馆、所"及住宅等非生产性投资的规模。

二是控制社会消费需求。

为了控制消费基金继续膨胀，首先，严格控制社会集团消费，把专项控制商品由19种扩大到32种；其次，限制奖金等工资外收入的增长幅度，通过大力吸收存款来减少现期购买力；最后，对一部分高档耐用消费品如冰箱、彩电等采用专卖的办法，以减少流通环节的人为涨价因素。为了稳定粮食和主要副食品的销售价格，国家财政继续保留定额补贴，对某些品种的补贴额甚至还有所增加。此外，还在1989年财务大检查中把滥发奖金、实物列为一个重要内容，并将其作为一项考核制度，实行首长责任制。

三是紧缩中央财政开支。

削减财政投资支出，对经营不善、长期亏损的国有企业停止财政补贴，对落后的小企业进行整顿和关停并转等；大力压缩行政管理费支出，到1990年行政管理费占财政支出的比重由上年的42.2%压缩到7.3%；为了减少货币投放，对所有单位持有的1981—1984年发行的国库券，推迟三年偿付本息。

四是进行税利分流试点和税制改革。

效果："双紧"的财政货币政策实施后，经济过快增长得到了控制，物价迅速回落到正常水平，需求膨胀得到化解，固定资产投资的结构有所调整，产业结构不合理状态有所改变。但是,由于"双紧"的财政货币政策,使企业在流动资金严重短缺的情况下,生产难以正常运转,经济效益明显下降。随着经济增长速度的快速回落,居民收入的增幅也有一定的下降,市场不同程度地出现了疲软,财政困难也日益加剧。

(三)适度从紧的财政政策

时间:1993 年。

背景:1992 年,在邓小平南方谈话和党的十四大精神鼓舞下,全国排除干扰、解放思想,又掀起了新一轮的经济建设高潮。到 1993 年上半年,经济运行的各项指标继续攀升,投资增长过猛,基础产业和基础设施的"瓶颈"制约进一步加剧,市场物价水平迅速上升,经济形势十分严峻。

内容:为了保持国民经济的平稳发展,党中央果断作出深化改革、加强和改善宏观调控的重大决策,1993 年提出了加强调控的多条措施,其中财政政策发挥了重要作用。

一是改革财政体制,调整中央与地方的财政分配关系。

1994 年起实行分税制,按照中央政府和地方政府各自的事权,划分各级财政的支出范围;根据财权事权相统一的原则,合理划分中央与地方收入;按统一比例确定中央财政对地方税收返还数额;妥善处理原体制中央补助、地方上解以及有关结算事项。财政体制的改革,规范了中央和地方政府的分配关系,提高了"两个比重",增强了国家的宏观调控能力。

二是实行税利分流,规范政府与企业的分配关系。

1992 年,税利分流在全国企业普遍试点,试点企业达到了 4000 多户。税利分流理顺了国家与企业的利润分配关系,把激励与约束机制统一起来。而且国家与企业利益共享、风险共担,提高了企业经营管理的积极性。更重要的是国家可以运用税收和利润两种渠道组织财政收入和调节经济运行,财政收入随着企业收入的提高而增长,从而提高了国家的宏观调控能力。1993 年,颁布实施了《企业财务通则》及《企业会计准则》,使国家与企业的关系进一步走向规范化。

效果:实践证明,适度从紧的财政与货币政策取得了良好的效果。1996 年,国民经济较为平稳地回落到适度增长的区间,成功地实现了"软着陆",既有效地抑制了通货膨胀,挤压了过热经济的泡沫成分,又保持了经济的快速增长,形成了"高增长、低通胀"的良好局面,成为我国宏观调控的成功典范。

(四)积极的财政政策

时间:1998 年。

背景:1997 年 7 月 2 日,亚洲金融风暴在泰国爆发,迅速席卷东南亚诸国,我国对外贸易受到了严重冲击。同时,产业结构不合理、低水平的产品过剩与高新技术产品不足并存、城乡结构不合理、区域经济发展不协调等经济结构问题对亚洲金融危机的冲击产生了放大效应。面对国内外经济和市场形势,在货币政策效应呈递减之势和坚持人民币汇率稳定政策的情况下,财政政策成为宏观调控的重要工具。

内容:为了扩大需求,从 1998 年 7 月开始,国家实施了积极财政政策。

一是增发国债,加强基础设施投资。

1998 年 7 月,向国有商业银行发行 1000 亿元国债,1998 年上半年又向国有独资商业银行发行 2700 亿元特别国债,至 2004 年共发行长期建设国债 9100 亿元。国债资金主要投向农林水利、交通通信、城市基础设施、城乡电网改造、国家直属储备粮库建设等方面,截至 2004 年末,7 年累计实际安排国债项目资金 8643 亿元,并拉动银行贷款和各方面配套资金等逾 2 万亿元。

二是调整税收政策,支持出口、吸引外资和减轻企业负担。

三是增加社会保障、科教等重点领域的支出。

四是充分发挥调节收入分配的作用,提高城市居民个人消费能力。

五是支持经济结构调整,促进国有企业改革。

支持国有企业关闭破产,仅 2002 年中央财政就拨付关闭破产补助资金 129.58 亿元,安置职工 38 万人;积极参与电力、电信两大行业体制改革和民航企业联合重组,支持石油、石化、冶金、有色、汽车等行业的重组和改革,并对重点企业集团实行所得税返还政策;同时,支持“走出去”的外贸发展战略,启动对外承包工程保涵风险专项资金;另外,用部分国债作为财政贴息资金,积极推动重点行业和企业的技术改造,以解决经济运行中深层次的矛盾与问题。

六是加大治理乱收费力度,减轻企业和社会负担。

1997 年以来,国家取消不合法和不合理的收费项目近 2000 项,降低近 500 项收费标准。1998 年清理了涉及企业的政府性基金和收费,减轻企业和社会负担 370 多亿元。

七是实行“债转股”。

对部分有市场、有发展前景,但负债过重而陷入困境的大中型重点企业,在建立现代企业制度的同时,通过金融资产管理公司,将银行的债权转为股权,降低企业资产负债率,增强企业活力。

效果：1998 年至 2002 年的财政宏观调控，以实施积极的财政政策为主，在扩大投资、刺激消费、鼓励出口、拉动经济增长、优化经济结构等方面取得了显著的成效，成功地抵御了亚洲金融危机的冲击和影响，宏观经济运行得到根本性的改善。通货紧缩的趋势得到了有效遏制，社会需求全面回升，经济结构调整稳步推进，经济持续快速增长。

（五）稳健的财政政策

时间：2004 年。

背景：扩大内需取得显著效果后，经济运行中又出现了投资需求进一步膨胀，贷款规模偏大，电力、煤炭和运输紧张状况加剧，通货膨胀压力加大，农业、交通、能源等薄弱环节以及中小企业、服务业投入严重不足等新问题，结构问题依然是我国国民经济中的深层次矛盾与问题。

内容：党和国家提出进一步加强宏观调控。财政作为重要的调控手段，顺应宏观经济形势的要求，适时实施稳健的财政政策。

一是国债投资规模调减调向。

2004 年国债发行规模比上年调减 300 亿元，主要用于农村、社会事业、西部开发、东北地区等老工业基地、生态建设和环境保护，引导社会投资和民间资金向上述方向转移，缓解经济局部过热。

二是推后预算内建设性支出的时间。

2004 年 1—4 月，全国基本建设支出比上年同期减少了 11%；5 月，全国财政支出速度也明显放慢，当月支出 1721 亿元，同比仅增长 1.9%，其中基本建设支出降幅达 15.4%。另外，针对固定资产投资增长过快，适当放慢了国债项目资金拨付进度。1—6 月，累计下达国债资金预算 246.34 亿元，比上年同期减少 308.23 亿元，占全国国债专项资金指标的 15.64%，对经济局部过热起到了缓解的作用。

三是有保有控，在总量适度控制下进行结构性调整。

首先，大力支持农业生产，对农民种粮实行直接补贴、加大对农民购置良种和大型农机具的补贴力度、减免农业税。据统计，全国有 28 个省共安排良种补贴资金 16 亿多元，其中中央财政补贴 13 个粮食主产省区 12.4 亿元。其次，加大对就业、社会保障和教科文卫等薄弱环节的支持。2004 年上半年社会保障补助支出同比增长了 11.5%；抚恤和社会福利救济费增长 19%；全国教育支出增长 16.9%；科技支出增长 37.8%。

四是深化税制改革，发挥税收调节作用。

效果：稳健财政政策的实施，使我国经济运行呈现出“增长速度较快、经济效益较好、群众受惠较多”的良好格局。

（六）积极财政政策

时间:2008 年 12 月。

背景:2008 年下半年全球金融海啸爆发后,中国经济增长明显减速,经济下行压力加大。

内容:积极财政政策。

2008 年 11 月 9 日,国务院常务会议公布扩大内需、加快基建投资等十项措施,预计 2010 年底前将投资 4 万亿元人民币。十大保经济措施包括:加大公营房屋、农村基建、交通、环境卫生及环保等投资,及改善医疗教育,加大农业及低收入人士补贴等。

2008 年 12 月 10 日,中央经济工作会议强调必须将保持经济平稳较快发展作为 2009 年工作的首要任务,并首次提出扩大内需作为保增长的根本途径。会议提出 2009 年经济五大重点任务,包括实施积极财政政策及适度宽松货币政策、促进农业发展、推进经济结构调整、深化改革、维护社会稳定等。

2009 年 1 月 12 日,中央制定“一揽子”振兴经济计划,其中包括十大重点产业振兴计划,涉及钢铁、汽车、造船、石化、轻工、纺织、有色金属、装备制造、电信等产业(有传房地产业也纳入其中,但未确定,最终确认为物流业);和将国家科学技术长期规划中,与当前经济发展紧密联系的六个重大专项加快进行,作为科技支撑,准备投入 6000 亿元人民币。

随后,我国政府先后审议通过了有关汽车、钢铁、纺织、装备制造、船舶、电子信息、轻工、石化、有色金属、物流等十大产业振兴规划。同时,受外贸出口持续下滑影响,财政部年内三次调整出口退税率,其中,箱包、鞋帽、伞、毛发制品、玩具、家具等商品的出口退税率提高到 15%。电视用发送设备、缝纫机等商品的出口退税率提高到全额的 17%。

截至 2009 年 7 月,相关部委还推出了江苏沿海地区、关中天水经济区、天津滨海新区、广西北部湾经济区、海峡西岸经济区、珠海经济特区等地区性的产业升级投资刺激计划。在十大产业振兴规划出台后,管理层继续出台大量区域振兴计划,从不同的方面不断振兴经济发展,细化振兴内容,必然对后市经济起到新的促进作用。

效果:对遏制经济快速下滑、稳定投资者和消费者信心发挥了积极的作用。但面临三大挑战。

2009 年 12 月 5 日至 7 日,中央经济工作会议提出,2010 年要保持宏观经济政策的连续性和稳定性,继续实施积极的财政政策和适度宽松的货币政策。要突出财政政策实施重点,加大对民生领域和社会事业支持保障力度,增加对“三农”、科技、教育、卫生、文化、社会保障、保障性住房、节能环保等方面和中小企业、居民消费、欠发达地区支持力度,支持重点领域改革。要保持投资适度增长,重点用于完成在建项目,严格控制新上项目。要加强税收征管和非税收入管理,继续从严控制一般性支出。

2010 年 1 月 10 日,财政部部长谢旭人在当日召开的全国财政工作会上说,2010 年我国继续实施积极的财政政策,重点在扩内需、调结构上下功夫,加快促进经济发展方式的转变。

2010 年 3 月 5 日,温家宝总理在十一届全国人大三次会议上作政府工作报告时指出,2010 年继续实施积极的财政政策和适度宽松的货币政策,保持政策的连续性和稳定性,根据新形势新情况不断提高政策的针对性和灵活性,把握好政策实施的力度、节奏和重点。要继续实施积极的财政政策。一是保持适度的财政赤字和国债规模。2010 年拟安排财政赤字 10500 亿元,其中中央财政赤字 8500 亿元,继续代发地方债 2000 亿元并纳入地方财政预算。二是继续实施结构性减税政策,促进扩大内需和经济结构调整。三是优化财政支出结构,有保有压,继续向"三农"、民生、社会事业等领域倾斜,支持节能环保、自主创新和欠发达地区的建设。严格控制一般性支出,大力压缩公用经费。四是切实加强政府性债务管理,增强内外部约束力,有效防范和化解潜在财政风险。

2010 年 7 月 22 日,中共中央政治局召开会议。会议强调,要坚持把处理好保持经济平稳较快发展、调整经济结构和管理通胀预期的关系作为宏观调控的核心,继续实施积极的财政政策和适度宽松的货币政策。7 月 27 日,财政部部长谢旭人在部署下半年工作时明确表示,要把"稳定政策"作为宏观调控的主基调,继续落实好积极的财政政策,把握好政策实施的力度、节奏和重点,努力促进经济社会又好又快发展。

2010 年 9 月 17 日,中国人民银行发布《中国金融稳定报告(2010)》称,下阶段要继续实施积极的财政政策和适度宽松的货币政策,根据新形势、新情况着力提高政策的针对性和灵活性。

第四节 货币政策

一、中央银行与商业银行

(一)银行的分类

在银行制度方面,西方发达国家中,对金融媒介机构的分类可以根据需要采取多种方法。例如,按照各种金融机构在金融体系中的地位、作用及业务性质,划分为中央银行、商业银行、政策性银行、其他金融机构;按金融机构创造货币、创造交换媒介和支付手段的能力,划分为银行金融中介机构和非银行金融中介机构;按受雇人员的数量、资本和营业额的大小划分为大、中、小型金融机构;按金融中介机构的资产和负债性质,划分为主要银行部门、次要银行部门、其他吸收存款的机构、其他金融中介机构等。西方主要国家的金融机构不是完全相同的,但是,大体说来,主要包括中央银行和金融中介机构两类,金融中介机构中最主要的是商业银行、专业性银行和非银行金融机构。

(二)商业银行的主要业务

商业银行是以获取利润为经营目标、以多种金融资产和金融负债为经营对象、具有综合性服务功能的金融企业。在各类金融机构中,是一种历史最悠久、业务范围最广泛、对社会经济生活产生的影响最为深刻的一种。

商业银行的业务种类繁多,主要有负债业务、资产业务和中间业务。负债业务是商业银行筹措资金、借以形成资金来源的业务,按存款的性质分为活期存款、定期存款和储蓄存款。资产业务是指银行运用资金的业务,银行的资产业务主要在放款和证券投资上。放款业务是商业银行为企业提供贷款的业务,它是商业银行的一项基本业务,也是商业银行最重要的资产。在美国,放款约占银行全部总资产的60%—70%。证券投资业务是商业银行重要的资金运用业务,银行通过有价证券的买卖活动取得利息收入。中间业务是指商业银行通过为客户办理支付、进行担保和其他委托事项,从中收取手续费的各项业务。

(三)中央银行的职能

中央银行身处一国金融体系的核心地位,作为领导和管理国家货币金融的首脑机构,代表国家发行货币,制定和执行货币金融政策,处理国际性金融事务,对金融体系进行监管,通过货币政策影响经济活动。

中央银行具有以下三个职能:

作为发行的银行,独享发行国家货币的权利。

作为银行的银行,一方面通过票据再贴现、抵押贷款等方式为商业银行提供贷款,另一方面为商业银行集中保管存款准备金,还为各商业银行集中办理全国的结算业务。

作为国家的银行,第一,国家可以向中央银行借款,即由中央银行用贴现国家的短期国库券的形式为政府提供短期资金,也可以帮助政府发行公债或以直接购买公债方式为政府提供长期资金,帮助政府弥补政府预算中出现的财政赤字。第二,代理国库,一方面将国库委托代收各种税款和公债价款等收入作为国库的活期存款,另一方面代理国库拨付各项经费,代办各种付款和转账。第三,充当政府在一般经济事务和处理政府债务等方面的顾问。第四,监督、管理国家的金融市场活动,代表国家处理与外国发生的金融业务关系。第五,根据经济形势采取适当的货币政策,与财政政策相配合,为宏观经济目标的实现服务。

与一般的商业银行和其他金融机构相比,中央银行具有如下特征:

第一,不以盈利为目的;

第二,不经营普通的银行业务,只与政府和各类金融机构往来,不办理厂商和居民的存贷款业务;

第三,具有服务机构和管理机构的双重性质,有执行金融监管、扶持金融发展的双重任务;

第四,处于超脱地位,在一些国家中甚至独立于中央政府,免受政治周期的影响。

(四)供给货币的问题

狭义的货币供给(M_1)是指硬币、纸币和活期存款的总和。货币被定义为在商品和劳务的交换以及债务的清偿中作为交换媒介或工具而被法定为普遍接受的物品,最符合这个定义的就是硬币、纸币和活期存款。一般说来,硬币和纸币通常被称为通货,由于活期存款可以和通货一样,随时支取,也可随时用来支付债务,因此,也将其看作严格意义上的货币,同时也是最重要的货币,因为在货币的供给中活期存款占了相当大的比例,更主要的是活期存款的派生机制还会创造货币。

二、银行创造货币的机制

(一)存款创造货币的前提条件

在金融体系中商业银行具有创造货币的功能,原因是在金融体系中只有商业银行才允许接受活期存款,并可以签发支票,从而具有了创造货币的能力。商业银行创造货币应具备两个基本的前提条件。

1. 准备金制度。商业银行的准备金有法定准备金和超额准备金之分。在商业银行的经营过程中,银行除将客户的绝大部分存款贷放出去或购买短期有价证券以获取盈利外,只需留下一小部分的存款作为应付客户提款需要的准备金,这种银行经常保留的为应付客户随时提取存款的现金称为存款准备金。存款准备金占存款的比例叫存款准备金率或准备率。中央银行规定的存款准备金率叫法定准备率。商业银行按照法定准备率对自己所接受的存款而保留的准备金称为法定准备金。法定存款准备金一部分是银行的库存现金,另一部分存放在中央银行的存款账户上,它一般表现为中央银行的负债方的项目。超额准备金指商业银行持有的超过法定存款准备金的部分。

2. 非现金结算制度。在非现金结算制度下,所有经济主体之间的往来均通过银行开具的支票形式或转账的方法进行结算,人们对现金的需要转而变成对存款的需要。只有满足这两个条件,银行才具有创造货币的功能。

(二)货币创造的过程

假定商业银行系统的法定存款准备率为 20%,由于某种原因商业银行新增 1000 万元的存款,1000 万元新增货币究竟最终会增加多少银行存款呢?这里必须有两个假定:(1)无论企业还是个人,都会将一切货币收入全部以活期存款的形式存入银行,不能将一分钱的现金放入自己的口袋中。(2)银行接受客户的存款后,除法定准备金外,全部贷放出去,没有超额准备金的存在。在这种情况下,客户甲将 1000 万元存入 A 银行,银行系统因此增加了 1000 万元的准备金,A 银行按法定存款准备率保留 200 万元准备金存入自己在中央银行的账户,其余 800 万元全部贷放出去;得到这 800 万元贷款的客户乙将全部贷款存入与自己有业务往来的 B 银行,B 银行得到了 800 万元的存款,在留足 160 万元的法定准备金并将其存入自己在中央银行的账户以后,将剩余的 640 万元再贷放出去;得到这 640 万元的客户丙又将全部贷款存入与其有业务往来的 C 银行,C 银行留下其中的 128 万元作为法定准备金而把其余 512 万元再贷放出去。如此反复,以至无穷,各商业银行的存款总额究竟是多少呢?可以按以下公式计算:

$$1000 + 1000 \times 0.8 + 1000 \times 0.8^2 + 1000 \times 0.8^3 + 1000 \times 0.8^4 + \cdots$$

$$= 1000(1 + 0.8 + 0.8^2 + 0.8^3 + 0.8^4 + \cdots)$$

$$= \frac{1000}{1 - 0.8}$$

$$= 5000(\text{万元})$$

贷款总和为:

$$800 + 640 + 512 + \cdots$$

$$= 1000(0.8 + 0.8^2 + 0.8^3 + 0.8^4 + \cdots)$$

$$= 4000 \text{ 万元}$$

从以上的例子可以看出,存款总额(用 D 表示)同原始存款(用 R 表示)及法定准备率(用 r_d 表示)三者之间的关系是:

$$D = \frac{R}{r_d}$$

或者:

$$\frac{1}{r_d}=\frac{D}{R}$$

(三)简单的货币创造乘数

从前面的例子中可以看出,这笔原始存款如果来自于中央银行增加的一笔原始的货币供给,而中央银行新增的这笔原始货币供给流入公众或企业手中并转存在支票账户上,就使活期存款总额即货币供给量扩大为新增原始货币供给量的$\frac{1}{r_d}$倍,这个$\frac{1}{r_d}$倍数被称为货币创造乘数,如果用k_m表示货币创造乘数,则:$k_m=\frac{1}{r_d}$

即货币创造乘数等于法定准备率的倒数,它表示增加一美元存款所创造出的货币的倍数。另外,根据存款总额 D 同原始存款 R 及法定准备率 r_d的关系,货币创造乘数又可表示为:$k_m=\frac{D}{R}$

由此可见,(1)货币的供给不能仅看到中央银行最初发行了多少货币,而必须更为重视派生存款或派生货币,即由于货币创造乘数的作用使货币供给量增加了多少,这种增加被称为货币的创造。(2)货币创造量的大小,不仅取决于中央银行新增的货币量,而且取决于法定准备率,法定准备率越大,货币创造乘数越小;反之,法定准备率越小,货币创造乘数越大,两者呈反比关系。这是因为,法定存款准备率越大,商业银行吸收的每一轮存款中,保留的法定准备金所占存款的比例越大,可用于贷款的份额越小,由于贷款又转化成下一轮的存款,因而造成下一轮的存款就越少。

(四)复杂的货币创造乘数

关于以上所论述的货币创造乘数是法定准备率的倒数的分析实际上隐含有两个假定:第一,商业银行没有超额储备,商业银行将客户的存款在扣除了法定准备金后全部贷放了出去。但是,商业银行如果找不到合适的贷款对象,或厂商由于预期利润率低于市场贷款利率而不愿借款,诸如此类原因都会使银行的实际贷款小于其贷款能力,实际贷款小于其贷款能力的差额即没有贷放出去的款项就是超额准备金,也就是中央银行规定的法定准备金要求以外的准备金(用 *ER* 表示)。超额准备金与全部存款的比率称为超额准备率(可用 r_e表示),法定准备金与超额准备金之和形成了银行的实际准备金,法定准备率加上超额准备率就是银行的实际准备率。当存在超额准备率后,货币创造乘数就不再是$\frac{1}{r_d}$即法定准备率的倒数,而是变为:

$$k_m=\frac{1}{r_d+r_e}$$

上式表明，货币创造乘数成为实际准备率的倒数，这时，派生存款总额为：

$$k_m = \frac{R}{r_d + r_e}$$

法定准备金和超额准备金都是一种漏出，不能形成银行的派生存款，两者在存款总额中所占比重越大，银行的货币创乘数越小，派生存款总额越少。因此，货币创造乘数不但与法定准备率有关，还与超额准备率有关。所以，市场贷款利率（用 r 表示）越高，银行越不愿多留超额准备金，因为准备金不能给银行带来利润。因此，市场利率上升，导致超额准备率从而实际准备率下降，货币创造乘数变大。另外，商业银行向中央银行的借款利率即再贴现率也会影响超额准备率。再贴现率上升，意味着商业银行向中央银行借款的成本增加，商业银行为此将自己多留准备金，超额准备率提高，从而提高了实际准备率，货币创造乘数变小。

第二，银行客户将一切借款都存入银行，经济活动中所发生的支付皆以支票形式进行。在现实经济生活中，每一位银行客户需要保留一部分现金。假如客户将得到的贷款没有全部存入银行，而是抽出一定比例的现金，这就是所谓的现金漏损。现金漏损指的是银行客户从得到的贷款中提留的一部分用于交易的现金。现金漏损会导致货币创造乘数的减小，因为现金与准备金一样不能形成派生的存款。如果用 r_c 表示现金在存款中的比率即漏现率，则存在超额准备和现金漏出时的货币创造乘数为：

$$k_m = \frac{1}{r_d + r_e + r_c}$$

可见，货币创造乘数变小了。

（五）高能货币与货币供给

基础货币包括公众持有的通货与商业银行持有的超额准备金以及商业银行存入中央银行的法定准备金总额。由于基础货币会派生出货币，因此是一种高能量的或者说活动力强大的货币，又被称为高能货币或强力货币。

高能货币 = 准备金 + 流通中的现金
　　　　= 商业银行在中央银行的存款（法定准备金）
　　　　+ 商业银行的库存现金（超额准备金）
　　　　+ 流通中的现金

若用 C_u 表示流通中的现金，R_d 表示法定准备金，R_e 表示超额准备金，H 表示高能货币，则：$H = C_u + R_d + R_e$，这是商业银行借以扩张货币供给的基础。另外，因为货币总供给是通货（C_u）与活期存款（D）之和，即严格意义上的货币供给 M_1，即：$M = C_u + D$，则：

$$\frac{M}{H}=\frac{C_u+D}{C_u+R_d+R_e}$$

把上式等号右边的分子与分母同除以活期存款(D),则:

$$\frac{M}{H}=\frac{\frac{C_u}{D}+1}{\frac{C_u}{D}+\frac{R_d}{D}+\frac{R_e}{D}}$$

式中,$\frac{C_u}{D}$代表漏现率 r_c,$\frac{R_d}{D}$表示法定准备率 r_d,$\frac{R_e}{D}$表示超额准备率 r_e,所以,上式又可表示为:

$$\frac{M}{H}=\frac{r_c+1}{r_d+r_e+r_c}$$

$\frac{M}{H}$就是货币创造乘数。上式表明,货币创造乘数与法定准备率、中央银行的贴现率、市场借款利率、漏现率有关。这就是说,货币供给是基础货币供给、法定准备率、中央银行的贴现率、市场借款利率、漏现率的函数,这些因素都可以归结到准备金对货币供给变动的影响上来,因为准备金是银行创造货币的基础。中央银行正是通过控制准备金的供给来调节整个经济体系的货币供给的。

三、货币政策工具以及货币政策

一国的中央银行运用货币政策工具来控制货币供给量,再通过货币供给量来调节利率进而影响消费与投资和整个宏观经济活动以达到一定经济目标的行为就是货币政策。

(一)货币政策工具

常见的货币政策工具主要有:

1. 法定准备率

法定准备率是中央银行控制货币供给量的有力工具。法定准备率的变化会直接改变商业银行的过度储备,引起银行贷款数量的变化,遏制商业银行的贷款扩张企图,避免挤提的倒闭风险。

由于法定准备率变动与市场上货币供给量的变动成反比例关系,因此,中央银行可以针对经济的繁荣与衰退以及银根的松紧状况调整法定准备率。例如:在经济处于需求不足和经济衰退的情况下,如果中央银行认为需要增加货币供给量,就可以降低法定准备率,使所有的存款机构对存款只要求保留较少的准备金,在货币创造乘数的作用下,整个货币市场上的货币供给量会多倍增加。降低法定准备率,实际上是增加了银行的可贷款数量。当然,提高法定准备率,就等于减少了银行的可贷款数量。从理论上讲,变动法定准备率是中央银行调整货币供给量的一种最简单的手段。然而,中央银行一般不轻易使用法定准备率这一政策工具,原因在于银行与金融体系、信贷、存款量、准备金量之间存在着乘数放大的关系,而乘数的大小与法定准备率成反比,因此,即使法定准备率的一个很微小的变化,都会对金融市场和信贷状况产生强烈的影响。因此,法定准备率这一政策手段很少使用,一般几年才会改变一次,尤其是银行家们极不欢迎经常变动法定准备率。

2. 贴现率

这是美国中央银行最早运用的货币政策工具。过去,贴现就是银行根据未到期票据的票面额,扣除一定的利息后把票面余额付给持票人的一种放款业务。再贴现则是商业银行持已办理过贴现的、具有清偿能力的商业票据作为担保,从中央银行取得贷款的一种借款方式。现在,都把中央银行给商业银行的贷款叫贴现,中央银行向商业银行及其他金融机构提供贷款的利率就是贴现率。

贴现政策的作用,主要是掌握贷款条件的松紧程度和影响信贷的成本。当中央银行提高贴现率时,意味着商业银行向中央银行贷款的成本增加,将减少商业银行向中央银行贷款的需求,造成货币市场信贷规模收缩,在货币创造乘数的作用下,使货币供给量多倍地减少;当降低贴现率时,商业银行向中央银行贷款的成本就会降低,会激励商业银行向中央银行贷款的需求,出现市场信用扩张,在同样货币创造乘数的作用下,货币供给量会多倍增加。中央银行调整贴现率,不仅直接影响到商业银行的筹资成本,同时还间接地影响到商业银行对企业和个人发放贷款的数量,从而对企业和个人的投资与消费的经济活动产生影响。

贴现率对货币供给的影响机制大体可概括为:贴现率上升,商业银行向中央银行的贷款轻微下降,货币供给量有所减少;贴现率下降,商业银行向中央银行贷款有所上升,货币供给量将增加。贴现率的变动与货币供给量的变动成反比关系,同市场利率的变动成正比关系。

目前,贴现率的调整在货币政策中的作用与以前相比也大大地减弱。因为在现实经济活动中,商业银行和其他金融机构尽量避免在贴现窗口向中央银行借款,只是将其作为紧急求援的手段,不到万不得已不会轻易利用,以免被人误认为财务状况不佳。每个中央银行的贴现窗口都会执行中央银行关于商业银行和金融机构可以借款的数量和次数的规定,不会随货币政策的变动而变动。

另外,贴现政策也不是中央银行的主动性政策,原因在于中央银行只能等待商业银行向其借款,而不能要求商业银行向其借款,所以,这一货币政策的效果有限。另外,当商业银行的准备金十分缺乏时,即使再贴现率很高,商业银行依然会从中央银行的贴现窗口借款,中央银行想通过较高的贴现率来抑制商业银行的借款就起不到太大的作用。因此,通过贴现率的变动控制银行准备金的效果是相当有限的。当今,贴现率政策往往作为一种补充手段与公开市场业务政策结合使用。

3. 公开市场业务

这是当代西方国家特别是美国中央银行控制货币供给量最重要也是最常用的政策工具。公开市场业务是指中央银行在金融市场上公开买进或卖出政府债券,以控制货币供给量、影响利率、消费与投资即总需求而最终达到预定的经济目标的政策行为。公开市场业务的目的是改变经济体系中货币与证券的相对供给量,从而改变利率,使公众以改变了的利率决定其持有资产的形式。中央银行买入政府债券,等于减少了市场上的债券数量,这会使债券价格上升,利率下降,公众才会愿意增加货币的持有量而减少政府债券的持有量,势必导致货币供给量增加。以美国为例,当经济形势的发展使中央银行认为有收缩银根的必要时,联邦储备系统下设的联邦公开市场委员会(FOMC)将在证券市场上出售政府债券,这一行动首先减少银行系统的基础货币(包括银行的存款准备金和公众手持的现金),同时通过银行系统的存款创造,导致货币供给量的多倍收缩;与此同时,由于政府出售债券,债券价格因供给量过大而下降,利率上升,企业投资降低,公众储蓄增加而消费降低,最终导致总需求降低,遏制经济的过热现象,降低通货膨胀率。反之,若经济出现萧条,失业问题严重,中央银行认为有放松银根的必要,就在公开市场中买进政府债券,增加基础货币,通过银行系统的存款创造,引起货币供给量的多倍扩张和利率的下降,使企业投资和公众消费增加,提高总需求水平,制止经济的衰退,减少失业。

由于中央银行既可以将公开市场业务作为一种防御性工具使用,例如在发生通货膨胀时,售出政府债券,使货币供给量减少,紧缩信用,抑制通货膨胀;中央银行也可以把公开市场业务作为一种进攻性工具使用,由中央银行主动决定买进或卖出政府债券的时间和数量,用以扩张或收缩信贷规模,通过货币供给量的调整来影响国民经济,达到预期的经济目标。因此,公开市场业务在西方国家被认为是最有效、最灵活的货币政策工具,也是最常使用的货币政策工具。

在西方国家,尤其是美国,一般认为公开市场业务是中央银行所能够掌握的最重要、最常使用的政策工具或手段。这是因为:第一,中央银行运用公开市场业务在金融市场上是一种“主动出击”而不是“被动等待”。就这点而言,这项政策工具比贴现率政策具有优越性。第二,使用这项政策工具,中央银行可以随时决定买卖债券的种类和数量,可以随时进行精细的调查,以便于较好地控制业务效果,这比“一刀切”式地调整法定准备率要好得多。第三,公开市场业务是由专门机构和专业人员根据总的政策方针灵活进行的,无须层层审批的烦琐程序,有利于适应瞬息万变的市场需要。

(二)货币政策的配合运用

以上三大政策工具要配合运用。

货币政策除上述三种主要工具外,还有其他一些工具,像道义劝告、借款垫头规定、指令性贷款指标等。

比如,道义劝告是指中央银行运用其在金融体系中的特殊地位和威望,通过对商业银行及其金融机构劝告,指导其行动,影响其贷款和投资的方向,达到中央银行控制信用的目的。虽然道义上的劝告没有可靠的法律地位,但由于商业银行和金融机构摄于中央银行的权力,惧怕搞坏同中央银行的关系,一般也能听从中央银行的指令,从而使商业银行及金融机构与中央银行不仅在政策上而且在行动上保持一致。

表 5-1 三种政策工具的使用

经济形势 政策工具	通货膨胀 (总需求 > 总供给)	经济萧条 (总需求 < 总供给)
存款准备金政策	提高法定存款准备金比率	降低法定存款准备金比率
再贴现政策	提高再贴现率	降低再贴现率
公开市场业务	卖出证券,回笼基础货币	买进证券,投放基础货币

四、货币政策的局限性

(一)经济运行状况处于不同的时期采取同一货币政策产生的效果会有所不同

例如在通货膨胀时期实行紧缩性的货币政策效果可能比较显著,但如果经济处于衰退时期采取扩张性的货币政策效果就不会十分理想。原因是在经济衰退时期,由于企业对经济前景普遍存在悲观态度,即使中央银行放松银根,增加货币供给量,降低利率,由于悲观心理,企业投资者也不会增加贷款以从事投资活动;银行从资产的安全性角度出发,也不会轻易发放贷款。特别是由于存在流动性偏好陷阱,当利率降低到一定水平以后,无论银行如何增加货币供给量,利率都不可能继续下降,使得作为反衰退的货币政策效果就相当微弱。

货币政策从反通货膨胀的角度来看,对于反需求拉上的通货膨胀效果显著,而对于成本推进的通货膨胀效果甚微。

(二)从货币市场均衡的情况看,通过增加或减少货币的供给量影响利率的高低是以货币的流通速度不变为前提的

如果这一假定前提不存在,通过货币供给的变动来影响利率水平进而对经济产生影响的作用将大打折扣。例如在通货膨胀严重情况下,即使中央银行减少货币的发行量,但由于人们手中不愿持有货币,往往将手中货币换成实物,导致货币流通速度加快,流通中的货币量增加,因此无法将通货膨胀率降低。

(三)货币政策存在的时滞也会影响货币政策的效果

在货币政策操作中,一般会经历这样几个过程:针对一定时期宏观经济运行中的主要问题确定调控的目标、选择政策工具、筛选中介指标、在操作过程中检查调控的效果并在必要时进行适当的调整等。这些环节中,前两个环节的实施有一个内部时滞,即货币当局根据经济形势决定调整到具体方案的出台,一般需要较短的时间,由于货币当局变动货币供给量不需要议会的批准,因此,从决策到实施,所需时间相对说来较短,内部时滞要相对短些;后两个环节的实施则含有一个外部时滞,即货币当局运用选定的政策工具对货币存量进行调节进而影响总需求水平及目标变量过程中,存在外部时滞。外部时滞之所以较内部时滞时间相对长些,主要是由于在工具变量和目标变量之间有一个迂回曲折的传导过程。中央银行变动货币供给量,要通过利率的变动来影响企业的投资水平,进而影响总需求,最终影响就业和国民收入,而这一传导要经过长时间的过程才会使货币政策的作用得以充分发挥。同时还应看到,市场利率变动后,企业投资规模并不能马上发生相应的变动,无论是利率下降、企业扩大生产规模,还是利率的上升、企业缩小生产规模,都不是一件容易的事情,尤其是企业生产规模的缩小,更加困难,原因是已经上马在建的工程难以下马,解雇职工也并非易事。

同时,货币政策是开始选用时容易,但从执行到效果的产生却要经过一个相当长的时期,在这个时期中,经济形势还有可能发生与人们先前预期不同的变化。例如,通货膨胀时中央银行减少货币供给,货币政策对产量的影响所需要的时滞短一些,比如说两个月之后,总产出开始下降,但由于货币政策对通货膨胀影响大且时滞比较长,如果没有充分考虑这些问题,就可能发生在产量下降的时候,误以为货币政策的影响作用已经发挥、经济进入了衰退,反过来又采用扩张性货币政策,即使产量经过一段时间以后回到原来的水平,仍可能引起通货膨胀的发生。

货币政策在实践中存在的问题远远不止这些,仅就此而言,货币政策作为平抑经济波动的手段,作用也是有限的。

五、货币主义者的货币政策

货币主义者的货币政策与凯恩斯主义的货币政策虽然表面上都主张通过货币政策对经济进行调节,但两者在货币政策的目标上存在着截然不同的观点,货币主义者反对把利率作为货币政策的目标,主张货币政策的目标应该是控制货币量。

货币主义的代表人物弗里德曼从重点论述的两个问题中说明在短期中也许可以控制利率并通过利率刺激总需求,从而消除失业,但在长期中不仅做不到这一点,反而会加剧通货膨胀。一是货币政策在长期中不可能钉住利率,也不可能钉住失业率。

凯恩斯主义者认为,货币供给量的增加可以降低了利率,但弗里德曼认为,货币供给量的增加在短期内可降低利率,但从长期看却做不到这一点。因为较低的利率会影响投资和消费,使总支出增加。总支出的增加会引起总收入水平的上升,又会提高流动偏好和贷款需求,引起价格的上升,价格上升将导致货币购买力的下降。价格上升使公众预期价格上升,借款者愿意借贷,贷款者要求提高利率,从而较高的货币增长率必然带来较高的利率。因此,从长期看,利率是难以控制在一个较低的水平上的。

凯恩斯主义者认为,实行扩张性货币政策在降低利率的同时可以刺激投资,增加就业,而紧缩性货币政策提高利率可以抑制投资,减少就业。弗里德曼批评了这种观点,认为货币增长率具有"即时效应"和"长期效应"。弗里德曼指出,任何一个时点的劳动市场上都存在着与均衡的实际工资水平相一致的"自然失业率",即劳动市场上在没有货币变动干扰时供求力量自发调节时存在的失业率。货币供给量增加导致了利率降低、刺激投资的增加而使就业增加是最初产生的效果即"即时效应"。之所以会产生"即时效应",是因为工人由于存在货币幻觉,当物价上升引起的实际工资水平下降时,工人并没有意识到这一变化,或无法变动工资合同,这会使企业增加对劳动的需求,失业率暂时低于自然失业率。当工人意识到实际工资水平下降或能够重新签订工资合同、要求增加实际工资水平时,企业将减少雇佣工人的数量,使失业率又回到原来自然失业率的水平,这就是货币政策的长期效应。因此,货币政策影响失业率在短期内是有效的,在长期中则是无效的。

那么货币政策到底能起到何种作用呢?弗里德曼将其归结为三种作用:

第一,货币政策能够防止货币本身成为经济失调的主要源泉;

第二,给经济提供一个稳定的背景;

第三,货币政策能够有助于抵消经济体系中其他原因引起的较重大的干扰。

由此得出两点结论:第一,货币政策应该将中央银行能控制的货币数量作为政策目标,而不要将无法驾驭的利率作为政策目标;第二,要避免政策的剧烈波动,保持一个稳定的货币增长率才是最好的货币政策,也就是单一政策规则。

第五节　货币政策的效果及应用案例

一、货币政策的效果

(一)IS 斜率越小,即:IS 曲线越平坦,货币政策效果越大。

投资需求的利率弹性 d 越大,IS 曲线斜率越小。

即:利率下降一定幅度所引起的投资增加幅度越大,从而国民收入增加也越多,货币政策效果越大。

(二)LM 斜率越大,即:LM 曲线越陡峭,货币政策效果越大。

(1)LM 曲线的斜率越小(平缓),表明货币需求受到利率的影响较大,利率变动就会带来货币需求较大的变动,货币供给量的变动对利率的影响变小,扩大货币供给量的扩张性货币政策引起的均衡国民收入增加得越少,货币政策的效力越弱(产出效应越小,挤出效应越大);

(2)LM 曲线的斜率越大(陡直),表明货币需求受到利率的影响较小,利率变动就会带来货币需求较小的变动,货币供给量的变动对利率的影响变大,扩大货币供给量的扩张性货币政策引起的均衡国民收入增加得越多,货币政策的效力越强(产出效应越大,挤出效应越小)。

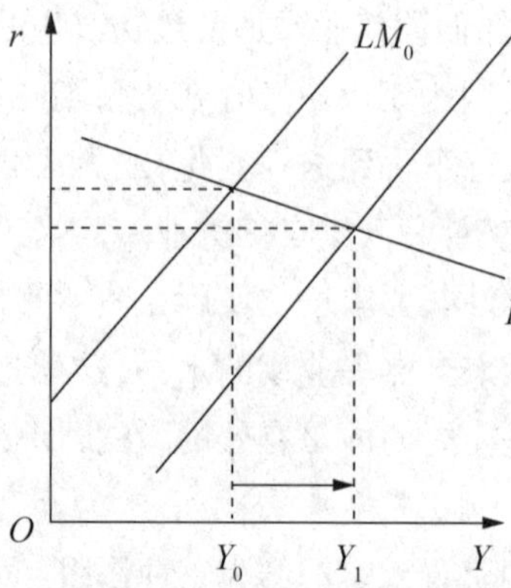

(a)IS 曲线斜率较小的情形

图 5-5　IS 曲线斜率小,货币政策效果大

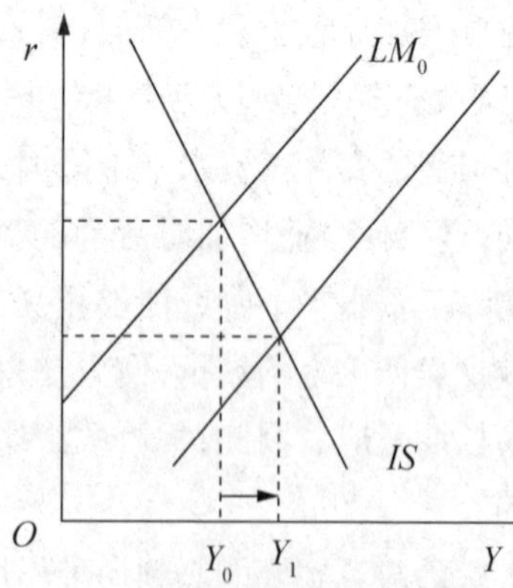

(b)IS 曲线斜率较大的情形

图 5-6　IS 曲线斜率大,货币政策效果小

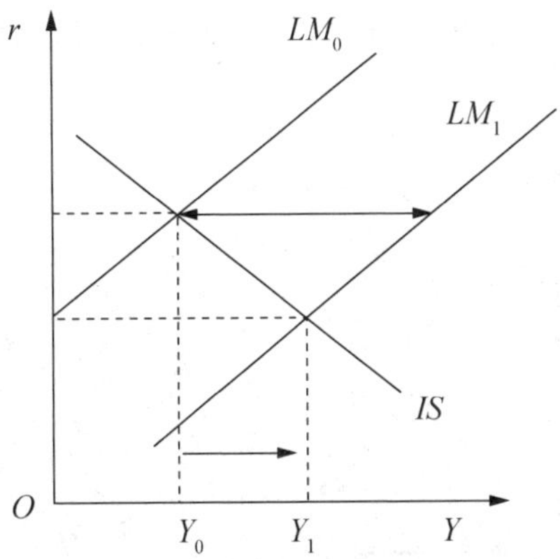

（a）LM 曲线斜率较小的情形

图 5－7　LM 曲线斜率小，货币政策效果小

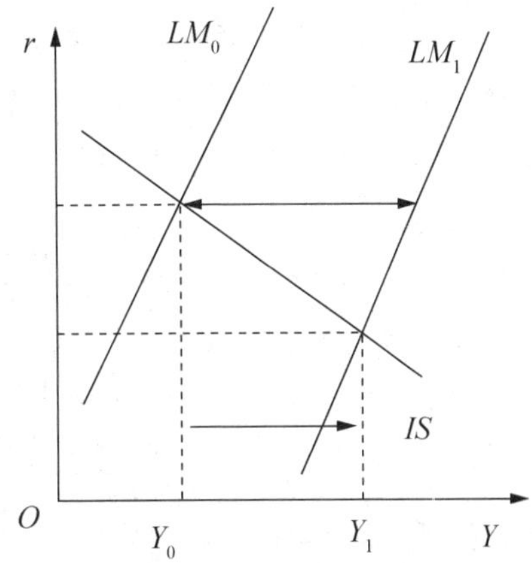

（b）LM 曲线斜率较大的情形

图 5－8　LM 曲线斜率大，货币政策效果大

（三）凯恩斯主义的极端情况：LM 为水平、IS 垂直时，货币政策完全失效，财政政策非常有效。

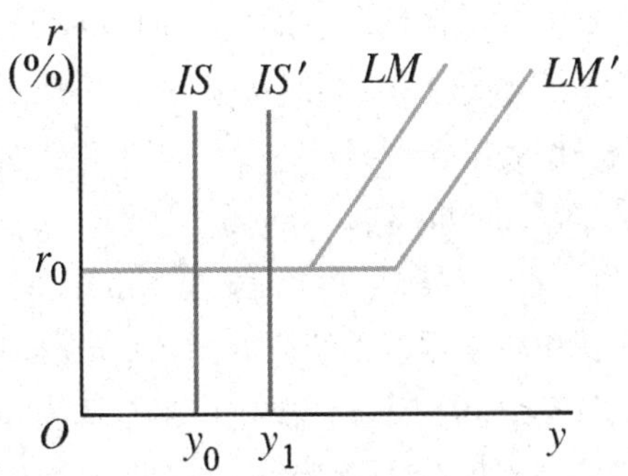

图 5－9　凯恩斯主义极端情况

IS 为垂直线，即不管利率如何变动，投资都不会变动。实行扩张性财政政策不产生“挤出效应”，财政政策十分有效。

LM 为水平线，货币的投机需求曲线呈水平形状。扩张性财政政策并不会使利率上升，不产生“挤出效应”，财政政策十分有效。

（四）古典主义的极端情况：水平 IS 和垂直 LM 相交。当出现这种古典主义极端情况时,财政政策就完全无效,而货币政策十分有效。

因为IS的斜率为0,说明投资对利率极为敏感,因此当实行扩张性货币政策,货币供给增加使利率稍微下降,就会使投资极大地提高,从而使国民收入有很大增加。LM曲线垂直表明货币的投机需求为0,因此增加货币供给将全部用来增加货币交易需求,因此会使产量增加。

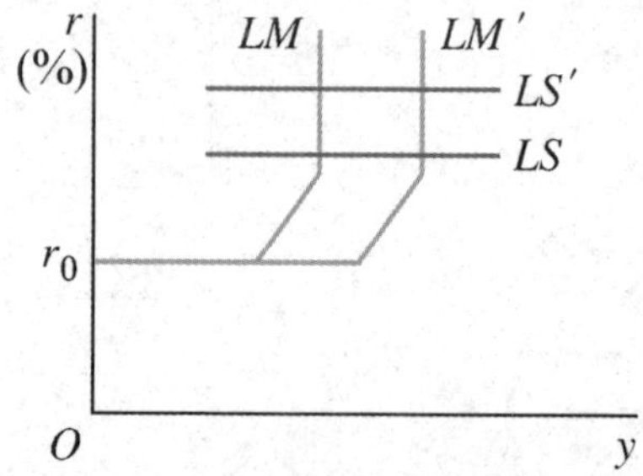

图5-10 古典主义的极端情况

二、货币政策的应用案例

2016年我国继续实施稳健的货币政策,优化增量,保持灵活适度,推动金融改革开放,防范化解金融风险,提升金融服务水平,促进经济更有效率、更可持续发展。有新的操作工具比如及时流动性调节工具(SLO)、常备借贷便利(SLF)、中期借贷便利(MLF)、抵押补充贷款(PSL)等。从流动性上看,央行使用的货币政策工具,具有周期化和结构化特点。

(一)SLO(Short-term Liquidity Operations)

公开市场短期流动性调节工具,本质上是超短期的逆回购。采用市场化利率招标方式开展操作。人民银行根据货币调控需要,综合考虑银行体系流动性供求状况、货币市场利率水平等多种因素,灵活决定该工具的操作时机、操作规模及期限品种等。操作对象为公开市场业务一级交易商中具有系统重要性、资产状况良好、政策传导能力强的部分金融机构,操作结果滞后一个月通过《公开市场业务交易公告》对外披露。

(二)SLF(Standing Lending Facility)

常设借贷便利是央行在2013年创设的流动性调节工具,主要功能是满足金融机构期限较短的大额流动性需求。对象主要为政策性银行和全国性商业银行。期限为1-3个月。利率水平根据货币政策调控、引导市场利率的需要等综合确定。常备借贷便利以抵押方式发放,合格抵押品包括高信用评级的债券类资产及优质信贷资产等。

（三）MLF（Medium - term Lending Facility）

中期借贷便利是中央银行提供中期基础货币的货币政策工具，对象为符合宏观审慎管理要求的商业银行、政策性银行，可通过招标方式开展。发放方式为质押方式，并需提供国债、央行票据、政策性金融债、高等级信用债等优质债券作为合格质押品。

2015 年累计开展中期借贷便利操作（MLF）21948 亿元，向金融机构投放中期基础货币，引导其加大对小微企业和“三农”等重点领域和薄弱环节的支持力度。

从实际利率上看，央行通过提高公开市场操作频次以稳定货币市场利率，保持货币政策的连续性。这有助于将货币市场利率更加有效地维持在基准利率附近，提高公开市场操作的针对性和有效性。

此外，央行目前正在积极探索“利率走廊”机制，通过向商业银行分别提供一个贷款便利工具（上限）和存款便利工具（下限），促进货币政策框架从数量型向价格型转变；充分运用价格杠杆稳定市场预期，引导企业融资成本下行，真正提高金融服务实体经济的效率。

利率走廊调控（Interest Rate Corridor）是指中央银行通过设定和变动自己的存贷款利率，实现对同业拆借利率的调节和控制。

从信贷投放上看，央行通过信贷资产质押再贷款这一创新性渠道，盘活商业银行存量信贷资产，增强货币市场流动性。

除此之外，央行也积极通过扩大内部评级试点、完善宏观审慎政策框架等措施，扩大金融机构对小微企业、“三农”和棚户区改造等国民经济重点领域和薄弱环节的信贷投放，引导社会融资成本降低。

第六节　两种政策的混合使用

政府可以根据经济的不同情况采取不同的财政政策和货币政策，如表 5 - 2 所示。例如在经济萧条不太严重的时期，用扩张性的财政政策刺激总需求，用紧缩性货币政策控制通货膨胀。

表5-2 财政和货币政策的不同组合和适用条件

	政策组合	产出	利率	适用条件
Ⅰ	扩张性财政 紧缩性货币	不确定	上升	经济萧条不严重,扩张性财政政策刺激总需求,紧缩性货币政策控制通货膨胀
Ⅱ	紧缩性财政 紧缩性货币	下降	不确定	严重通货膨胀,紧缩性货币提高利率,降低总需求。紧缩财政,以防止利率过高
Ⅲ	紧缩性财政 扩张性货币	不确定	下降	不严重的通货膨胀,紧缩性财政压缩总需求,扩张性货币降低利率,以免财政过度紧缩而衰退
Ⅳ	扩张性财政 扩张性货币	上升	不确定	经济严重萧条,膨胀性财政增加总需求,扩张性货币降低利率

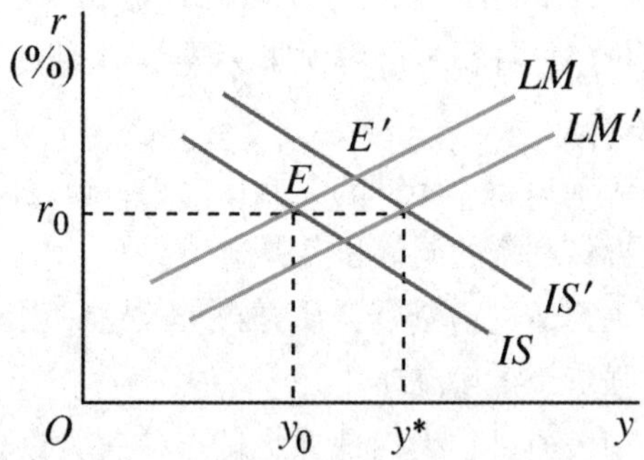

图5-11 混合使用的财政政策与货币政策

一、混合使用的财政政策与货币政策

(一)松的货币政策与松的财政政策配合

即银行和财政都向社会注入资金,使社会总需求迅速得以扩张,对经济活动产生强烈的刺激作用。这种配合适用于出现严重的经济衰退,经济生活中存在着大量的闲置资源。从图5-11来看,表现为在利率r基本不变的情况下,社会总需求大幅增加。

(二)紧的货币政策与紧的财政政策配合

即货币当局回收贷款、收缩银根从而压缩社会总需求;同时财政部也压缩财政支出、提高税率,增加其在中央银行的存款,减少社会货币量。这种双重压缩会使社会上的货币供应量明显减少,社会总需求得以迅速收缩。这种政策配合适用于扭转严重的经济过热，抑制恶性通货膨胀，但要避免出现经济萎缩。

（三）松的货币政策与紧的财政政策配合

即国家财政严格控制财政支出、财政收支保持平衡甚至盈余；而银行则根据经济发展需要，采取适当放松的货币政策，增加货币供给量。

这种政策配合适用于经济处于萎缩而财政赤字较大的情况。

（四）紧的货币政策与松的财政政策配合

即银行收缩银根，严格控制货币供应量，同时国家财政采用赤字方法扩大支出。这种政策适用于经济比较繁荣而投资支出不足的情况，已在经济得到适当紧缩的同时增加投资，中和金融紧缩可能过强所带来的消极作用。

二、相机抉择

相机抉择：政府与中央银行可以根据具体情况进行政策的政府与中央银行可以根据具体情况。一是调整时期经济管理的目标需要；二是调整时期各行各业、各个阶层的利益要求。虽然扩张性财政政策和货币政策都能够增加总需求，但两者的后果对不同的人群会产生不同的影响，也使 GDP 的组成比例发生变化。例如，实行扩张性货币政策，导致利率下降，投资增加，因而对投资部门尤其是住宅建筑部门有利。但是，若实行扩张性财政政策——减税，则有利于个人可支配收入的提高，消费支出将增加；若仍然采取扩张性财政政策——增加政府支出，比如兴办教育、对在职工人进行培训、治理环境等，则受益的人群又将不同。正因为如此，政府在作出政策的抉择时，必须要考虑到各行各业、各个阶层的利益，尽量协调好各种利益关系。

案例分析：国际金融危机

1994 年 12 月 19 日深夜，墨西哥政府突然对外宣布，本国货币比索贬值 15%。这一决定在市场上引起极大恐慌。外国投资者疯狂抛售比索，抢购美元，比索汇率急剧下跌。12 月 20 日汇率从最初的 3.47 比索兑换 1 美元跌至 3.925 比索兑换 1 美元，狂跌 13%。21 日再跌 15.3%。伴随比索贬值，外国投资者大量撤走资金，墨西哥外汇储备在 20 日至 21 日两天锐减近 40 亿美元。墨西哥整个金融市场一片混乱。从 20 日至 22 日，短短的三天时间，墨西哥比索兑换美元的汇价就暴跌了 42.17%，这在现代金融史上是极其罕见的。

墨西哥吸收的外资，有 70% 左右是投机性的短期证券投资。资本外流对于墨西哥股市如同釜底抽薪，墨西哥股市应声下跌。12 月 30 日，墨西哥 IPC 指数跌 6.26%。1995 年 1 月 10 日更是狂跌 11%。到 3 月 3 日，墨西哥股市 IPC 指数已跌至 1500 点，比 1994 年金融危机前最高点 2881.17 点已累计跌去了 47.94%，股市下跌幅度超过了比索贬值的幅度。

为了稳定墨西哥金融市场,墨西哥政府经过多方协商,推出了紧急经济拯救计划:尽快将经常项目赤字压缩到可以正常支付的水平,迅速恢复正常的经济活动和就业,将通货膨胀减少到尽可能小的程度,向国际金融机构申请紧急贷款援助等。为帮助墨西哥政府渡过难关,减少外国投资者的损失,美国政府和国际货币基金组织等国际金融机构决定提供巨额贷款,支持墨西哥经济拯救计划,以稳定汇率、股市和投资者的信心。直到以美国为主的500亿美元的国际资本援助逐步到位,墨西哥的金融动荡才于1995年上半年趋于平息。

显而易见,墨西哥金融危机的"导火线"是比索贬值。而塞迪略政府之所以在上台后不久就诉诸贬值,在很大程度上是因为外汇储备不断减少,无法继续支撑3.46比索兑1美元的汇率。那么,墨西哥为什么会面临外汇储备不足的困境呢?

萨利纳斯上台后,政府将汇率作为反通货膨胀的工具(即把比索钉住美元)。以汇率钉住为核心的反通货膨胀计划虽然在降低通货膨胀率方面是较为成功的,但是,由于本国货币贬值的幅度小于通货膨胀率的上升幅度,币值高估在所难免,从而会削弱本国产品的国际竞争力。据估计,如用购买力平价计算,比索的币值高估了20%。此外,这样的反通货膨胀计划还产生了消费热,扩大了对进口商品的需求。在进口急剧增加的同时,墨西哥的出口却增长乏力。在1989—1994年期间,出口增长了2.7倍,而进口增长了3.4倍。结果,1989年,墨西哥的经常项目逆差为41亿美元,1994年已扩大到289亿美元。从理论上说,只要国际收支中资本项目能保持相应的盈余,那么经常项目即使出现较大的赤字,也并不说明国民经济已面临危机。问题的关键是,使资本项目保持盈余的外资不该是投机性较强的短期外国资本。而墨西哥用来弥补经常项目赤字的资本项目盈余却正是这种资本。20世纪80年代末,每年流入墨西哥的间接投资净额为50亿美元左右,而至1993年,这种外资的净流入量已近300亿美元。据估计,在1990—1994年,间接投资在流入墨西哥的外资总额中的比重高达2/3。

为了稳定外国投资者的信心,政府除了表示坚持比索不贬值以外,还用一种与美元挂钩的短期债券取代一种与比索挂钩的短期债券。结果,外国投资者大量卖出与比索挂钩的短期债券,购买与美元挂钩的短期债券。在金融危机爆发前夕,墨西哥政府发行的短期债券已高达300亿美元,其中1995年上半年到期的就有167.6亿美元,而外汇储备则只有数十亿美元。事实表明,墨西哥政府用与美元挂钩的短期债券来稳定外国投资者信心的做法是不明智的。这种债券固然在短时间内达到了目的,使200多亿美元的短期外资留在国内,但由此而来的风险更大,因为比索价值的下跌,不管其幅度大小,都会降低间接投资的利润,从而加剧资本外流,也使短期债券市场面临更大的动荡。因此,到 1994 年下半年,墨西哥政府已处于一种越来越被动的局面。一方面,无法摆脱对外国间接投资和短期国债的依赖;另一方面,这两种资金来源使墨西哥经济愈益脆弱,政府的回旋余地不断缩小,而金融投机者的影响力则持续增加。当政府宣布比索贬值后,金融投机者便大量抛售短期国债。

所以说,外汇储备的减少、比索的贬值是墨西哥金融危机的直接原因,而用投机性强、流动性大的短期外国资本弥补巨大的经常项目赤字,则是金融危机的深层次根源。

第六章

开放经济条件下的宏观经济学

前面各章讲的都是封闭经济的宏观经济理论,而随着一个国家和地区与其他国家和地区的贸易往来越来越密切,一个开放经济以两种方式和其他国家相互交易:在产品市场上购买并出售物品与劳务;在金融市场上购买并出售股票和债券这类虚拟性的资本资产。这必然涉及汇率与汇率制度。蒙代尔—弗莱明模型用来解释开放经济的变动和汇率制度的关系以及宏观经济政策效果。

第一节 汇率与汇率制度

一、汇率

价格对于协调市场上买者与卖者的交易起着十分重要的作用,同样,国际价格有助于协调消费者与生产者在国际市场上进行交易时的决策。两种重要的国际价格是名义汇率与真实汇率。

(一)名义汇率

名义汇率(Nominal Exchange Rate)是一个国家的货币折算成另一个国家货币的比率。汇率有两种标价方法。一种是直接标价法,用1单位的外国货币作为标准,折算成一定数额的本国货币,如1美元兑6.7元人民币;另一种是间接标价法,用1单位的本国货币作为标准,折算成一定数额的外国货币,如1元人民币兑1/6.7美元。本书中我们用直接标价法。

如果汇率的变动使1元人民币能买到更多的外国通货,那么这种变动称为人民币升值(Appreciation)。相反,如果汇率的变动使1元人民币能买到的外国通货减少,那么这种变动称为人民币贬值(Depreciation)。

(二)真实汇率

真实汇率(Real Exchange Rate)是用一国的物品与劳务交换另一国的物品与

劳务的比率。例如,假设你到商店购物,发现一斤德国苹果价格是一斤美国苹果的两倍,真实汇率是一斤美国苹果对半斤德国苹果。要注意的是,和名义汇率一样,真实汇率也可以用一单位国内东西的外国东西单位量来表示。但在这种情况下,东西是物品,而不是通货。

真实汇率与名义汇率是紧密相关的。我们用以下公式计算:

$$真实汇率 = \frac{名义汇率 \times 国内价格}{国外价格}$$

因此,真实汇率取决于名义汇率和用本国通货衡量的两国物品的价格,真实汇率反映了国外价格水平与国内价格水平的相对比值。

宏观经济学家关注整体的物价总水平,而不是个别东西的价格。为了衡量真实汇率,我们使用物价指数。例如衡量一篮子物品与劳务价格的消费物价指数。通过使用中国一篮子物品与劳务的消费物价指数(P)、国外一篮子物品与劳务的消费物价指数(P')以及人民币和外国通货之间的名义汇率(e),可以用以下公式计算中国和其他国家之间的总体真实汇率:

$$真实汇率 = (e \times P)/P'$$

一国的真实汇率是其物品与劳务净出口的关键决定因素。中国真实汇率的下降意味着相对于外国物品而言,中国物品变得便宜了。这种变化鼓励国内与国外消费者更多地购买中国物品,而更少地购买外国物品。结果中国出口增加而进口减少,这两种变化都增加了中国的净出口。相反,中国真实汇率的上升意味着与外国物品相比,中国物品变得昂贵了。因此,中国的净出口减少。

(三)汇率标价法

1. 直接标价法

用一单位的外国货币作为标准,折算为一定数额的本国货币来表示的汇率。如:1 美元兑换 6.67 元人民币。

2. 间接标价法

用一单位的本国货币作为标准,折算为一定数额的外国货币来表示的汇率。

通常用 e 来表示名义汇率,并约定名义汇率是用间接标价法加以表示的。

二、汇率制度

世界上的汇率制度主要有固定汇率制度与浮动汇率制度两种。

(一)固定汇率制度

固定汇率制是指一国货币同他国货币的汇率基本固定,其波动限于在一定的幅度之内,由官方干预来保持汇率的稳定。

在固定汇率制下,中央银行为本国货币确定一个固定的价格,并通过外汇市场的干预维持既定的汇率水平。当国际收支盈余,本国货币有升值压力时,中央银行在外汇市场上用本币买进外币,维持汇率稳定。当国际收支赤字,本国货币有贬值压力时,中央银行在外汇市场上买进本币、抛出外币,维持汇率稳定。

以美国为例,假定美联储宣布,它把汇率固定在每1美元兑换100日元。但是由于某种原因,外汇市场均衡汇率是1美元兑换150日元。在这种情况下,市场上的套利者发现获利机会,他们可以在外汇市场上用2美元购买300日元,然后将300日元卖给美联储,从中获利1美元。当美联储从套利者手中购买这些日元时,向他们支付的美元自动地增加了美国的货币供给。货币供给以这种方式继续增加直到均衡汇率降到美联储所发布的水平。如果外汇市场均衡汇率是1美元兑换50日元,则市场上的套利者向美联储购买100日元,然后在外汇市场上以2美元卖出这些日元而获利。而当美联储卖出这些日元时,它所得到的1美元就自动减少了美国的货币供给。货币供给继续下降直到均衡汇率上升到美联储所发布的水平为止。

(二)浮动汇率制度

浮动汇率制是指一国不规定本国货币与他国货币的官方汇率,听任汇率由外汇市场的供求关系自发地决定。浮动汇率制又分为自由浮动与管理浮动。其中,前者是指中央银行对外汇市场不采取任何干预措施,汇率完全由外汇市场的供求力量自发地决定;后者是指实行浮动汇率制的国家,对外汇市场进行各种形式的干预活动,主要是根据外汇市场的供求情况售出或购入外汇,以通过对外汇供求的影响来影响汇率。

从第二次世界大战后的情况看,西方各国在20世纪70年代以前是实行固定汇率制,即按照美元为中心的国际金融体系(又称“布雷顿森林体系”)所实施的固定汇率制。以后,由于美元危机,布雷顿森林体系崩溃,西方各国相继放弃了固定汇率制而采用浮动汇率制。目前,世界上有80多个国家仍采取固定汇率制,60多个国家则是采取不同程度的浮动汇率制。

在浮动汇率制下,如同商品价格取决于供求并且影响供求一样,汇率取决于外汇供求并影响外汇供求,因而可以从供求关系角度对汇率形成机制进行分析。如果外汇市场上外汇供给大于需求,本币升值;如果外汇市场上外汇供给小于需求,本币贬值。通过汇率的自动浮动,实现国际收支平衡。

第二节　蒙代尔—弗莱明模型(MF 模型)

20 世纪 60 年代,罗伯特·蒙代尔(RobertA. Mundell)和 J. 马库斯·弗莱明(J. Marcus Flemins)提出了开放经济条件下的蒙代尔—弗莱明模型,即通常所说的经典 MF 模型。该模型扩展了对外开放经济条件下不同政策效应的分析,说明了资本是否自由流动以及不同的汇率制度对一国宏观经济的影响。模型假定价格水平固定,经济的总供给可以随总需求的变化迅速作出调整,总产出完全由需求方面决定。因此是"IS - LM 模型"的拓展,既是一种短期分析,又是一种需求分析。

1997 年 7 月 2 日,泰国宣布放弃固定汇率制,实行浮动汇率制,这一措施立即成为货币危机的导火线。当天,泰铢兑换美元的汇率下降了 17%,外汇及其他金融市场一片混乱。人们纷纷抛售泰铢,使其对美元的汇率很快下跌了 50%。在总结教训时,人们发现蒙代尔早就发现了问题,即固定汇率、资本自由流动和货币政策独立性三者不可兼得。在货币危机之前,泰国三者并存;这是它发生货币危机的重要原因。为什么固定汇率、资本自由流动和货币政策独立性三者不可兼得?MF 模型是如何证明这个问题的?

一、MF 模型概述

MF 模型是蒙代尔和弗莱明提出的以商品市场、货币市场和外汇市场的一般均衡为基本分析框架的开放条件下宏观经济模型。

MF 模型有两个重要的理论支柱。其一是希克斯和汉森提出的 IS - LM 模型,它把货币机制特别是利率纳入封闭经济一般均衡讨论。其二是米德的国际收支理论,它提出开放条件下宏观经济目标不仅要实现内部均衡,而且要实现外部均衡,并把汇率机制纳入一般均衡分析。

MF 模型告诉我们,在不同的汇率制度下,财政政策和货币政策的效果会有很大差异。在两国模型分析中,它说明一国经济政策对别国产生的影响。这种分析是国际经济政策协调活动的理论基础。它论证了固定汇率、资本自由流动和货币政策独立性三者不可兼得,这可帮助我们了解泰国货币危机和欧元产生。

(一)基本的 MF 模型的假设条件

基本的 MF 模型分析一个开放的小国,具体的假设条件是:

1. 价格水平不变。该假设可使分析简化;它也符合 20 世纪 60 年代的现实情况。这意味着它考察的对象与凯恩斯主义相同,即处于萧条状态下的经济,总供给曲线是一条水平线。这也意味着产出由总需求决定。在扩展的 MF 模型中,人们可以取消这个假设。

$$p=\overline{P},P^{*}=\overline{P^{*}}$$

P 为本国价格水平;P^{*} 为外国价格水平;横杠表示相应变量为常数。

2. 假设考察对象是开放的小国,而且资本具有完全流动性($K_i=\Delta K/\Delta i=\infty$),从而本国利率取决于外国利率。开放在理论上代表取消贸易壁垒,资本自由流动。

$$i=i^{*}$$

i 为本国利率;i^{*} 为外国利率。如果本国利率较高,大量资本流入会使利率下降;如果本国利率较低,大量资本流出会使利率上升。由于本国是小国,本国利率与外国利率相等,才能使资本停止流动,使国民经济处于均衡状态。

3. 货币供给 M 存量是国内信贷资产 D 与外汇储备资产 R 的总和。

$$M=D+R$$

该假设使货币政策在不同汇率制度下具有不同含义。浮动汇率制下,由于汇率具有自发调节国际收支的功能,长期分析中可认为国际收支平衡,或 $\Delta R=0$,从而货币供给是外生变量。固定汇率制下,国际收支可能失衡,由此引起的外汇储备变化又影响着货币供给,从而使后者具有内生性。这里隐含假设货币乘数为 1。

4. 假设经济中存在三个市场,即商品市场、货币市场和外汇市场。

(二)开放经济中的 IS 曲线

开放经济中的 IS 曲线是商品市场均衡线,表示能够使商品市场实现均衡的收入与利率组合点的轨迹。

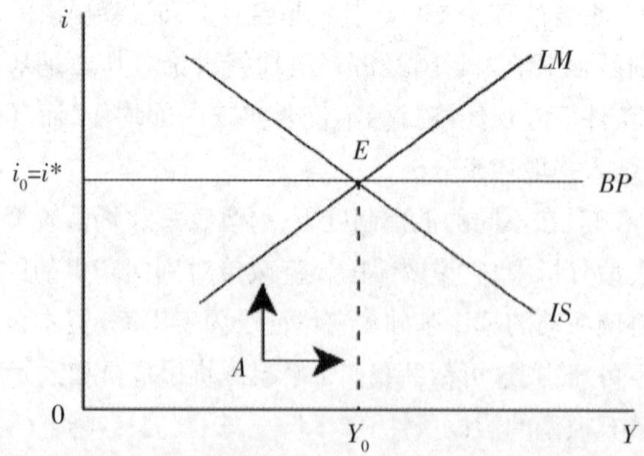

图 6-1 资本完全流动下的 MF 模型

在开放条件下，IS 曲线的均衡方程式可以写成：

$$I(i)+G+X(e)=S(Y)+V(Y,e);I_i<0,x_e>0,S_Y>0,V_Y>0,V_e<0 \quad (6-1)$$

IS 曲线反映商品市场均衡条件，其方程体现的是总供给等于总需求。上式的左方是去掉消费的总需求；右方是去掉消费的总供给。总供给还应包括税收；为分析简化，这里采用常见做法，即假设税收为0。$I(i)$表示投资 I 是利率 i 的函数；I_i为对利率的边际投资倾向，即 dI/di，它小于0，表明投资是利率的减函数。$X(e)$表示出口 X 是汇率 e 的函数；X_e表示对汇率的边际出口倾向，即 dX/de，它大于0，表明出口是汇率的增函数。$S(Y)$表示储蓄 S 是收入 Y 的函数；S_y为边际储蓄倾向，即 dS/dY，它大于0，表明储蓄是收入的增函数。$V(Y,e)$表示进口 V 是收入和汇率的函数；V_y为边际进口倾向，即 dV/dY，它大于0表明进口是收入的增函数；V_e为对汇率的边际进口倾向，即 dV/de，它小于0，表明进口是汇率的减函数。由于在固定价格背景下进行分析，所以方程中不考虑价格的作用。根据这个式子可得出 *IS* 曲线的斜率。

$$(\mathrm{di/dY})_{\mathrm{IS}}=(\mathrm{S_Y}+\mathrm{V_Y})/\mathrm{I_i}<0 \quad (6-2)$$

IS 曲线斜率为负值，它向右下方倾斜。这是因为收入增加会导致进口和储蓄等漏出的增加；维持商品市场均衡就要求增加投资这种注入，从而利率必须下降。

IS 曲线左边的点反映注入大于漏出，其右边的点反映漏出大于注入。

（三）开放经济中的 *LM* 曲线

开放经济中的 *LM* 曲线是货币市场均衡线，表示能够使货币供给 M 等于货币需求 L 的收入 Y 与利率 i 组合点的轨迹。在开放条件下其均衡方程可以写成：

$$M=D+R=L(Y,i);L_Y>0,L_i<0 \quad (6-3)$$

公式6-3中的左方是货币供给，右方是货币需求。$L(Y,i)$表示货币需求 L 是收入 Y 和利率 i 的函数；L_Y表示对收入的边际货币需求倾向，即 dL/dY，它大于0表明货币需求是收入的增函数；L_i表示对利率的边际货币需求倾向，即 dL/di，它小于0，表明货币需求是利率减函数。根据式6-3可得出 *LM* 曲线的斜率：

$$(di/dY)_{LM}=-L_Y/L_i>0 \quad (6-4)$$

LM 曲线有正斜率，或者说该曲线向右上方倾斜。这是因为当收入增加时，货币需求将会增加；在货币供给既定时，它需要其他因素刺激货币需求相应减少，从而利率必须上升。*LM* 曲线左上方的点反映货币需求小于货币供给；*LM* 曲线右下方的点反映货币需求大于货币供给。

（四）资本完全流动条件下的 *BP* 曲线

BP 曲线是能够使国际收支平衡的收入与利率组合点的轨迹。其行为方

程是：

$$B = X(e) - V(Y,e) + K(i) = 0 \qquad K_i > 0 \qquad (6-5)$$

B 表示国际收支差额，$B=0$ 表示国际收支平衡。K 为资本净流入。$K(i)$ 表示资本净流入 K 是利率的函数。K_i 为资本流动对利率的敏感程度，即 dK/di。由该式可以得到 BP 曲线的斜率。若，则：

$$(di/dY)_{BP} = V_Y/K_i = 0 \qquad (6-6)$$

BP 线是由外国利率 i^* 决定其高度的水平线。该线上方的点反映国际收支顺差；只要本国利率高于外国利率，就会有无穷多的资本流入，从而使得收入变动通过进口对国际收支差额的影响可忽略不计。该线下方的点表示存在国际收支逆差。

二、开放经济的一般均衡

当开放经济处于一般均衡状态时，上述三条曲线必相交于一点（由图 6-2的 E 点所示）；该经济同时实现了内部均衡和外部均衡。

如果经济处于其他位置，它就会在市场力量作用下向均衡点运动。假设期初该国处于 A 点，它会受到三种压力。其一，A 点在 BP 线下方，本国利率低于外国利率，从而发生资本外流。在固定汇率制下，国际收支逆差使外汇储备和货币供给减少，从而利率上升；这种力量由 A 点向上箭头所示。在浮动汇率制下，国际收支逆差使外币汇率上升，这有助于增加出口和国民收入；这种力量由 A 点向右箭头表示。其二，A 点在 IS 曲线左边，这意味着注入大于漏出，该经济得到向右方移动的力量。其三，A 点在 LM 曲线右方，货币需求大于货币供给，该经济得到向上方移动的力量。这些力量的合力将推动 A 点向 E 点移动（可能出现螺旋形运动轨迹）。

第三节　蒙代尔—弗莱明模型的运用

在宏观经济学中，蒙代尔—弗莱明模型最重要的应用是，在该模型的假定之下，考察在不同的汇率制度下，经济的总收入和汇率会对不同的政策变动作出什么反应。

蒙代尔悖论指固定汇率、资本自由流动和货币政策独立性三者不可兼得，也称三元悖论。它被克鲁格曼用于分析工业国的货币危机，发现三者并存是货币危机的原因之一。蒙代尔是如何论证三元悖论的？它与货币危机有什么关系？

下面我们分析的对象是不同汇率制度下财政政策和货币政策的效力。

一、浮动汇率制下货币政策效力

我们判断政策效力的标准是看它能否调节国民收入。在基本的 MF 模型中，假设物价不变，所以分析中不考虑通货膨胀问题。在浮动汇率制下，货币政策是有效的。例如，扩张性的货币政策在通过增加贷款刺激收入增长时，伴随着利率下降；后者会引起资本外流、本币对外贬值、出口增加和投资增加，进一步推动收入增长。我们可用图形分析这种比较直观的形式，说明在浮动汇率制下，货币政策对收入、利率和汇率的作用。

在图 6－2 中，假设期初该国处于 A 点。现在政府推行一次性的扩张性货币政策，即增加货币供给量，使 LM_0 曲线右移到 LM_1 的位置。其右移的原因是在货币供给增加时，货币市场均衡要求货币需求增加；在利率既定时，收入增加才能使货币需求增加。这使该经济暂时性由 A 点移动到 B 点，表明本国利率下降，收入增加；它们又引起资本外流和进口增加，使该国出现国际收支逆差。在浮动汇率制下，国际收支逆差导致外币汇率上升；后者又使该国产品国际竞争力增强，净出口得以增加。同时，利率下降也会使投资增加。净出口和投资增加共同推动 IS_0 曲线右移到 IS_1 的位置，该经济又由 B 点移动到新的均衡点 E。由此我们可以得出结论：在浮动汇率制下，扩张性货币政策会使收入增加，外币汇率上升，但是利率不变。

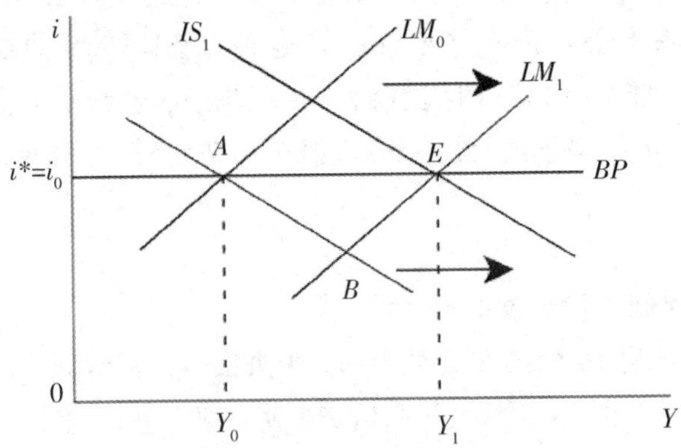

图 6－2　浮动汇率制下货币政策的效力

二、浮动汇率制下财政政策的效力

浮动汇率制下财政政策是缺乏效力的。例如,政府支出增加,会使收入暂时增加。但是,它会导致利率上升,资本流入和本币对外升值。后者会使该国出口减少,抵消了政府支出增加对总需求的刺激作用。在图 6-3 中,假设期初该经济处于 A 点。现政府推行一次性扩张性财政政策,使 IS_0 曲线右移到 IS_1 的位置。该曲线之所以右移,是因为政府支出增加,要求储蓄增加以维持商品市场均衡;针对任何既定的利率而言,只有收入增加才能使储蓄增加。

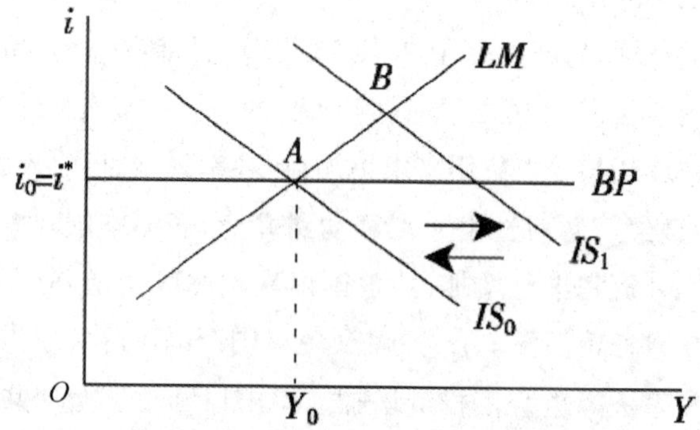

图 6-3 浮动汇率制下财政政策的效力

IS 曲线右移使该经济暂时由 A 点移动到 B 点,利率上升,收入增加。在资本完全流动的前提下,利率上升引起资本大量流入;即使收入增加引起进口增加,该国仍会出现国际收支顺差。在浮动汇率制下,后者必然引起外汇汇率下降。这意味着本国商品国际竞争力下降,净出口减少,这种力量迫使 IS_1 曲线向左移动,直至它回到原来 IS_0 曲线的位置。由此我们得出的结论是:在浮动汇率制下,扩张性财政政策会使外币汇率下降,外币贬值;但从长期来看,它对收入和利率不起作用。

三、固定汇率制下货币政策的效力

固定汇率制下货币政策是缺乏效力的。中央银行扩张信贷,可暂时增加总需求并使收入增加。但是,中央银行扩张信贷会使利率下降,资本外流,国际收支出现逆差,从而外汇储备减少,导致货币供给减少到原来的水平。

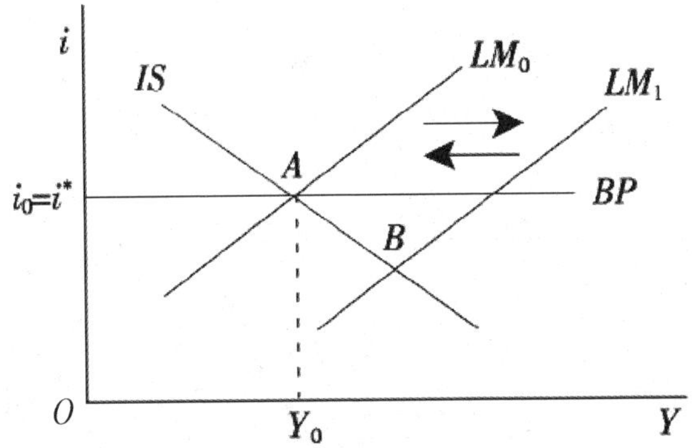

图 6－4　固定汇率制下货币政策的效力

设期初经济处于 A 点。现在,政府推行扩张性货币政策,使 LM_0 曲线右移到 LM_1 的位置。当该经济暂时由 A 点移到 B 点时,利率下降,收入增加。利率下降会导致资本外流和国际收支逆差。在固定汇率制下,政府在国际收支出现逆差时,必须动用外汇储备来干预外汇市场。外汇储备减少又引起货币供给减少,使 LM_1 曲线向左移动,直至其移回到 LM_0 曲线的初始位置。由此我们可以得出结论:在固定汇率制下,政府无力推行扩张性或独立的货币政策;从长期来看,它不能够改变货币供给总量,只能调节货币供给的结构,即本国信贷资产的增加伴随着外汇储备资产的减少。

上述分析说明了三元悖论存在的原因。固定汇率制和资本自由流动是模型的假设,它证明了在这样的条件下政府无法改变货币供给量,这也是不能实行独立货币政策的确切含义。货币政策对任何国家都是重要的政策工具。因此,它的政策建议是对资本流动进行管制。当然,理论上政府还有另一种选择,即放弃固定汇率制。但是,许多发展中国家都采取钉住美元的汇率制度,它们不具备采用浮动汇率制的条件。如果发展中国家让三者并存,那么独立货币政策一旦造成通货膨胀,该国就会出现贸易逆差;这又会导致外汇储备流失,直到固定汇率无法维持。资本自由流动在此时火上加油,资本外逃经常成为货币危机的导火线。

四、固定汇率制下财政政策的效率

固定汇率制下财政政策能够有效调节国民收入。政府支出增加导致收入增加。同时,利率上升导致资本流入。为了维持固定汇率制,政府不得不干预外汇市场,并使外汇储备增加。后者又引起货币供给增加,引起国民收入进一步增加。

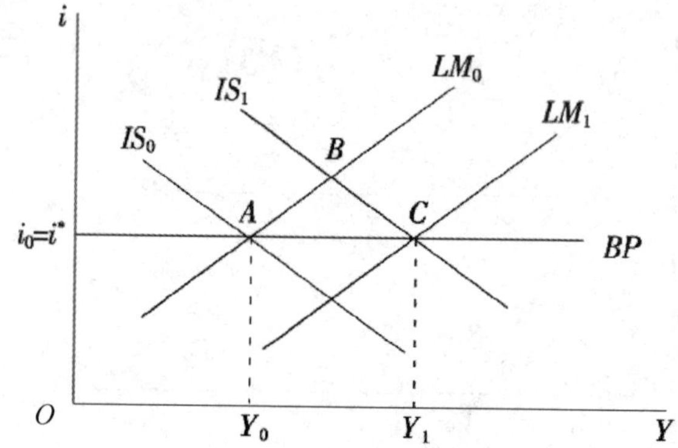

图 6－5　固定汇率制下财政政策的效力

在图 6－5 中，假设期初该经济处于 A 点。政府实行扩张性财政政策，IS_0 曲线将右移到 IS_1 的位置。该经济相应地由 A 点移动到 B 点，利率暂时上升，收入也有增加。利率上升又使外资流入，该国出现国际收支顺差。为了维持固定汇率制，政府不得不干预外汇市场，并使外汇储备增加。后者又引起货币供给增加，LM_0 曲线也右移到 LM_1 的位置。该经济也由 B 点移动到 C 点。国民收入由期初的 Y_0 增加到 Y_1，说明固定汇率制下财政政策对于调节收入是有效的。

蒙代尔—弗莱明模型说明了货币政策与财政政策影响总收入的效力取决于汇率制度。在浮动汇率下，只有货币政策能影响收入；财政政策通常的扩张性影响被通货价值的上升和净出口的下降所抵消。在固定汇率下，只有财政政策能影响收入；货币政策的正常潜力的丧失是因为货币供给全部用在了把汇率维持在所宣布的水平上。

第四节　金融隔离经济中的 MF 模型

三元悖论使人们把解决问题办法寄托于限制资本流动。如果发展中国家采取这样的政策，会产生什么样的结果？金融隔离经济中 MF 模型的政策建议是，在金融隔离经济中政府只能选择浮动汇率制。这意味着发展中国家为了实行独立货币政策，不仅要放弃固定汇率制，而且要放弃资本自由流动。或者说，发展中国家只要实行固定汇率制，就要放弃独立货币政策。该模型如何证明这样的结论？

金融隔离经济（The Financially Insular Economy）指资本完全缺乏流动性的经济；在资本流动方面，该经济是封闭的；在贸易方面，它是开放的。麦金农将金融隔离假设引入 MF 模型，在一定程度上考虑到了发展中国家经济运行的特点。

一、金融隔离经济中的 BP 曲线

金融隔离意味着资本缺乏国际流动性，K_i 等于零。该假设使该国的国际收支与资本流动和利率无关。除了金融隔离之外，本模型的其他假设与上一节相同。*BP* 曲线的方程可写成：

$$B = X(e) - V(Y,e) = 0, X_e > 0, V_Y > 0, V_e < 0 \tag{6-7}$$

由于资本流动为 0，国际收支差额等同于贸易差额。由于分析中假设国际收支与利率无关，从而 *BP* 曲线表现为针对既定收入的一条垂线。由于进口受收入影响，在经济中存在某种国民收入能够使贸易收支平衡。对该方程微分，得到：

$$dY/de = (X_e - V_e)/V_Y > 0 \tag{6-8}$$

该式表明外币汇率变动会导致 *BP* 曲线的移动。外币汇率上升，意味着商品国际竞争力提高，该国出现贸易顺差；为了保证国际收支平衡，该国需要增加进口；收入增加会使进口增加，*BP* 曲线右移反映收入增加。反之，外币汇率下降，则 *BP* 曲线左移。

二、浮动汇率制下的货币政策

前面证明在资本完全流动情况下，浮动汇率制下货币政策是有效的。现在我们考察资本完全不流动情况下，浮动汇率制下货币政策是否有效。

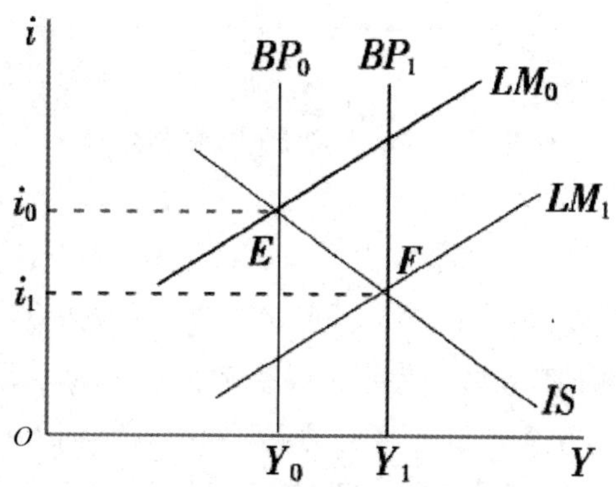

图 6-6　浮动汇率制下的货币政策

在图 6-6 中，假设期初该经济处于 *E* 点，收入为 Y_0，利率为 i_0。现在政府采取扩张性货币政策，使 LM_0 曲线右移到 LM_1 的位置，该经济将由 *E* 点移到 *F* 点。

在收入增加的同时,利率由 i_0 下降到 i_1。虽然在金融隔离经济中利率下降对国际收支无影响,但是收入增加会引起进口增加和相应的国际收支逆差。在浮动汇率制下,这将导致外币汇率上升,这又使 BP_0 曲线右移到 BP_1 的位置。F 点是期末均衡点,收入由 Y_0 增加到 Y_1。

这里的分析与前面的分析结果相似,都是货币政策能够调节国民收入。但是,它与前面的相应分析有两点重要区别:其一,在前面的资本完全流动条件下,货币政策通过利率影响资本流动以调节国际收支的;而在本节金融隔离经济中,货币政策通过影响汇率改变净出口来调节国际收支。其二,金融隔离经济中扩张性货币政策会使利率长期下降;而在资本完全流动条件下,从长期分析的角度利率是不变的。

三、浮动汇率制下的财政政策

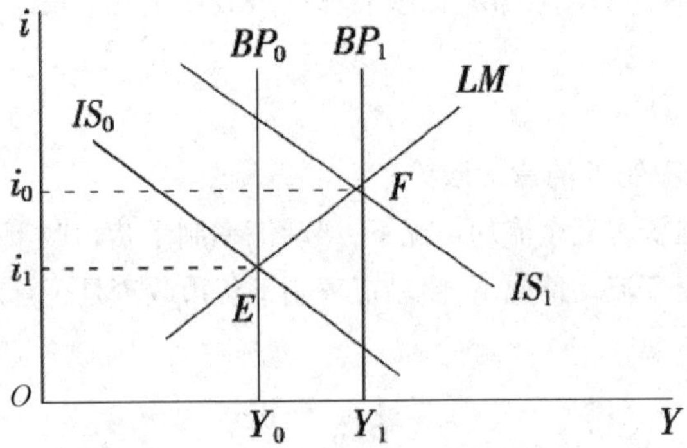

图 6-7 浮动汇率制下的财政政策

设期初该经济处于 E 点,未能实现充分就业目标。现假设政府用扩张性财政政策,导致 IS_0 曲线右移到 IS_1 的位置。该经济由 E 点移到 F 点,收入增加,利率上升。收入增加使进口增加,该经济出现国际收支逆差;在浮动汇率制下,后者又引起外币汇率上升。外币汇率上升一直推动 BP_0 曲线右移到 BP_1 的位置,国际收支恢复平衡。由此得出的结论是:在金融隔离经济中,即使是浮动汇率制下,财政政策也能有效地调节国民收入。同时,我们还能看到,国际收支恢复平衡依靠的是进口(通过收入的作用)和出口(通过汇率的作用)的同时增加。

在金融隔离经济中,政府支出增加导致外汇汇率上升。这与前面有值得注意的区别。金融隔离经济中财政政策影响汇率的机制是:政府支出增加→收入增加

→进口增加→国际收支逆差→外币汇率上升。与之形成对照的是,资本自由流动条件下财政政策影响汇率的机制是:政府支出增加→利率上升→资本流入→国际收支顺差→外币汇率下降。劳尔森和梅茨勒等学者认为,上述分析为汇率制度选择提供了一种理论依据。在金融隔离条件下,选择浮动汇率制可以使国家保持宏观经济政策独立性,财政和货币政策都将是有效的。

四、固定汇率制下的货币政策

在图 6-8 的期初,该经济处于 E 点。政府推行扩张性货币政策,可使 LM_0 曲线右移到 LM_1 的位置。该经济由 E 点暂时过渡到 F 点,收入增加,利率下降。虽然在金融隔离经济中利率下降不会引起资本外流,但是收入增加导致的进口增加仍会给该国带来国际收支逆差。为了维持固定汇率,政府现在需要动用外汇储备来干预外汇市场。于是,货币供给相应减少,LM_1 曲线又回移到期初 LM_0 的位置。由此得出结论:在金融隔离经济中,固定汇率制下货币政策也是无效的。

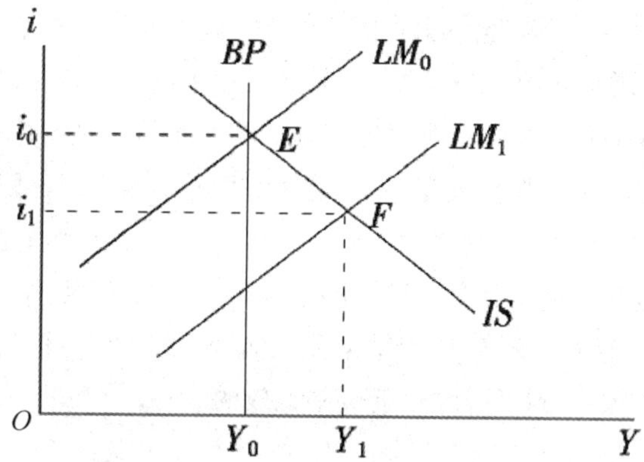

图 6-8 固定汇率制下的货币政策

尽管与前面的相应分析结论相似,但是二者的机制不同。在资本完全流动条件下,货币政策是通过利率引起资本跨国流动,改变外汇储备从而使货币供给长期不变。在本段资本完全缺乏流动性的环境中,货币政策是通过收入引起贸易收支差额,进而改变外汇储备和导致长期货币供给不变。

五、固定汇率制下的财政政策

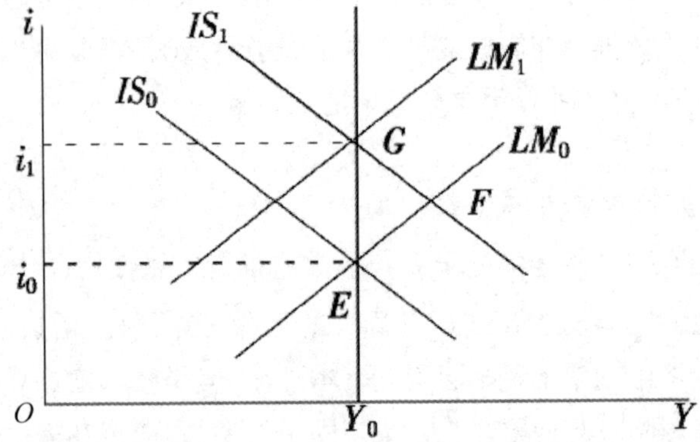

图 6-9 固定汇率制下的财政政策

在图 6-9 中，假设期初该经济处于 E 点。当政府推行扩张性财政政策后，IS_0 曲线右移到 IS_1 的位置，该经济暂时由 E 点过渡到 F 点。利率相对上升，收入也会暂时增加。收入增加导致进口增加，而利率上升在金融隔离经济中并未带来资本流入，于是，该国在 F 点出现国际收支逆差。为了维持固定汇率制，政府要动用外汇储备干预外汇市场。外汇储备减少使货币供给减少，后者使 LM_0 曲线左移到 LM_1 的位置。该经济会由 F 点移至 G 点。利率由 i_0 上升到 i_1。但是，这里出现 100% 的挤出效应：政府支出增加导致的收入增加完全被利率上升导致的投资减少和相应的收入减少所抵销，最终结果是收入不变。由此可以得出结论：在金融隔离经济中，固定汇率制下财政政策也是无效的。

第五节　蒙代尔—弗莱明模型在中国的应用

蒙代尔—弗莱明模型研究的是开放的小国的内外部均衡，在中国，情况有所不同：第一，中国经济规模不小；第二，中国在理论上短期资本流动不受利率变化影响；第三，中国资本市场不发达，投资机会缺乏，对货币的投资需求少，货币需求对利率变化不敏感；第四，即使在达到充分就业之前，物价水平也是有变化的；第五，由于中央银行采取对冲措施，国际收支平衡、货币供给量与利率之间不存在必然联系；第六，当前中国的情况不是要在新的均衡点上实现更高的国民收入水平，而是要争取以较小的代价实现贸易收支的相对平衡。

但是从另一个角度看,中国当前的内外部均衡关系仍可在一定程度上由蒙代尔—弗莱明模型解释。尽管中国经济规模相当大,但是近年来外贸依存度大幅上升,2013 年达到 62%,国民经济通过对外贸易与国际市场的联系越来越紧密,这一点与开放的小国是类似的。中国确实存在资本管制,但事实上管制无法完全限制资本跨国流动,相当数量的短期资本可以在贸易收支、直接投资或收益等国际[illegible]下跨境转移,因而短期资本流动仍具有一定利率弹性。

案例分析:中国开放经济条件下的财政与货币政策的协调配合

开放经济条件下,国际经济波动存在明显溢出效应。从次贷危机到欧债危机,世界主要经济体都受到不同程度的波及。为了减轻这种影响,必须更好地将财政和货币政策协调配合起来。2008 年以来的经济危机在一定程度上降低了我国高速增长的贸易和资本“双顺差”,我们可以通过政策间的双向协调、利率市场化、国债买卖和一揽子汇率制度等政策来调控宏观经济,进而达到稳定经济增长的目标。

开放经济条件下的宏观经济政策目标一般分为内部和外部均衡目标,前者要求达到一国资源的充分利用(特别是充分就业)和国内物价水平的稳定,而后者则要求一国国际收支的基本平衡。20 世纪 50 年代的米德(Meade,1951)最早提出了开放经济条件下的政策搭配思想,丁伯根原则则确立了为达到一个经济目标,政府至少需要运用一种有效的政策工具,推而广之,要实现 N 个经济目标,则至少需要相互独立的 N 种有效的政策工具。这一结论对开放经济而言,具有鲜明的政策含义。但该原则在实践中却存在很大的局限性。为此,蒙代尔提出了“有效市场分类原则”。蒙代尔主张在内外失衡同时存在的条件下,将实现内部均衡的目标指派给财政政策,而将实现外部均衡的目标任务指派给货币政策,即蒙代尔指派法则。这一原则也成为后续理论研究和政策运用的基本准则。

蒙代尔(1960)和弗莱明(1962)提出了在国际资本完全流动条件下将标准的 IS - LM 模型扩展到开放经济系统分析的“蒙代尔—弗莱明模型(M - F 模型)”。他们的研究为不同汇率制度下的政策效果评价提供了一个非常有用的分析框架。M - F 模型的一个重要结论是:对于开放经济体而言,在资本高度流动的情况下,如果采取固定汇率制度,那么货币政策是无效的;如果采取浮动汇率制度,则货币政策是有效的。在 M - F 模型的基础上,克鲁格曼(Krugman,1999)进一步提出了所谓的“三元悖论”,即在开放经济条件下,货币政策的独立性、汇率的稳定性和资本自由流动三个目标是不可能同时实现的,各国只能选择其中对自己有利的两个目标。开放经济条件下,资本流动程度日益加深,已经成为经济全球化的一种必然结果。克鲁格曼的“三元悖论”指出为了维持一国货币政策的独立性和资本的完全流动性,就必须牺牲汇率的稳定性而实行浮动汇率制;或者为了保持本国货币政策的独立性和汇率稳定性就必须牺牲资本的完全流动性,实行资本管制;再者为了维持资本的完全流动和汇率的稳定性,就必须放弃本国货币政策的独立性。

尽管2005年7月1日,我国结束了单一盯住美元的制度安排,实行以市场供求为基础、参考一篮子货币进行调节、有管理的浮动汇率制,但本质上还是一种固定汇率制度。因此,在我国资本市场尚未开放的情况下,中央银行的独立性必然受到一定程度的限制,进而影响货币政策的选择及其执行效果。

从我国的货币政策实践来看,传统的占主导地位的直接信贷控制手段已经不能适应开放经济的需要,资本流动性增强、货币供给渠道增多、外汇占款的增加使中央银行在运用货币政策工具时常常力不从心。长期以来,我国将汇率稳定与货币政策独立作为目标,并对国际资本流动实施较为严格的控制,以此作为开放经济条件下的政策组合。但是如果中国继续维持这种制度安排,不仅面临着运行成本和风险递增约束,而且货币政策的有效性也会不断降低,宏观均衡遭到破坏,影响经济的稳定发展。所以,进一步完善资本市场,同时实行资本账户自由化或者资本自由流动成为大势所趋。

从两大政策的协调配合上看,政策工具的配合主要表现为财政投资项目中的银行配套贷款与发行国债以及央行公开市场的反向操作相结合;从时间的协调性上看,货币政策在启动经济增长方面明显滞后,但在防止经济某段时间内过热、通货膨胀率过高方面具有长期效果,而财政政策的作用体现于短期内开展投资活动进而达到在短期内促进经济增长的作用。

以2008年的美国次贷危机为例,次贷危机在全球范围内蔓延,全球经济都受到不同程度的影响和破坏。如2008年主要发达国家地区的GDP平均增速只有-0.2%,2009年更是降低到了-4.0%。主要发展中国家经济增长速度均有所下降,2008年的平均增速为4.7%,2009年骤降到0.3%。但在这次全球性金融危机中,我国可以说是一枝独秀,始终将经济增长速度保持在8%以上,对世界经济的复苏起到了重要作用。危机过后,积极财政政策与宽松货币政策一起,共同对经济产生正面的推动作用。此次经济危机对我国实体经济造成了很大的负面影响,特别是很多出口企业造成了很大的冲击,国家在进一步增加出口退税率、努力稳定出口的同时,出台了一揽子刺激经济措施。包括从2008—2010年安排4万亿资金强力启动内需。这次和上一次金融危机相比,政府加大了对民生项目的投资,同时投资范围更宽、力度更大,以解决收入不平衡问题,更多向弱势群体如农民和农民工倾斜。希望通过扩大内需，以确保一定的增长率。货币政策上，国家努力提高银行体系的流动性，以保持货币信用以比较合理的增速增长，同时进一步加大金融对经济增长的促进作用。从一系列的刺激经济的举措中，我们可以看到财政的资本性支出带动作用本身就非常大，政府资金对其他资本具有非常强的引导效应，如果能够与货币政策配合，这种政府投资、银行跟进可以产生巨大的投资效应和规模，其拉动效应也是非常显著的。

但是，在我国资本项目有限管制和管理浮动汇率制度背景下，我国的财政政策有效而货币政策弱有效。特别是我们相对固定的汇率制度，当国内需求过度扩张时，可使我国进口大幅增加，贸易出现逆差，此时会对人民币产生贬值压力，若支持汇率稳定，外汇市场干预所导致的外汇储备数量减少，货币投放量的收缩将对内需的扩张起到抵消作用。因此，扩张内需与维持人民币汇率稳定是相互冲突的，扩张内需虽然可以抵消外部需求的降低，但是以牺牲汇率稳定为代价。另外，扩大内需还会带来我国经济结构上的变化，它使内需所拉动的部门生产上升，出口部门则因稳定的汇率政策而受到负面影响。因为在汇率稳定的条件下实行扩大内需的政策，不能充分运用汇率手段调整扩大内需可能导致的国际收支逆差，并且通过动用外汇储备弥补国际收支逆差会使本币投入量减少，从而对经济产生紧缩效应。

总之，改革开放30年来，我国政府始终在财政货币政策的协调与配合方式、方法上不断摸索前行。为了进一步保持经济稳定持续增长，还有以下需要注意的地方：

1. 应对财政与货币政策对宏观经济的调控作用有正确认识，在此基础上以合理分工为前提力争实现财政与货币政策的协调运作。

经济总量和经济结构是一个经济体协调发展所必须考虑的两个关键因素。货币政策的优势在于对总量进行调节而财政政策更适用于对结构进行调整，无论哪方面缺少或弱化，都会导致经济失衡并造成严重后果。自20世纪80年代以来，我国经济的总量失衡问题尤为突出。如果使用货币政策对货币供给和需求进行调节，虽然可以达到控制经济总量的目的，但随之带来的贷款迅速增加，有些年份甚至超过了当期财政收入的总和，这种失衡状态会带来财政弱化，使国家财政政策的宏观调控能力降低，进而逐步丧失对经济结构的调整能力。

2. 对财政和货币政策工具、手段及应用范围作适当调整。

货币政策对总需求的调整应尽量降低行政干预，并采取多样化的市场手段和工具，例如利率、再贴现率、存款准备金率等，并遵循商业银行市场经营原则，减少政策调节给商业银行带来的政策性风险，促使其发挥稳定的调节作用。财政政策的作用范围应以基础性、公益性、投资性项目为主,明确政府在公共投资领域的主导作用。财政政策不宜参与竞争性投资项目,该领域的投资应以货币政策为主,充分利用市场的调节功能以防止盲目投资达到节省社会资源的可持续发展目标。实现财政政策的多层次调节,以预算、税率等宏观调控手段对宏观经济总量进行调节进而影响社会总供求关系;以财政的投资性支出等手段对产业结构及区域经济结构进行调节;财政补贴和转移性支付手段可以对微观的居民及企业形成影响,进而实现财政政策的微观调节功能。

第七章

失业与通货膨胀理论

本章首先论述了失业的含义、失业的社会经济影响以及失业的形成原因。其次重点讲述了通货膨胀的定义、类型、成因与通货膨胀的治理。由于本章的知识与实际生活结合得非常紧密，所以在学习本章知识的同时，要多与现实生活中的经济现象相联系，做到学以致思、学以致用。特别值得深入思考的是失业与通货膨胀之间存在的微妙关系。

第一节　失业与失业的类型

失业是最直接而又最严重地影响人们的宏观经济问题。对大多数人来说，失去工作意味着生活水平的下降和心理折磨。在所有宏观经济指标中，就业率和失业率最直接地被公众所感知。实现高就业、低失业，在政府制定的宏观经济目标中居于显著地位。经济学家研究失业的目的是确定其原因，并帮助改善影响失业者的公共政策。

一、失业

对于失业，各国有不同的界定。比如在美国，劳工部将 16 岁和 16 岁以上的人口分为四组：第一组为就业者，这些人从事有报酬的工作，因病或因假而休息者也算就业；第二组为失业者，调查周内无工作，在过去四周内曾努力寻找工作，或被解雇等待被重新雇用，或已经找好工作，等待下个月报到；第三组为非劳动力，包括操持家务的、退休的、丧失劳动能力的人；第四组为劳动力，就业的和失业的人口都包括在劳动力中。

按照国际劳工组织（ILO）的标准，失业是指在一定年龄之上，在参考时间内没有工作，目前可以工作而且正在寻找工作的人。这里所指的仅仅是公开失业，而不包括隐蔽失业。按照这个定义，衡量是否失业，必须有四要素：首先，在一定年龄之上,按照国际劳工组织的规定,劳动适龄人口是指15-64岁的人。其次,确认至少在过去的一周内已经没有工作。再次,目前可以工作,即有劳动的能力和可能性。最后,正在寻找工作,即,本人有工作的要求,在最近特定时期内已经采取明确步骤寻找工作或自谋职业者。上述条件必须同时成立,才能构成完整的失业的内涵。

失业率是评价一个国家或地区失业状况的主要指标。目前,国际上通用的失业率概念,是指失业人数同就业人数与失业人数之和的比例关系,反映了一定时期内可以参加社会劳动的人数中实际失业人数所占的比重。用公式表示为:

$$失业率=\frac{失业人数}{就业人数+失业人数}=\frac{失业人数}{劳动力人数}$$

值得说明的是,对于这种统计方法,一些经济学家提出了质疑,他们认为这种统计方法或高或低地估计了真实失业率。有些声称自己正在积极寻找工作的人可能没有这么做,即使失业者正在积极寻找工作,他也可能回绝了几个合适的工作,而且不现实地希望得到一份超出自身能力的工作。另一些人可能彻底放弃了找到工作的希望。如果一些想得到工作的人已经放弃了找到工作的努力,那么在失业统计中就不再把他们算作失业者,因此这种失业率就可能低估了愿意在有工作机会的条件下选择工作的人数。

尽管会出现这些模糊不清的情况,但失业率的变化能够反映经济其他方面的变化,这一点已经成为共识。比如,失业率的上升通常由于经济增长减缓造成。这时一些工人很可能被解雇,厂商可能会放缓雇用新工人的速度。

二、失业的类型

西方经济学家通常将失业分为两类:一类是自愿失业,另一类是非自愿失业。自愿失业是指劳动者虽然有工作机会,但因不愿意接受现行的工资率而发生的失业。非自愿失业是指劳动者虽然愿意接受现行的工资率,并且努力地寻找工作,但仍然找不到工作而发生的失业。通常情况下,如果没有特殊说明,失业一般指非自愿失业。

按照失业的原因,非自愿失业可分为三类:摩擦性失业、结构性失业和周期性失业。

(一)摩擦性失业

摩擦性失业是指劳动力在正常流通过程中产生的失业。摩擦性失业产生的原因:劳动力市场信息不充分。人们在各地区之间、各种工作职位之间不停地变动,或者正在跨越生命周期中的不同阶段。即使经济处在充分就业水平,也总会发生一些职业变动。因此人们在离开原有的工作岗位以后,需要一段时间去寻找下一份工作。例如学生从学校毕业时,就需要寻找工作,可由于经验等方面的不足,不能及时补充退休人员的空缺,所以一部分人便滞留在失业的队伍里。由于摩擦性失业的劳动力经常是在变换工作岗位,或者是在寻找更好的工作,所以人们通常认为这是一种自愿的失业。

(二)结构性失业

结构性失业是指在经济结构的变化过程中,由于劳动力的供给和对劳动力的需求在职业、技能、产业、地区分布等方面的不一致所引起的失业。结构性失业的产生原因是劳动力的供给和需求不匹配。如果对一种劳动的需求上升,对这种劳动的供给又未能及时作出调整,这种不匹配情况就有可能发生。常见的是部门的兴起或衰落所引起的职业间或地区间的结构失衡。由于失业者缺乏新创造出来的工作机会所要求的技能,通常在存在大量失业的同时,也存在很多工作岗位的空缺。例如,在纺织工人失业的同时,同时存在着计算机程序员职位的空缺。

经济结构调整对劳动力需求发生了变化,而与此同时,劳动者的知识结构和劳动技能却没有作出相应的调整,以及不适当的政府政策(如政府为保护某一行业而出台的政策,在短期内可能有利于减少失业,但从长期看,这种经济政策会降低受保护的行业的竞争力,从而失去同国外竞争者相抗衡的能力,最终加重结构性失业)。

(三)周期性失业

周期性失业是指经济扩张步伐放慢所产生的失业。周期性失业出现在对劳动整体需求比较低的时候。当总支出和总产出下降时,失业在所有领域都明显上升。政府政策最为关注的,也正是通过降低周期性失业衰退的频率与幅度来降低这种失业,并通过提供失业补偿来减轻这种失业带来的严重后果。

(四)自然失业率与充分就业

现代宏观经济学中经常使用的自然失业率是指一国经济达到潜在 GDP 水平时的失业率,也就是价格和工资上下波动的力量处于平衡时的失业率。在排除了经济周期因素的影响后,每个经济仍然会存在一定比例的失业人口,近年来这一比例还有上升的趋势。即使是繁荣时期,这部分失业仍然难以消除。因此,经济学家认为这些失业人口是在经济动态变动过程中不可避免的。弗里德曼在 1968 年《货币政策的作用》一文中把这种失业称为自然失业。概念中的失业是指摩擦性失业和结构性失业之和,并非零失业。这种失业率的存在不仅与劳动市场和商品市场的实际结构特征有关,也与市场信息的不完全性、寻找工作的成本和劳动力转移成本有关。因此,摩擦性失业和结构性失业才被称为自然失业。自然失业率的高低取决于劳动力市场结构、信息的完善程度、劳动力转移成本等多种因素,而与市场经济运行本身无关。

和自然失业率相对应的生产水平就是一个国家的潜在产出水平,又称充分就业时的产出水平。所谓充分就业是指社会劳动力中只存在摩擦性失业和结构性失业的状况,或者说,经济中不存在非自愿性失业的一种情况。为什么在劳动力市场尚存在摩擦性失业者和结构性失业者时,就认为已经实现充分就业呢?因为这两类失业在社会经济生活中不可避免,造成失业的原因(如劳动力的流动等)是难以克服的,劳动市场并不是十分完善。另外,根据定义这两类失业者可以找到工作,因此,自然失业率也称正常失业率,是不能因政策的作用而永久降低的失业率。自然失业率一般为4%~6%。

需要说明的是,这种失业的存在不仅是必然的,而且还是必要的。因为这种失业的存在,能作为劳动后备军随时满足经济对劳动的需求,又能作为一种对就业者的"威胁",使就业者提高生产效率。此外,各种福利支出(失业补助、贫困补助等)的存在,也使得这一定失业水平的存在不会成为影响社会安定的因素,是社会可以接受的。

第二节 失业的影响与奥肯定律

失业不仅仅是经济问题而且是个社会问题。失业是经济问题,因为它意味着资源的浪费。失业之所以成为社会问题,是因为它使失业者面对收入减少的困境,给家庭和社会带来极大的压力。

一、失业的影响

(一)经济影响

无论在哪个社会中,失业的代价都是高昂的。失业导致了部分劳动力资源的闲置和浪费,使生产规模缩小,经济增长放慢,政府税收减少,社会福利支出增加,财政负担加重,使人们的收入减少,造成了劳动者的贫困。同时,失业本身意味着经济资源的浪费。这是因为人们的工作能力是无法跨时期存储的特殊资产,在失业时期不能得到利用,就意味着这一时期的人力资源将永久丧失。同时,失业者不能从工作中学习技能、积累经验,甚至原有的技能也可能退化。可见失业的经济损失是巨大的。

（二）社会影响

过高的失业率还会影响社会的安定，进而产生其他的社会问题。失业者本身会感到沮丧和紧张，给家人带来精神上的伤害，家庭生活压力加大。同时失业者还可能对社会产生抱怨情绪，影响社会安定。

社会影响中最富戏剧性的实例是俄罗斯对市场改革实施“休克疗法”后经济的下滑。1995 年，俄罗斯大约有五分之一的人失业，实际产出急剧下降。健康情况恶化，男人的预期寿命由 1990 年的 64 岁下降到 1995 年的 57 岁。除了战争时期，还没有一个工业化国家的国民健康状况像俄罗斯那样因经济衰退而如此严重地下滑。

二、奥肯定律

国民经济的产出水平是由这个经济中的就业水平决定的，就业水平的变化将引起产出水平的变化。当所有的生产要素（尤其是劳动力）都被充分使用时，这时所达到的产出水平我们称为潜在的产出水平，或者说潜在的 GDP 水平。由于在各类经济中失业以及其他生产要素非充分利用情况的存在，因此实际的产出水平（或者说实际的 GDP 水平）总是小于潜在的产出水平，二者之间的差值我们称为产出缺口。既然产出和失业率之间存在如此明显的联系，那么这之间是否有一条可靠的规律可循呢？这一规律由 1968—1969 担任约翰逊总统经济顾问委员会主席的阿瑟·奥肯（Arthur M. Okun）教授研究发现。奥肯通过研究美国的经验数据，得出这样的结论，即当实际 GDP 相对潜在的 GDP 下降 2% 时，失业率上升大约 1%。例如，如果期初 GDP 为潜在 GDP 的 100%，后来下降到潜在 GDP 的 98%，失业率就会上升 1%。（在早期的估计中，这个比率为 3∶1）这个法则被称为奥肯法则（Okun's law）。根据奥肯定律，可对美国的周期性失业作出估计，对此奥肯曾有过成功的预测。美国 1979—1982 年是经济停滞时期，真实 GDP 没有增长，潜在 GDP 每年增长 3%，三年增长了 9%。由奥肯定律推出，这会使失业率上升 4.5%。

由于 1979 年失业率为 5.8%，推出 1982 年会为 10.3%。事实如何呢？官方统计显示，1982 年实际失业率为 9.7%，三年间上升了 3.9 个百分点，奥肯法则在此的误差为 0.6/3.9 至 0.6/4.5 之间，即正确程度在 85% 至 87% 之间，可以认为预测的准确度已经很高。由于奥肯法则提供了产品市场和劳动市场之间极为重要的联系，描述了短期内的真实 GDP 与失业率变动的联系，阐明了缩小实际增长率与潜在增长率差距对提高失业率的作用，因此为决策者提供了一种朴素而具体的政策分析工具。

现在人们一般认为，奥肯定律描述了产出市场和劳动市场之间极为重要的关系,使政府能够计算出短期内国民生产总值与失业率的变动速度,同时,它也为西方国家经济增长与福利支出规划的制定提供了一个统计资料上的依据。

三、劳动力的市场问题

(一)劳动力的供给

劳动者对劳动的供给取决于对工资与闲暇的权衡,劳动的最优供给数量服从于劳动者效用最大化的目标。在通常情况下,工资是劳动者的收入来源,同时也是闲暇的机会成本。因此实际工资越高,如果由此产生的替代效应大于收入效应,劳动者会减少闲暇,增加劳动供给。劳动者提供的劳动供给是实际工资的增函数。实际工资低,劳动供给量小;实际工资高,劳动供给量大。如果由此产生的替代效应小于收入效应,劳动供给将减少,劳动者提供的劳动供给是实际工资的减函数,劳动供给函数表现在几何图形上是一条向右上方倾斜的曲线,称作劳动供给曲线,如图 7 -1 所示。

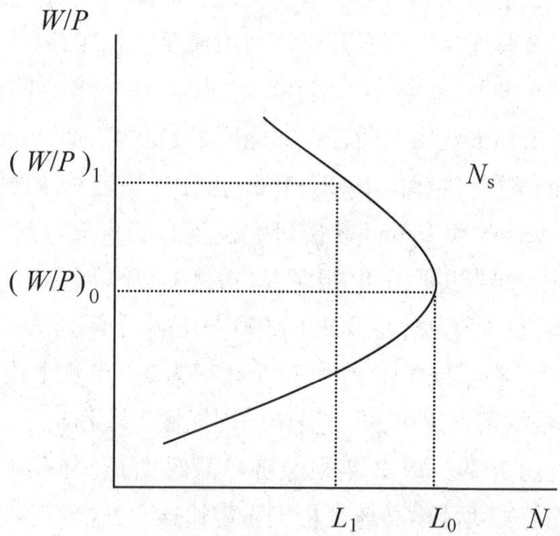

图 7 -1　劳动供给曲线

我们用下面的公式来表示:

$$Ns = Ns(W/P)$$

其中,Ns 表示劳动供给,W 为货币工资,P 为价格水平,W/P 为实际工资。

劳动力供给是货币工资的函数。这是因为一方面,在货币工资保持不变的情况下,即使价格水平的上升已经引起实际工资的下降,工人也不会改变自己的劳动供给决策。换言之,工人可以接受以价格水平上升的形式出现的实际工资降低。宏观经济学把公众只考虑工资水平等经济变量的名义值而不是实际值的现象叫作货币幻觉；另一方面，工会与雇主签订工资协议是以名义工资来定价，而实际工资还取决于物价水平。而价格水平的变化，短期内是很难预期的，因此实际工资也就无法确切地确定，故不可能决定劳动力的供给。

（二）劳动力的需求

市场对劳动力的需求是一种间接的需求，即由于对产品和劳务的需求而产生的，也称为"引致需求"。如果劳动力市场是完全竞争的，则企业只能接受既定的市场工资和其产品的市场价格。在这种情况下，基于追求利润最大化目标的企业对劳动的需求就取决于劳动的边际产品，即在完全竞争条件下，企业雇佣工人的最优数量必须满足公式：

$$W/P = MP(N)$$

其中：N 为工人人数；$MP(N)$ 为第 N 个工人的边际产品。公式表明，企业要实现利润最大化，他雇佣的最后一名工人取得的边际产品必须与他支付给工人的实际工资相等。如果 $W/P > MP(N)$，即最后一名工人带来的边际产品小于企业支付给工人的实际工资，说明企业雇佣的工人太多，第 N 个工人带来的边际利润为负，企业需要减少工人的数量；反之，如果 $W/P < MP(N)$，则说明第 N 个工人带来的边际利润大于 0，企业继续雇佣工人，利润还会增加。因此，企业雇佣工人的最优数量的条件是 $W/P = MP(N)$。由于劳动的边际产品随着劳动投入的增加而降低，所以劳动的需求函数是实际工资的减函数。劳动需求函数表现在几何图形上是一条向右下方倾斜的曲线，称作劳动需求曲线，如图 7－2 所示。

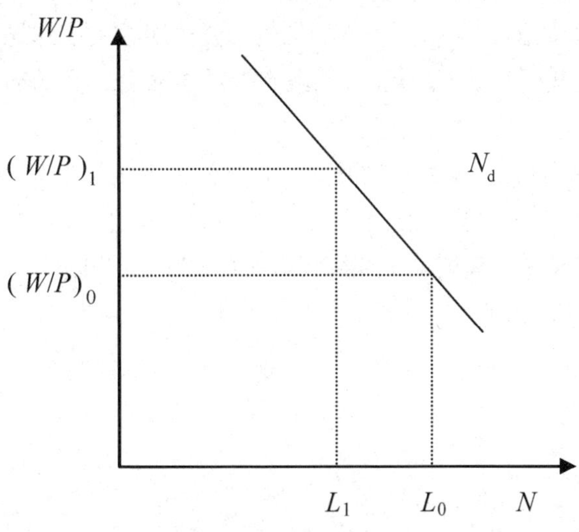

图 7－2　劳动需求曲线

如果用 Nd 表示劳动需求量,则劳动需求函数可表示为:

$$Nd = Nd(W/P)$$

(三)劳动力市场均衡

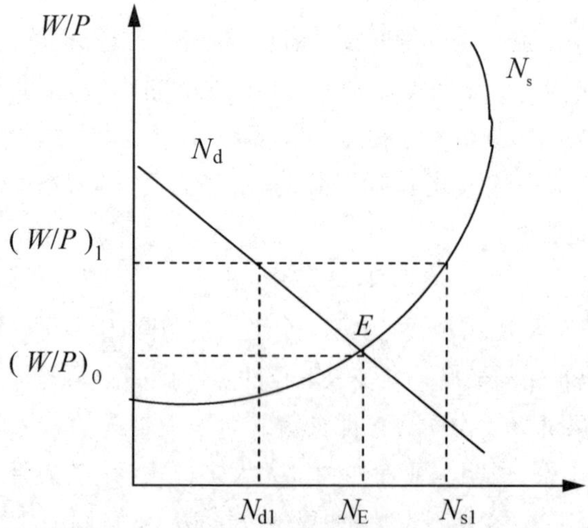

图 7-3 劳动力市场均衡

从图中可以看出,当实际工资为时$(W/P)_0$时,劳动力市场均衡。即在现有的工资水平下,想要提供劳动力的人数和企业愿意雇用的劳动力的数量相等。此时经济中存在的失业称作自愿失业。当实际工资为$(W/P)_1$,劳动力的社会需求量为 N_{d1},劳动力的供给量为 N_{s1}。较高的工资激发了更多的工作愿望,而同时由于工资提高带来企业生产成本的提高,导致企业减少对劳动力的雇佣量,劳动力供求之间的差额$(N_{s1}-N_{d1})$为非自愿失业。

这里需要强调的是,凯恩斯学派和传统学派关于实际工资 W/P 的变化原因的观点是不同的,古典学派认为,名义工资可以自由变化,即可升可降;而凯恩斯主义的观点是名义工资只能升不能降(这一特点为"工资刚性"),实际工资的降低,只能是通过提高物价水平实现。

第三节　失业的经济学解释与治理

一、失业的经济学的解释

(一)传统经济学对失业的解释

传统经济学认为,资本主义制度可以通过市场机制的自动调节解决各种矛盾,因此经济社会中不存在失业,充分就业是一个始终存在的倾向。

18 世纪末 19 世纪初法国经济学家萨伊认为商品的买卖,实际上只是商品与商品的交换,货币只是在瞬间起到媒介作用。因此产品总是用产品来购买的,买者同时也就是卖者,买就是卖,卖就是买,买卖是完全统一的,商品的供给会为自己制造需求,社会上的总供给与总需求必然是相等的。这样,资本主义社会就不会出现生产过剩的经济危机,这就是著名的“萨伊定律”。

萨伊定律是假定人们出售商品后,立即购买商品,如果人们出售商品后并不立即把全部收入消费掉,而是将其中的一部分储蓄起来,在这种情况下供给与需求的均衡可以通过利息率的调整来实现。他们认为储蓄代表货币资本的供给,投资代表对资本的需求,利息率的调节作用使储蓄全部转化为投资,所以储蓄永远等于投资。具体来说,当货币资本的供给(储蓄)大于对货币资本的需求(投资)时,利息率会下降;反之,当货币资本的供给小于对货币资本的需求时,利息率就会上升。利息率的这种自动调节作用最终使储蓄等于投资,从而失业不会发生。

传统经济学家认为,与充分就业有关的另一个问题是工资的决定,他们认为工资取决于两个原则。第一,工资等于劳动的边际产量;第二,单位时间工资的边际效用等于闲暇的边际效用。按照前者,工人劳动的边际产量是递减的,因此,随着就业人数的增加,工资减少而利润增加。这样企业家为了获得更多的利润而愿意增雇工人直至充分就业为止。按照后者,当劳动的供给增加从而工资下降,工资的边际效用小于闲暇的边际效用,劳动的供给与需求才达于均衡,因此工资的变动也必然使劳动的供求达到均衡,充分就业是一种始终存在的倾向。

但是,自从英国 1825 年发生第一次经济危机之后西方社会经常存在大量失业的现象,传统经济学又如何解释呢?庇古认为这些失业属于摩擦性失业和自愿失业的范畴,而不是真正的失业,只是生产过程中局部的、暂时的失调,而不是对劳动力需求的真正不足,因而这些失业的存在并不能否认社会常态是充分就业。

(二)凯恩斯有效需求不足失业论

凯恩斯认为,失业是由于有效需求不足导致。有效需求是指总供给价格和总需求价格均衡时的社会总需求。当总需求价格小于总供给价格时,资本家不仅不能按照预期的最低利润出售商品,而且还会有大量商品积压,在这种情况下,资本家就会减少雇佣工人,缩减产量,从而出现非自愿失业。

根据凯恩斯的分析,就业水平取决于国民收入水平,而国民收入又取决于总需求。周期性失业就是由于总需求不足而引起的短期失业,它一般出现在经济周期的萧条阶段。可以用紧缩性缺口来说明这种失业产生的原因。紧缩性缺口是指在实际总需求小于充分就业的总需求时,实际总需求与充分就业总需求之间的差额。

凯恩斯分析的非自愿失业正是这种周期性失业。在两部门经济中,总需求分为消费需求与投资需求。凯恩斯认为:决定消费需求的因素是国民收入水平与MPC,决定投资需求的是预期的利润率与利息率水平。在国民收入既定的情况下,消费需求取决于 MPC。

凯恩斯以 MPC 递减规律说明了消费需求不足的原因,即,在增加的收入中,消费也在增加,但消费增加总是低于收入的增加,因此造成了消费不足。投资是为了获得最大纯利润,而这一利润取决于投资预期的利润率(即资本边际效率)和为了投资而贷款时所支付的利息率。如果预期的利润率大于利息率,则纯利润越大,投资越多;反之,如果预期的利润率小于利息率,则纯利润越小,投资越少。

凯恩斯用资本边际效率递减规律说明了预期的利润率是下降的,又说明了由于货币需求(即心理上的流动偏好)的存在,利息率的下降有一定的限度,这样预期利润率与利息率越来越接近,投资需求也会不足。

消费需求的不足与投资需求的不足造成了总需求的不足,从而引起了非自愿失业,即周期性失业的存在。

(三)工资刚性与效率工资理论

按照古典经济学的劳动供求理论,失业率的变化将对实际工资率发生影响。然而,从美国 20 世纪 80 年代以来的失业率与实际工资率的统计看,失业率的波动较大,而实际工资率的变化较小。在劳动市场上,劳动供给曲线比较稳定,虽然劳动需求曲线发生了移动,但实际工资率并不发生相应的变化。如图 7 - 4 所示,劳动需求曲线从 D_0 移动为 D_1,就业量从 L_1 下降到 L_0,工资率 W_0 却保持不变。就业量两者间差距 L_1—L_0 为失业,而且是非自愿失业。这一结论即使在劳动供给曲线或工资率略有变化情形下仍然成立。

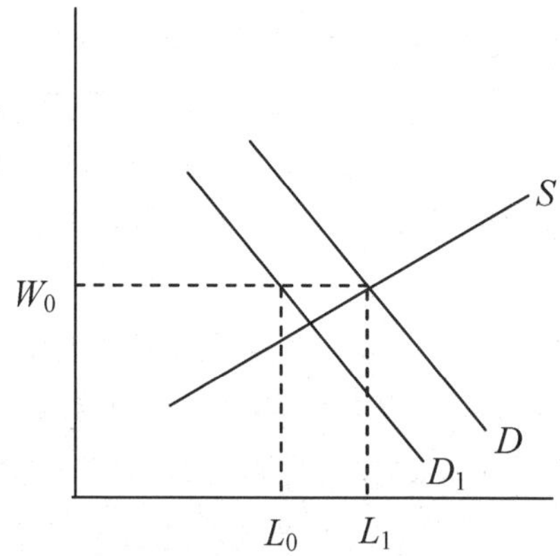

图 7－4　工资刚性

那么,为什么在劳动需求曲线发生移动情况下,实际工资率并不随之降低?经济学者提出了各种理论加以解释,其中工资刚性理论和效率工资理论影响较大。

1. 工资刚性

工资刚性理论认为,工资率具有向下刚性或粘性的特征,失业率并不会随劳动需求的变动作出充分调整。对工资刚性存在的原因,有三种主要解释。

(1)劳动工资合同阻止了工资率降低。在一些行业中,由于工会的力量,往往可能签订较有利的工资合同。这些合同通常附加工资随生活费上涨而增加的条款,在经济衰退时期工资率并不随之削减。尽管宏观上看合同签订是彼此错开的,每个月都会有新的合同产生,但相对固定的合同期的确减缓了工资率调整的进程。虽然工会合同说法不能完全解释工资刚性,不过在一些行业中仍可看作是影响工资率相对稳定的重要因素。

(2)隐含合同论。这种理论认为,除正式合同外,雇主与雇员之间可能达成工资率相对固定,不随经济波动调整的默契。这种默契被称为隐含合同,有别于正式合同。据说,工人一般是回避风险的,愿意为一个可支付稳定工资的厂商工作。隐含合同意味着工资率将不随劳动市场供求波动而变化。在经济不景气时,公司可能支付给工人高于市场一般水平的工资。作为回报,在经济高涨时,工人也只能留在该企业,接受低于其他公司的工资率。

(3)"局内人—局外人"理论。所谓"局内人"是指那些在特定企业工作的人,而"局外人"是那些想到该企业工作的人。这种理论认为,每个企业都需要一支受过特殊培训的劳动力队伍,而对新雇员(局外人)的培训通常是由在职工人(局内人)来完成的。在职工人担心培训了新工人,他们与企业讨价还价时地位就降低了,因而并不愿意与企业持合作态度。另外,如果企业对新雇员实行低工资,经培训后的雇员就可能被出高工资的企业"挖走"。因此,企业只能通过向新老雇员支付相同的报酬来解决这一矛盾。由此,"局内人—局外人"理论就解释了为什么存在较高失业率情形下,企业仍给新雇员支付较高工资的现象。

2. 效率工资理论

效率工资理论认为,在一定限度内,企业通过支付给工人比劳动市场出清时更高的工资率,可以促使劳动生产率提高,获得更多的利润。首先,较高的工资率可以保障劳动队伍的质量。在经济衰退时期,企业对劳动的需求降低,若削减工资水平,最有可能离去的往往是最好的雇员。较高的工资率是维持高质量劳动队伍稳定的重要条件。其次,工资率会影响劳动者的努力程度。雇主通常并不可能完全监督工人行为,工资就构成了工人偷懒被发现因而被解雇的机会成本。工资率越高,机会成本越高,因此,较高的工资有利于减少偷懒的倾向。最后,工资影响劳动流动率。雇员离职的比率,称为劳动流动率。降低工资率会使工人辞职的比率增加,特别是熟练工辞职率的上升。企业发现,尽管在经济衰退期削减工资会减少直接劳动成本,但这些节省并不足以抵销培训费用或雇佣新熟练工成本的增加。

企业间的效率工资可能是不一样的。一般地说,效率工资取决于两个因素:其他企业支付的工资与失业率水平。如果其他企业支付的工资较低,该企业也不需要支付过高的工资。因为对工人来说,被开除的成本增加了,这将使工人在不太高的工资下努力工作。同样,如果社会失业率增加,企业也不会以过高的工资诱使人们工作。换个角度说,效率工资理论表明,社会上没有哪个企业愿意率先降低工资,这样做只会降低士气,最好的雇员被其他企业吸引走。因此,社会工资的调整过程是缓慢的。

(四)最低工资法

为了保障劳动者的基本生活需要,各个国家都规定了最低工资水平。在某些情况下,这会导致工资无法下降到均衡水平。对大多数劳动者而言,最低工资法对他们不起任何作用,因为他们的工资水平远远高于这一水平,但是对一些非技能劳动者而言,最低工资水平提高了他们的实际工资水平,从而使企业对他们的需求量下降。

经济学家一般认为工资对青年人的失业影响最大。青年人的均衡工资水平比较低,一方面是由于青年人一般是劳动人口中技能和经验都比较低的群体,因此他们劳动的边际生产力也比较低,同时企业对青年在职培训方面的投资是对其较低工资的一种补偿。因此最低工资法往往会对青年人的工资水平产生直接影响,国外的实证研究表明,最低工资水平提高10%,青年人就业数就降低1%到3%。

对于最低工资法的制定存在很大的争议。一方面最低工资的确定使得劳动者之间的收入差距不会太大,尽管它所能提供的生活水平是很低的;但另一方面这一制度会影响到劳动者的就业成本,进而提高失业率,又可能加剧社会的不平等。特别是其增加了青年人的失业率,减少了他们获得职业培训和工作经验的机会。因此,很多经济学家主张实行对贫困者减免收入税的政策来取代最低工资。对于一些低收入家庭来说,减免的收入税收额甚至高于需支付的税收额,即政府给家庭支付补贴。与最低工资相比,这一政策不会提高劳动力成本,从而不会降低企业对劳动力的需求,但是它会减少政府的收入。

(五)技术性失业

由于技术进步所引起的失业。在经济增长过程中,技术进步的必然趋势是生产中愈来愈广泛地采用了资本密集性技术,越来越先进的设备代替了工人的劳动。这样对劳动力需求的相对缩小就会使失业增加。此外,在经济增长过程中,资本品相对价格的下降和劳动力相对价格的上升加剧了机器取代工人的趋势,从而也就加重了这种失业。

二、失业的治理

关于失业的治理政策,大致上可以分为两大类:直接的失业治理政策和间接的失业治理政策。直接的失业治理政策首先从劳动力的供给角度出发,使劳动力供给在数量、结构和质量上符合劳动力的需求。任何形式的失业首先表现为劳动力的供给总量大于劳动力的需求总量,因此失业治理的首要问题也就是如何控制劳动力的供给规模。我们可以采取延长劳动者受教育时间的方法,这样一方面可以推迟青年人进入劳动力市场的时间,直接起到缓解失业的作用;另一方面还能提高劳动者的素质,降低结构性失业的可能性。

在失业者的构成中,不同的劳动者面临的失业风险是不同的,一个社会中总有一些人特别容易受到失业的侵袭,如青年人、妇女、低技能劳动者以及有长期失业经历的人等。为了降低这部分人的失业率,一方面可以通过降低这部分人的最低工资来实现,另一方面就是要加强职业培训。在现代经济中,各种职业的专用性不断提高,因此职业培训对失业者转岗有重大意义,也对就业者提高自身素质有重要意义。从而使劳动力供给不仅在质量上,而且在结构上符合劳动力需求。从理论上讲,职业培训对消除结构性失业从而降低自然失业率具有特别重要的意义。

直接的失业治理政策还包括提供就业的信息服务，加速劳动力的自由流动以及采取一定的措施提高工资变动的灵活性，如寻求工资谈判分散化和提倡工资非指数化等。

所谓间接的失业治理政策基于这样的理念，即在市场经济条件下，要彻底消除失业现象是不可能的，养活失业人口也很困难，而失业又会造成社会成员之间收入的巨大差异，那么就应该实施间接的失业治理政策，对失业者进行救济，也就是建立起一套完善的失业保障体系。通过失业救济和失业保障，使失业者能维持基本的生活水准，达到社会公平的目的。当然，失业保障和失业救济也可能产生负面效应，比如，欧洲各国就是因为失业保障和救济金额逐年上升，使得劳动成本不断上升，同时又使失业者寻找工作的主动性变弱，从而加剧了失业问题。

直接的失业治理政策和间接的失业治理政策在实际生活中是互补的。因为每种政策措施都有自己的局限性和片面性，都需要以对方作为补充。直接的失业治理政策虽能改善失业状况，但不可能解决所有的失业问题，对于这一部分失业者就需要间接的失业治理政策，如提供保障和失业救济。而间接的失业治理政策，如果没有直接的治理政策相伴，失业人数可能会不断上升，最后使被动的政策难以为继。

第四节　通货膨胀的衡量与影响

通货膨胀是宏观经济运行中经常出现的一种病态现象。不同于主要影响人口中的某些群体的失业，通货膨胀影响到每一个人。西方经济学家对通货膨胀的类型、成因及其对经济运行的各种效应作了大量研究。本节就这一论题进行最基本的介绍。

一、通货膨胀的含义及衡量

(一)通货膨胀的含义

当一个经济中大多数商品和劳务的价格在一段时间内普遍上涨时，宏观经济学就称这个经济正经历着通货膨胀。通货膨胀率是价格水平上升的速率。

理解通货膨胀的概念，需要注意以下几个方面：第一，通货膨胀是物价的普遍持续上涨，如果仅有一种或几种商品的价格上升，或是季节性的、偶然性的、暂时性的价格上涨，都不是通货膨胀。只有大多数商品和劳务的价格持续上升才是通货膨胀；第二，物价上涨的方式可以是公开的，也可以是隐蔽的。“公开的”是指直接表现出来的价格的上升;"隐蔽的"是指表面物价没有上涨,但是由于商品价格受管制不能变化,实际上存在巨大的产品供求缺口。隐蔽性通货膨胀一旦显化,将导致价格指数大幅上涨(至少在短期内是如此);第三,通货膨胀是一种病态现象,而正常的物价上涨,如商品或劳务质量的提高或少数资源成本的提高等不应算作通货膨胀。

(二)通货膨胀的衡量

如果所有商品的价格按同一比例上升,比如一年上升6%,这时测量通货膨胀将很容易:该年的通货膨胀率为6%。而现实经济中不同商品价格以不同比例上升,有些商品的价格甚至可能下降,比如,在过去的几年中蔬菜水果价格上升了,汽油价格上升了,医疗的价格上升了,而计算机、手机的价格则下降了。为了确定价格总水平的变化,经济学家用价格水平这一概念来进行说明。

作为一个总量指标,价格水平是用价格指数来衡量的。价格指数是表明某些商品的价格从一个时期到下一个时期变动程度的指数。为了便于比较,价格指数给出任一考察年份相对于一个共同基年的价格水平。按照定义,基年的价格指数为100。任何其他年份的价格指数由该年份价格水平与基年价格水平的比率乘以100%计算而得。

根据计算方法的不同,物价指数包括德国统计学家E. 拉斯佩雷斯和帕斯卡分别于1864年和1874年提出的拉氏物价指数、帕氏物价指数和美国经济学家费雪提出的理想物价指数。拉氏物价指数反映了基期所购买的全部商品支出总额在一定时期内的相对变化情况,在实际应用中会夸大价格总水平上升情况;帕氏物价指数采用报告期的商品作为计算依据,通常会低估价格总水平的上升情况。理想指数为拉氏指数和帕氏指数的几何平均数,理论上接近于实际总物价水平的变动情况。但由于没有直接的经济解释,且计算较为复杂,而没有得到广泛应用。现在各国广泛采用的是拉氏指数及其经过修正的加权平均指数。

宏观经济学中常涉及的价格指数有三种,消费价格指数(简记为CPI)、生产者价格指数(简记为PPI)和GDP折算价格指数。GDP折算价格指数在本书第二章已经作了说明,这里不再重复。下面简要介绍一下消费价格指数和生产者价格指数。

政府在计算价格指数时使用的商品组合代表了一个普通家庭购买具有代表性的一组商品,在今天要比过去某一时间多花费多少,这样得到的指数被称为消费价格指数。用公式表示:

$$\text{CPI}=\frac{\text{一组固定商品按当期价格计算的价值}}{\text{一组固定商品按基期价格计算的价值}}\times 100$$

或,

$$\text{CPI} = \frac{\sum P_1 Q_1}{\sum P_0 Q_0} \times 100$$

式中,P 为价格,Q 为数量;“0”和“1”分别指基期和报告期。

例如,2003 年某国普通家庭购买一组商品的费用为 20000 美元,2004 年购买同样一组商品的费用是 23000 美元,那么和 2003 年比 2004 年的消费价格指数就为:

$$\text{CPI}_{2004} = 23000/20000 \times 100 = 115$$

类似地,如果 2002 年购买同一商品的费用是 18000 美元,则 2002 年消费价格指数(仍以 2003 年作为基年)为:

$$\text{CPI}_{2002} = 18000/20000 \times 100 = 90$$

即,2002 年的 CPI 比 2003 年的 CPI 低 10%。

作为衡量生产原料和中间投入品等价格平均水平的价格指数,生产者价格指数是指对给定的一组商品的成本的度量。它与消费价格指数不同之处在于核算的内容不同,PPI 核算的是原料和中间产品,CPI 核算的是生活消费品。PPI 是对销售过程中开始阶段的价格的度量,这使得 PPI 被当作经济周期的指示性指标之一,受到政策制定者的关注。

有了价格指数这一概念,就可以对通货膨胀的程度进行度量。用公式表示:

$$\text{通货膨胀率}(t\text{ 年}) = \frac{t\text{ 年的价格水平} - (t-1)\text{年的价格水平}}{(t-1)\text{年的价格水平}} \times 100\%$$

例如,某个经济体去年的消费价格指数为 120%,今年的消费价格指数为 133%。

则,这一时期的通货膨胀率 = (133% - 120%)/120% ×100% = 10.8%

二、通货膨胀的种类及影响

(一)通货膨胀的种类

对于通货膨胀,西方经济学家从不同角度进行了分类。

1. 按照价格上升的速度进行划分

通货膨胀像疾病一样会表现出不同程度,因此经济学家按照价格上升的速度分为三种类型:温和的通货膨胀、奔腾的通货膨胀、超级的通货膨胀。

温和的通货膨胀,是指每年物价上升的比例在 10% 以内。它的特点是价格上涨缓慢并且可以预测。许多国家都存在着这种通货膨胀。此时物价相对来讲比较稳定,人们对货币比较信任,乐于持有货币。许多经济学家认为这种温和而缓慢上升的价格对经济的增长有积极的刺激作用。

奔腾的通货膨胀，指年通货膨胀率在10%以上和100%以内。这种急剧的通货膨胀局面一旦形成并稳固下来，就会出现严重的经济扭曲。在这种形势下，货币贬值非常迅速，人们尽量在手中保留最低限度的货币以应付日常交易。公众预期价格还会进一步上涨，会采取各种手段减少损失，致使通货膨胀更为加剧。尽管价格体系的运转已经如此糟糕，但一般情况下经济还可以继续增长。

超级的通货膨胀，又称为恶性通货膨胀，指月通货膨胀率超过50%的通货膨胀，或通货膨胀率在100%以上。发生这种通货膨胀时，价格持续猛涨，货币购买力急剧下降，人们对货币完全失去信任，以致货币体系和价格体系最后完全崩溃，甚至出现社会动乱。产生这种通货膨胀的原因是货币供给的过度增长。

2. 按照对价格影响的差别进行划分

按照对不同商品的价格影响的大小分为：

(1)平衡的通货膨胀，即每一种商品的价格都按同一比例上升，这里所说的商品价格包括生产要素的价格。

(2)非平衡的通货膨胀，即各种商品价格上升的比例并不完全相同。

3. 按照公众的预期进行划分

按照人们对通货膨胀的预期程度可分为：

(1)未预期到的通货膨胀，即价格上升的速度超出公众的预期，或是通货膨胀是不可预期的。

(2)预期到的通货膨胀，即价格的上升在人们的预期之中。假定所有商品价格每年都上涨3%，且每一个人都预期这种趋势会继续，那么这种通货膨胀就会存在于经济中并自我维持下去。

(二)通货膨胀的影响

从以上分类可以看到，平衡的和预期到的通货膨胀不会对收入分配及产出产生影响。因为平衡的通货膨胀，所售商品和劳务的价格都按照同一比例上涨，经济结构不会因通货膨胀而改变，所以收入分配和产量不会受到影响。预期到的通货膨胀由于公众和政府都会对未来的价格走势产生预期，并根据预期对其决策作出调整，因此对收入分配和产出也不会有影响。但西方经济学家认为即使是预期到的通货膨胀也会带来其他的社会成本。

在低通货膨胀率下，预期到的通货膨胀率不会对公众的决策行为产生大的冲击。但通货膨胀率越高，这一问题就越严重。较高的通货膨胀率会引起较高的名义利率，而名义利率的增加又减少了实际货币余额，公众手中的货币会以很快的速度贬值，他们就会更频繁往返银行(于是产生了通货膨胀的鞋底成本)或倾向于将收入转化为商品。企业也会以最快的速度将收入以工资的形式支付给工人。20 世纪 20 年代德国政府为了偿还债务而大量发行纸币,通货膨胀率达到了惊人的高度,价格指数从 1922 年 1 月到 1923 年 11 月由 1 上升至 10000100000。在这种情况下,企业常常是一天发两次工资,而工人一领到工资就立即冲进商店,以最快的速度将它花掉。这种预期到的通货膨胀会造成极大的经济混乱。

此外,预期到的通货膨胀还会导致税收的扭曲。许多税法的条款没有考虑到通货膨胀的影响,通货膨胀会使公众的税收负担发生改变。例如,个人所得税的税率是累进的,名义货币收入越高,适用的税率越高。一旦发生了通货膨胀,公众就会根据预期调整名义工资水平以维持不变的实际工资。而名义工资的增加使个人进入了更高的纳税等级,使得税后的实际工资反而减少了。因此,通货膨胀扭曲了所征收的税收。

以上我们分析了预期到的通货膨胀的社会成本。大多数情况下发生通货膨胀时,所有的价格和工资变动的比例并不一致,通货膨胀造成价格信号紊乱,使货币的价值发生意外的变化,也就是说相对价格发生变动会抑制投资鼓励投机,增加交易成本,增加经济的不确定性,影响资源的合理配置,对经济产生消极影响。由此会带来两种非常明确的影响:收入与财富的再分配和对产出与就业的扭曲。

1. 通货膨胀对收入分配的影响

首先,通货膨胀不利于依靠固定的货币收入维持生活的人,包括领取救济、退休金的人、白领阶层、公共雇员以及靠福利和其他转移支付维持生活的人。对于固定收入阶层来说,其名义收入是固定的货币数额,落后于上升的物价水平。因而其实际收入因通货膨胀而减少,购买力随价格的上升而下降,因此生活水平也必然会相应地降低,他们是通货膨胀的牺牲品。相反,那些名义收入不断变动的人,特别是其收入增加快于价格水平和生活费用上涨的人,则会从通货膨胀中得益。例如,在扩张中的行业工作并有强大的工会支持的工人,他们的工资合同中订有工资随生活费用的上涨而提高的条款,或是有强有力的工会代表他们进行谈判,在每个新合同中都能得到大幅度的工资增长。那些从利润中得到收益的企业主也能从通货膨胀中获利,如果产品价格比资源价格上升得快,则企业的收益将比它的成本增长得快。

其次,通货膨胀对储蓄者和持有现金者不利。因为随着价格上涨,当初存款的实际价值或购买力就会降低。那些口袋中有闲置货币的人,会受到更严重的打击,因为不但要承受通货膨胀的损失,而且连利息都没有。同样,像保险金、养老金以及其他固定价值的证券财产等,它们本来是作为预防未来使用而建立的,但在通货膨胀中其实际价值也会下降。

最后,通货膨胀还可以在债务人和债权人之间发生收入再分配的作用。具体地说,通货膨胀靠牺牲债权人的利益而使债务人获利。假如甲向乙借款 1 万元,一年后归还,而这段时间内价格水平上升一倍,那么一年后甲归还给乙的 1 万元相当于借时的一半。这里假定借贷双方没有预期到通货膨胀的影响。但是,如果一旦预期到通货膨胀,则上述的再分配就会改变。

如果借贷的名义利率为 10% ,而通货膨胀率为 20% ,则实际利率为 -10% 。实际利率为名义利率和通货膨胀率的差额,若名义利率为 10% ,通货膨胀率为 5% ,则实际利率为 5% ,只要通货膨胀率大于名义利率则实际利率就是负值。

“二战”以来,通货膨胀使居民的大量财富转移到公共经济部门。第一,政府是最大的债务人,居民是债权人,大量的债券在居民手中。通货膨胀大大打击了债权人,使财富从居民手里转移到政府。第二,一般政府所得税是累进的。所以,在通货膨胀期间,人们要多缴些税。因为一方面他们的名义收入提高了,另一方面他们进入较高的纳税级别,适用的税率也提高。因此,他们收入的较大比例要交给政府。

需要说明的是,由于居民户往往同是收入获得者、金融证券的持有者和实际财产(不动产)的所有者,因而通货膨胀对他们的影响可以互相抵消。例如,某家庭既有固定价值的货币资产,如储蓄、债券、保险等,会因通货膨胀而削减其实际价值,但同时这一通货膨胀又会增加他的财富,如增加房产、土地的价值。总之,许多居民同时因通货膨胀得益,又因通货膨胀有所损失。

2. 通货膨胀的产出效应

上面,假定国民经济的实际产出固定。而实际上,国民经济的产出水平是随着价格水平的变化而变化的。下面就可能出现的三种情况进行分析。

第一种情况:随着通货膨胀出现,产出增加。许多经济学家长期以来坚持这样的看法,即认为温和地或爬行地拉动通货膨胀——例如每年 2%—3% 的通货膨胀——对产出和就业将有扩张的效应。这种温和的通货膨胀可以使劳动力市场运转得更好。不同种类劳动力的供求总是变化着的。有时候,一次供给的增加或需求的减少不会使整组工人的工资下降。如果名义工资不能降低,那么可用的办法就是通过一定的通货膨胀率来降低实际工资。否则,会导致更多的失业。假设总需求增加,经济复苏,造成一定程度的通货膨胀。在这种条件下,由于物价水平的上升速度快于货币工资的上升速度,产品的价格会跑到工资和其他资源的价格的前面,由此而扩大了企业的利润。利润的增加就会刺激企业扩大生产,从而产生减少失业、增加国民产出的效应(前提是社会上要有闲置资源;闲置资源流动无结构刚性或瓶颈现象约束)。这种情况意味着通货膨胀的再分配后果会被用于更多的就业、增加产出所获得的收益所抵消。例如,对于一个失业工人来说,如果他唯有在通货膨胀条件之下才能得到就业机会,显然,这受益于通货膨胀。

第二种情况:由于成本提高而产生的通货膨胀引致失业。这里讲的是由通货膨胀引起的产出和就业的下降。假定在原总需求水平下,经济实现了充分就业和物价稳定。如果通货膨胀的产生是由于成本提高的原因,则原来总需求所能购买的实际产品的数量将会减少。也就是说,当成本推动的压力抬高物价水平时,既定的总需求只能在市场上支持一个较小的实际产出。所以,实际产出会下降,失业会上升。美国20世纪70年代的情况就证实了这一点。1973年末,石油输出国组织把石油价格翻了两番,其结果使1973—1975年的物价水平迅速上升,与此同时,美国失业率从1973年不到5%上升到1975年的8.5%。这就是通常所说的"滞胀"。在这期间,不仅美国,西方其他发达国家无一例外地经历到了滞胀。

第三种情况:超级通货膨胀导致经济崩溃,极大地危害了社会。第一,随着价格持续上升,居民户和企业会产生通货膨胀预期,即估计物价会再度升高。这样,人们就不会让自己的储蓄和现行的收入贬值,而宁愿在价格上升前把它花掉,从而产生过度的消费购买,这样,储蓄和投资都会减少,使经济增长率下降。第二,随着通货膨胀而来的生活费用的上升,劳动者会要求提高工资,不但会要求增加工资以抵消过去价格水平的上升,而且要求补偿下次工资谈判前可以预料到的通货膨胀带来的损失。于是企业增加生产和扩大就业的积极性就会逐渐丧失。第三,企业在通货膨胀率上升时会力求增加存货,以便在稍后按高价出售以增加利润,这种通货膨胀预期除了会鼓励企业增加存货外,还可能鼓励企业增加新设备。然而,企业这些行为到无法筹措到必需的资金(增加存货和购买设备都需要资金)时就会停止,银行会在适当时机拒绝继续为企业扩大信贷,银行利率也会上升,企业得到贷款会越来越难。企业被迫要减少存货,生产就会收缩。第四,当出现恶性通货膨胀时,情况会变得更糟。当人们完全丧失对货币的信心时,货币就再不能执行它作为交换手段和储藏手段的职能。这时,任何一个有理智的人将不愿再花精力去从事财富的生产和正当的经营,而会把更多的精力用于现金管理,或进行种种投机活动。等价交换的正常买卖,经济合同的签订和履行,经营单位的经济核算,以及银行的结算和信贷活动等,都无法再实现。由于把这些本来用于从事生产和投资决策这更有社会价值的活动的时间和精力抽出来了,超级通货膨胀便使经济陷入了低效率。

此外,通货膨胀也不利于国际收入的增加:固定汇率情况下,本国币值下跌,物价上升,出口产品成本会提高,这会削弱出口产品在国际市场上的竞争力,出口减少,进口增加,外贸收入减少,造成国际收支赤字增加。

第五节　通货膨胀的成因与治理

一、通货膨胀的成因

通货膨胀的根源有很多,它像很多疾病一样是由多种因素造成的。西方经济学家提出了多种解释,可归纳为三个方面:第一个方面是货币数量论的解释;第二个方面是用总供求来分析;第三个方面是从经济结构变动角度考察通货膨胀。下面我们分别阐述。

(一)货币数量论的解释

1. 货币数量方程式

货币学派在解释通货膨胀方面的思想是:每一次通货膨胀背后都有货币供给的迅速增长。

人们持有货币是为了便于交易。由此推想,人们进行的交易越多,需要的货币越多。我们可以用数量方程式来表示交易量与货币数量之间的关系:

$$MV = PT$$

方程式的右边反映的是交易量。T 代表同一时期比如说一年的交易总量,或理解为一年中用货币交易的产品或劳务的次数。P 是每一次交易的平均价格,PT 构成了这一时期内交易的货币总量。

方程式的左边反映了用于进行交易的货币。M 是货币数量,V 代表货币的平均流通速度,用来衡量货币在一定时期内换手的次数。MV 构成了这一时期内支出的货币总量。

例如,在一个经济中,某一个时期内以单价 12 元卖出了 100 本书,则用于交换的货币总量为:

$$PT = 12\text{ 元/本} \times 100\text{ 本} = 1200\text{ 元}$$

再假设经济中的货币量是 30 元,根据数量方程式我们可以计算出货币平均流通速度:

$$V = PT/M = 1200\text{ 元}/30\text{ 元} = 4\text{ 次/年}$$

这就是说,用 30 元进行 1200 元的交易,每一元钱每年转手 4 次。

数量方程式是一个恒等式,对四个变量的定义确保这个等式的成立。如果一个变量发生了变化,其余变量中至少有一个也必须相应变化。

2. 货币供给和通货膨胀

为了说明货币供给和通货膨胀之间的关系,我们将数量方程式写成变化率的形式:

$$\Delta M/M + \Delta V/V = \Delta P/P + \Delta Y/Y$$

我们分别考察式中的每一项。第一项是货币数量的变化率,由中央银行控制。第二项是货币流通速度变化率,反映货币需求的变动,由社会制度和技术因素决定,可设为常数。第三项是价格变动的比率,即通货膨胀率,是我们要研究的变量。第四项是产出变化的比率,取决于技术进步和生产要素投入的增长,在长期也是一个常数。这种分析告诉我们,通货膨胀率完全由货币供给的增长决定。

因此,货币数量理论认为,中央银行的货币政策决定了经济中的通货膨胀率。如果中央银行保持货币供给的稳定,则物价水平就会稳定。如果中央银行增加货币供给,则物价就会上涨。正如伟大的经济学家1976年诺贝尔经济学奖得主米尔顿·弗里德曼所说,“通货膨胀在任何时间任何地点都是一种货币现象”。

(二)需求拉动的通货膨胀

需求拉动的通货膨胀是指总需求超过总供给所引起的一般价格水平持续显著的上涨。

影响通货膨胀的主要因素之一是总需求的变动。前几章我们已经看到,消费、投资、政府支出和净出口的变化,都可以使总需求发生变化。由于需求方的货币竞相追逐有限的商品供给,从而将价格提升以平衡总需求和总供给。在我国,财政赤字、信用膨胀、投资需求膨胀和消费需求膨胀常常会导致我国需求拉上型通货膨胀的出现。我国1979年至1980年的通货膨胀的成因即是由财政赤字而导致的。

需求拉动的通货膨胀可以用图7-5来说明。

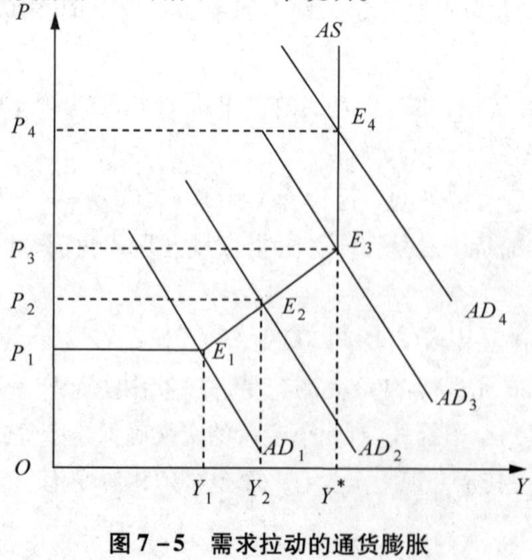

图7-5 需求拉动的通货膨胀

图中，横轴 Y 表示总产量（国民产出），纵轴 P 表示一般价格水平。AD 为总需求曲线，AS 为总供给曲线。AS 曲线起初成水平状态，这说明，当总产量较低时，总需求的增加不会引起价格水平的上涨。在图 7－5 中，产量从 0 增加到 Y_1，价格水平始终稳定。如果总需求继续增加，由 AD_1 右移到 AD_2，在 AS 不变（或总供给变动幅度小于总需求变动幅度）的情况下，必然导致价格上升，由 P_1 升至 P_2，此时就发生了需求拉动的通货膨胀。同时也伴随着国民产出的增加，由 Y_1 增加到 Y_2。当经济实现了充分就业以后，整个社会的经济资源得到了充分的利用，如果总需求继续增加，总供给不再增加，AS 曲线呈垂直状。这时总需求的增加只会引起价格水平的上涨。图中，总需求曲线由 AD_3 提高到 AD_4，产出仍为 Y^*，但价格水平已由 P_3 上升到 P_4，从以上分析可以看出，当经济实现充分就业后，扩大总需求更容易导致需求拉上的通货膨胀。其中，E_1 到 E_3 之间是资源被逐渐充分利用的过程，即随着生产的扩大，劳动力、原料和生产设备等资源变得逐渐稀缺而使成本提高，总供给曲线开始向右上方倾斜，从而引起价格水平的上涨。价格水平从 P_1 上升到 P_2、P_3 的现又被称作"瓶颈式的通货膨胀"。

（三）成本推进的通货膨胀

成本推动的通货膨胀是指由于生产成本提高而引起的物价总水平上涨。

成本推进论认为，通货膨胀的根源不是在于总需求的过度，而是在于产品成本的上升。成本推动论者提出这一理论的目的是解释 20 世纪 50 年代以后存在的"滞胀"现象。成本推动的通货膨胀就是指在总需求不变的情况下，由于生产要素价格（包括工资、租金和利率等）上涨，致使产品成本上升，从而导致物价总水平持续上涨的现象。产品成本的上升主要是由于存在强大的、对市场价格具有操纵力量的团体，例如工会、垄断企业以及像石油输出国组织一样的国际卡特尔。当工会迫使厂商提高工资，并使工资的增长快于劳动生产率的增长时，生产成本就会提高，从而导致物价上涨。而物价上涨后，工会又会要求提高工资，又会对物价上升产生压力，工资与物价互为因果，互相推进，螺旋上升，形成所谓的"工资—价格螺旋"，这称为工资推进型的通货膨胀。而当垄断企业凭借其垄断地位，通过提高价格来增加利润时也会导致物价的普遍上涨，这称为利润推进型的通货膨胀。因此，根据成本提高的原因不同又可以分为工资推进型通货膨胀和利润推进型通货膨胀。

在总需求不变的情况下，包括工资推进型通货膨胀和利润推进型通货膨胀在内的成本推动的通货膨胀，可以用图 7－6 来说明。

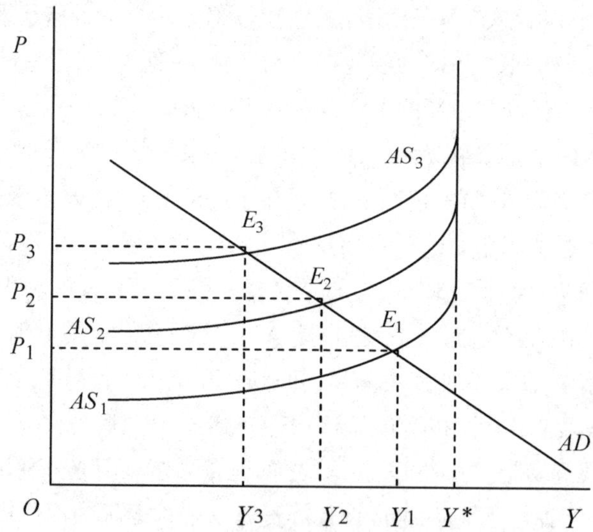

图 7-6 成本推进的通货膨胀

图7-6中,总需求是既定的,不发生变动,只有总供给变动。当总供给曲线为AS_1时,总供给与总需求曲线的交点E_1决定的总产量为Y_1,价格水平为P_1。当总供给曲线由于成本提高而移动到AS_2时,总供给曲线与总需求曲线的交点E_2决定的总产量为Y_2,价格水平为P_2。这时总产量比以前减少,而价格水平上涨了。当总供给曲线由于成本进一步提高而移动到AS_3时,总供给与总需求曲线的交点E_3决定的总产出为Y_3,价格水平为P_3。这时的总产出进一步下降,价格水平进一步上涨,此时发生了成本推动的通货膨胀。

西方经济学家认为,单纯用需求拉动或成本推进都不能充分说明通货膨胀是一种持续的价格上涨行为,而应同时从需求和供给两方面及其相互作用来说明通货膨胀,即混合的通货膨胀。

(四)结构性通货膨胀

结构性通货膨胀是指由于社会经济结构因素的变动而引起的一般物价水平的持续上涨。在一个迅速发展变化的经济中,由于受到市场需求的引导,经常出现有些部门迅速发展,社会生产率提高的速度快;而另一些部门生产率提高的速度慢,渐趋衰落的现象。在社会总需求不变的情况下,由于需求的组成部分发生结构性变化,由于需求增加而迅速发展的部门或地区的物价和工资上涨,由于需求减少而逐渐衰落的部门和地区的工资和物价因刚性而没有相应下跌,而且还要模仿前一类部门那样提高货币工资。但由于后一类部门的劳动生产率没有提高,就形成了货币工资增长率大于劳动生产率增长率的情况,这就引起了平均物价水平随着社会经济部门结构的变化呈持续上升的趋势，这种通货膨胀称为结构性的通货膨胀。

以上是通货膨胀的几种主要成因。应该注意的是，对于某一次具体的通货膨胀，其成因往往不是单一的，而是多种原因综合在一起导致的，因此需要综合全面的分析。

二、预期与通货膨胀惯性

上面从总供给和总需求角度分析的通货膨胀表明，对经济的冲击如何使总供给曲线和总需求曲线发生移动，导致一个新的更高价格水平的均衡。但是通货膨胀是价格水平的持续上涨。大多数情况下通货膨胀存在着一种惯性。如果经济中连续几年存在6%的通货膨胀率，那么在没有突发事件冲击的情况下，6%的通货膨胀率就会持续下去，这种情况又被称为通货膨胀螺旋。

产生这种情况的原因是，如果经济中大多数人都预期到同样的通货膨胀率，那么这种对通货膨胀的预期就会存在于现实经济中。在通货膨胀时期，劳资双方在签订下一年的工资协议时，要求保证工资的增长率与物价水平的上涨相一致，以至于保证他们的实际工资不至于下降。银行在制订贷款计划时，要考虑通货膨胀率的因素，以保证固有的实际收益率。政府部门在制定宏观经济政策、制订公务员工资增长计划时也要考虑到通货膨胀的因素。这意味着，以货币计量的名义变量的提高和价格上涨存在着因果关系。例如，工资提高引起成本提高，继而价格提高，价格提高使得工资进一步提高，于是形成了工资—价格螺旋。

考虑到上述情况，我们可以看出无论通货膨胀的初始诱因是什么，只要通货膨胀开始，需求拉动和成本推动都发挥着作用，即使通货膨胀的初始诱因消失了，通货膨胀还会持续下去。

图7－7描述了惯性通货膨胀的形成过程。假定潜在产出保持不变，且不存在总供给和总需求方面的冲击。如果大多数人都预期平均成本和价格每年都按照6%的比例上涨，则*AS*曲线也将按照6%的比例上移，价格上升会引起工资的提高，较高的工资导致更多的消费，从而使总需求进一步扩大，*AD*曲线也按照同样的比例上移，于是*AD*和*AS*的交点会每年提高6%。这样，宏观经济的均衡就会从E_0移到E_1再移到E_2，价格就会由于惯性通货膨胀而稳步上升。

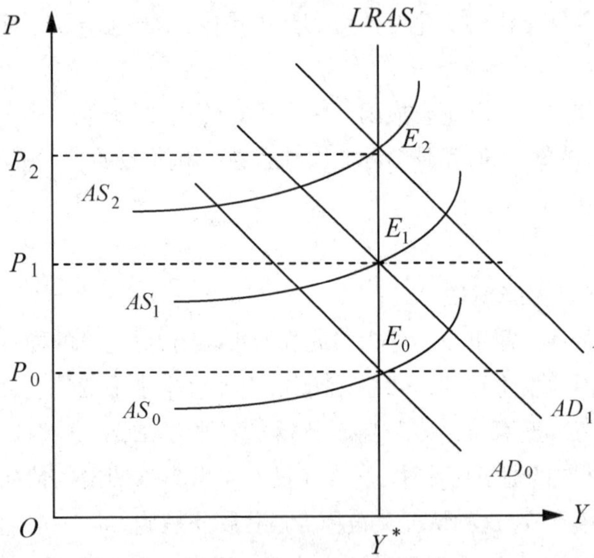

图 7－7 通货膨胀螺旋

三、通货膨胀的治理

通货膨胀对经济发展有诸多不利影响，对社会再生产的顺利进行有破坏性作用，严重的通货膨胀还会引发信用制度崩溃和政治局势的混乱。因此，一旦发生了通货膨胀，必须下决心及时治理。

在宏观经济学中，主要有两种方案来治理通货膨胀，即用衰退来降低通货膨胀和收入政策等。下面依次加以说明。

（一）用衰退来降低通货膨胀

从上面通货膨胀的成因分析可以看出，需求拉上的通货膨胀是由于总需求超过总供给产生的，因此，要消除这种通货膨胀，就必须压缩总需求，而压缩总需求的有效途径是采取紧缩的财政政策和货币政策来实现：在财政政策方面，主要是大力压缩财政支出，努力增加财政收入，坚持收支平衡，减少赤字财政；在货币政策方面，主要采取紧缩信贷，控制货币投放，减少货币供应总量的措施。采用财政政策和货币政策相配合，综合治理通货膨胀，两条很重要的途径是：控制固定资产投资规模和控制消费过快增长，以此来实现控制社会总需求的目的。但这种政策会导致投资减少，产出回落，其代价是经济衰退。

在实践中有两种不同的政策选择：渐进主义式的与激进主义式的。前者的基本特征是以较小的失业和较长的时间来降低通货膨胀率，在整个调整过程中，通货膨胀率达到了预期的目标,同时没有产生大规模的经济衰退。失业率处于正常的水平,没有偏离自然失业率太远。与渐进主义的特征相反,激进主义是以较高的失业率和较短的时间来降低通货膨胀率,所以又称为“冷火鸡”式的方法。激进主义政策会造成较大规模的经济衰退。

通货膨胀的降低是以经济衰退为代价,宏观经济学引入了牺牲率的概念。牺牲率是指 GDP 损失的累积百分比与实际获得的通货膨胀的降低量之间的比率。假定一项政策在 4 年内把通货膨胀率由 12% 降至 5%,其代价是第一年产量水平低于潜在产出水平 8%,第二年低于 6%,第三年低于 4%,第四年低于 3%。则 GDP 的总损失为 21%(8% +6% +4% +3%),通货膨胀的降低是 7%,于是牺牲率为 3(21% ÷7%)。

(二)其他降低通货膨胀的方法

1. 收入政策

收入政策的理论基础主要是成本推动的通货膨胀。成本推动的通货膨胀来自于供给方面,由于成本提高,特别是工资的提高,从而引起价格水平的上涨。收入政策可以通过影响收入的实际因素来达到控制通货膨胀的目的,具体包括:工资—价格管制、道德劝说和改变预期。

(1)工资—价格管制

工资价格管制是指政府为了降低价格水平上升的速度,采取强制的或非强制的限制工资和价格增长速度,使工资增长率与劳动生产率的增长率保持一致。经济学家认为,在不完全竞争的市场条件下,通货膨胀发生时,工会和企业会利用自己的垄断力量保持自己的实际收入,因而货币工资和价格会继续增长。这种增长又威胁到他人的货币收入,进而导致更高的成本和价格,因此有必要采取收入政策。

战后,英、美、法等国都实施过收入政策,对工资和价格进行管制,工会和企业不经政府同意不能随便要求提高工资,不能随意提高物价。国家以契约形式实行全社会风险共担,抑制通货膨胀。

但同时要看到这种政策的负面影响。人为控制商品和劳务的价格不利于资源的合理配置,因为资源的配置依赖于价格信号。此外,通货膨胀发生时,各种商品价格上涨的幅度并不一致,也就是说各种商品的相对价格在发生着变化。如果物价控制要持续相当长的时间,低于均衡价格的商品就会发生短缺。

(2)道德劝说

这是一种非正式的工资和价格管制。政府不直接控制物价和工资而是采用劝说或施加压力的办法让企业和工人不要涨价或涨工资。这种方法有一定的威慑力,在一定时期内会达到预期的目的。历史上,肯尼迪总统就曾经通过对钢铁公司施加压力,限制其提价,从而成功地避免了通货膨胀螺旋的产生。

(3)改变预期

道德劝说的方法之所以发挥作用,也是因为在一定程度上打破了公众的预期。正如前面提到的,这种预期在通货膨胀持续方面扮演着非常重要的角色。如果公众相信政府的反通货膨胀政策是成功的,这种预期本身就会有助于降低通货膨胀。相反,通货膨胀预期不能被打破,通货膨胀就会持续下去。

2. 控制货币供应量

由于通货膨胀形成的直接原因是货币供应过多,因此,治理通货膨胀的一个最基本的对策就是控制货币供应量,使之与货币需求量相适应,稳定币值以稳定物价。而要控制货币供应量,必须实行适度从紧的货币政策,控制货币投放,保持适度的信贷规模,由中央银行运用各种货币政策工具灵活有效地调控货币信用总量,将货币供应量控制在与客观需求量相适应的水平上。

3. 增加商品的有效供给,调整经济结构

治理通货膨胀必须从两个方面同时入手:一方面控制总需求;另一方面增加总供给。二者不可偏废。若一味控制总需求而不着力增加总供给,将影响经济增长,只能在低水平上实现均衡,最终可能因加大了治理通货膨胀的所付出的代价而前功尽弃。因此,在控制需求的同时,还必须增加商品的有效供给。一般来说,增加有效供给的主要手段是降低成本,减少消耗,提高经济效益,提高投入产出的比例,同时,调整产业和产品结构,支持短缺商品的生产。

治理通货膨胀的其他政策,除了控制需求、增加供给、调整结构之外,还有一些诸如限价、减税、指数化等其他的治理通货膨胀的政策。总之,通货膨胀是一个十分复杂的经济现象,其产生的原因是多方面的,需要我们有针对性地根据原因采取不同的治理对策,对症下药。

第六节　失业与通货膨胀的关系

一、菲利普斯曲线和失业—通货膨胀的交替

为了减少失业,政府往往想方设法刺激经济。当失业减少,接近充分就业水平时,劳动力市场变得越来越紧张。更多的企业发现很难找到他们需要的劳动力,于是互相竞争,其结果是工资水平提高了。(反之,失业率很高时,找工作的人

比工作岗位要多,提高工资的压力就小)相应地,较少的失业导致工资迅速上升,这又通过通货膨胀螺旋使价格水平更迅速地上升。

于是,在失业与通货膨胀之间存在着一种替代关系,即较低的失业率伴随着较高的通货膨胀,较高的失业率伴随着较低的通货膨胀。这种关系用曲线表示被称为菲利普斯曲线。它是以英国经济学家菲利普斯(A. W. Phillips)名字命名的,

菲利普斯1958年在研究英国1861—1913年工资变化率与失业率的实际资料时发现这两个变量之间存在着非线性的负相关关系。在此基础之上他断定,1913—1957年货币工资变化率和失业率的关系也可以用同样的负相关关系函数进行解释。

图7-8表示的是最简单的菲利普斯曲线(或短期菲利普斯曲线)。

由于菲利普斯关注的是劳动力市场,所以他把失业率放在横轴,把工资的上涨率放在纵轴。工资的上升意味着物价水平的上涨,所以,在失业和通货膨胀之间就存在着一种替代关系。一种解释是:是产品市场上的过度需求导致了劳动力市场上的过度需求,在工资率上升之后通过成本推动使物价水平提高。菲利普斯曲线的理论解释可以简单表述为:当失业率较低时,一方面,企业出于对劳动力缺乏的考虑会提高工资来吸引劳动力;另一方面,工会组织也会要求提高工资,这两种压力将导致货币工资率的上升,平均劳动成本的提高反映在价格水平上即形成较高的通货膨胀率。相反,当失业率较高时,企业在劳动力市场上有较充分的选择权,工会组织也不敢贸然要求提高工资,工人要求增加工资的愿望并不强烈,因此货币工资率就比较低,从而通货膨胀率水平也比较低。菲利普斯曲线表明,较低的通货膨胀是可以实现的,但它的代价是较高的失业率。

在图7-8中,当失业率在u^*时,工资(从而物价水平)是稳定的,当失业率靠近零时,通货膨胀率π非常高。通货膨胀率为零时的失业率,即为自然失业率,它表明当经济达到自然失业率时,工资和物价都是稳定的。当失业率低于自然失业率时,就会产生通货膨胀。是否有必要达到自然失业率,取决于通货膨胀的成本和失业的成本有多大,以及怎样在这些成本之间作出权衡。

$$\pi = -\varepsilon(u—u^*)$$

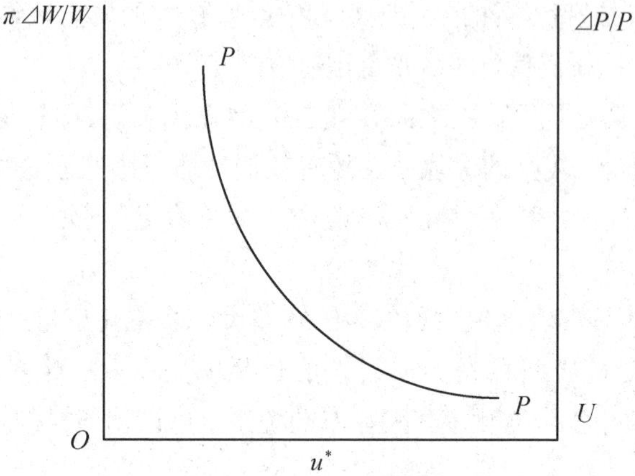

图 7－8　短期的菲利普斯曲线

权衡这些成本时,要知道菲利普斯曲线的形状和所处的位置,如果想降低失业率,那么通货膨胀率会提高多少。如果菲利普斯曲线非常陡峭,那么这个成本就很高;当菲利普斯曲线比较平缓时,政府为了抑制通货膨胀,必须付出较高失业率的代价。这样,就使得菲利普斯曲线得到了广泛的认可和应用,成为宏观经济学中一个重要的概念。

二、菲利普斯曲线的作用

西方经济学家认为,当前各国经济发展面临的最主要经济问题是失业与通货膨胀,这两个问题威胁着经济稳定甚至社会稳定。所以,各国经济政策的重点就放在如何对付这两个问题上。按照主流经济学家的观点,要彻底消除失业与通货膨胀是不可能的,关键在于把这两者控制在不妨碍社会稳定的范围内,也就是所谓的"社会可接受程度"之内。这个"社会可接受程度"又被称为"临界点"。它在不同国家或不同时期可以有不同的规定。只要失业率与通货膨胀率没有超过这个范围,政府就不必采取什么政策措施。超出这个范围,政府才应该进行干预,以便把它们控制在社会可接受的范畴内。在这个过程中,菲利普斯曲线被认为是一个非常有用的工具,它可以帮助人们确定宏观调节的方向和程度。如图 7－9 所示,假设政府认为失业率或通货膨胀率超过 4% 社会就无法接受,那么 4% 的失业率或通货膨胀率就成为一定时期内社会可接受的最大极限,被称为"临界点"。如图 7－9 中有斜线的区域就是临界点以内的区域,如果社会的失业率或通货膨胀率处于这个区域内,则政府就不必采取干预措施。

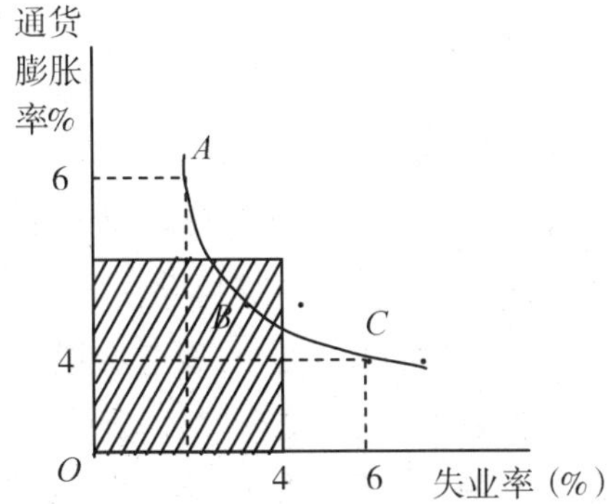

图7-9 菲利普斯曲线的作用

图7-9中的A点，尽管这时失业率较低，但通货膨胀率超过了社会可接受的程度。那么政府就可以通过紧缩性的政策，以提高失业率为代价，降价通货膨胀率，从而使失业率与通货膨胀率保持在社会可接受的临界区域内。同样道理，在图中的C点，政府则应采取扩张性财政政策与货币政策，用较高的通货膨胀率来换取较低的失业率。这就是西方经济学中经常运用的“相机抉择”的宏观经济政策。

三、菲利普斯曲线的移动

菲利普斯曲线所表明的关系，得到大多数经济学家的赞同，但有些经济学家也提出了不同的观点。

货币主义经济学家弗里德曼和费尔普斯认为，菲利普斯曲线表示的通货膨胀率和失业率的交替关系只有在价格水平的变化没有被预期到的情况下存在，即它是一种短期现象。在长期，菲利普斯曲线不再向右下方倾斜。

依照弗里德曼等人的观点，一国经济总是趋于某种“自然失业率”，短期菲利普斯曲线将趋于较稳定的长期菲利普斯曲线。在经济处于自然失业率水平时，除非受到外界因素的作用，否则，既不会产生通货膨胀，也不会导致经济衰退。在图形上，他们将长期菲利普斯曲线画成一条直线，在于表明根本不存在一种失业—通货膨胀率之间的替代关系，能够将失业率降低到自然失业率以下。在他们看来，通货膨胀率与失业率相联系的向下倾斜的曲线是一种短期的或过渡性的现象，它只是在预期的和实际的价格变动之间发生矛盾时才存在，一旦这种矛盾消失，向下倾斜的菲利普斯曲线也就不存在了。长期菲利普斯曲线是垂直于横坐标自然失业率点上的一条直线。

如图7-10所示。假定一国经济处于自然失业率（U_f）为5%、通货膨胀率为零的状况。若这时政府采取扩张性财政政策或货币政策,或者两者同时使用,力争使失业率降低到5%以下。由于扩张性经济政策的实施,使得总需求增加,导致物价水平上升为2%,如图中A点所示。

假定这时由于合同或者其他原因,使工资增长速度慢于通货膨胀率上升速度,便发生了实际工资的下降。由于货币幻觉的存在,工人可能一时将名义工资提高看作实际工资的上升,从而增加劳动供给;雇主会把产品价格上升看作自己产品相对价格上升,从而增加雇佣工人。这样一来,就会发生图中短期菲利普斯曲线所显示的情况——失业率由5%下降为3%,即以通货膨胀率的提高为代价,换取较低的失业率。

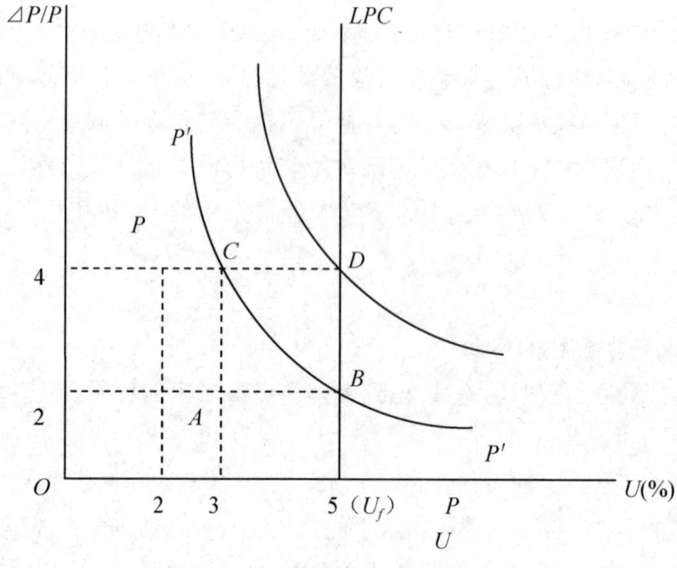

图7-10 长期菲利普斯曲线

但这种情况只能是短期的。经过一段时间,工人们将会发现物价的上升和实际工资率的下降,这时他们便要求提高货币工资。从图上看,在新的一轮合同谈判中,如果工人们坚信通货膨胀率会持续下去,至少要求按照2%的通货膨胀率来增加工资。从雇主的角度来看,货币工资的上升意味着产品相对价格并没有相应上升,故会减少工人与产量,由此推动短期菲利普斯曲线向上移动,与5%失业率对应的通货膨胀率不再是零,而是2%的通货膨胀率,如图中B点所示。这一过程不断地循环,便产生一条与自然失业率重合的长期菲利普斯曲线(LPC)。该曲线表明,不管通货膨胀率有多高,失业率将保持不变。

如果政府再次推行扩大总需求政策,则通货膨胀与失业率的关系会由B移至

C,造成失业率暂时下降。当工人对新一轮通货膨胀有所觉察后,又会由 C 点移至 D 点,失业率维持在 5% ,而通货膨胀率达到 4% ,交替关系再次遭到破坏。

如果工人对通货膨胀有正确的预期,他们将要求按预期调整货币工资。这意味着预期价格水平与实际价格水平相一致,失业率与通货膨胀率的关系只是由 U_f、B、D 各点所组成的一条垂线,即为长期菲利普斯曲线,它说明通货膨胀与失业率之间的交替关系在长期中不再存在,这也就暗示着高通货膨胀率和高失业率可能并存。

从经济决策上,政府或许可以使经济在短期内的失业率低于自然失业率,但从长期来看,所付出的代价是越来越高的通货膨胀率。甚至即使为了短期降低失业率,经济也将付出极高的代价。这是因为,人们对通货膨胀的预期会被固定下来,政府为了得到一个时期较低的失业率,不得不用持续上升的通货膨胀率作交换。同样,当通货膨胀率很高时,如果政府想要恢复价格稳定,也必须付出很大代价——必须使失业率达到足够高的水平,以降低通货膨胀以及人们对通货膨胀的预期。为抵消通货膨胀预期所增加的失业量,可能远高于初始时所降低的失业量。这就是说,初始时政府试图把失业率降到自然失业率之下,而结果却造成了更多的失业。

第八章

经济增长与经济周期理论

第一节　经济增长理论

经济增长理论是研究经济决策如何控制生产要素的积累，即分析研究长期经济增长的动力机制的理论，经济的长期、持续增长是由何种动力推动的理论。一般认为经济增长理论可以分为两个阶段，即早期经济增长理论和现代经济增长理论。

一、早期经济增长理论

古典的经济学理论强调市场自由，发挥"看不见的手"的作用，对经济增长的动力机制问题作了许多分析。

（一）亚当·斯密的经济增长理论

斯密（1776）认为，经济增长表现为国民财富的增长，促进经济增长有两种途径：一是增加劳动的数量，二是提高劳动的效率。在这两种增长途径中，斯密更强调劳动效率对经济增长的促进作用。他认为，分工协作和资本积累可以促进劳动效率的提高，是经济增长的基本动因；同时人口数量的增加会引起劳动数量的增长，从而引起经济增长。同时斯密论证了国际分工通过自由贸易能促进各国劳动生产力的发展；国外贸易增进消费者的利益。

（二）马尔萨斯的经济增长理论

马尔萨斯（1798）主要分析了人口与经济发展的关系，他认为增长的人口是一国幸福和繁荣的表现或结果；增长的人口是经济发展的重大约束条件。此外，马尔萨斯的经济增长存在极限的观点对我们当前的低碳经济发展同样很有启发。

（三）大卫·李嘉图的经济增长理论

李嘉图（1817）对经济增长的分析是围绕收入分配展开的，他认为长期的经济增长趋势会在收益递减的作用下停止。

(四)穆勒的经济增长理论

穆勒(1848)把经济规律分为两类:生产的规律和分配的规律;同时把生产要素概括为四种:人口增长、资本积累、技术进步和自然资源。

(五)马克思的经济增长理论

马克思(1872)分析了经济增长的本质。他认为,一般来看,经济增长是物质财富本身或其内容的增长;从商品生产来看,经济增长是使用价值量和价值总量的增长;从资本主义生产过程来看,经济增长是生产过程和价值增殖过程的统一。他认为影响经济增长的因素有三个:人口(劳动力)。资本积累和劳动生产力。在分析技术进步的原因时,马克思认为竞争促进了技术进步。

(六)马歇尔的经济增长理论

马歇尔(1890)影响最大的是对经济发展过程的基本看法:经济发展是渐进的和谐的和经济利益逐步分配到社会全体的过程。

二、现代经济增长理论

现代经济增长理论的重点在于研究经济稳定增长的长期条件,也就是在长期内如何达到较低的失业率和通货膨胀率以及在适当的经济条件下的经济增长率这一目标,注重研究如何控制各种经济变量使其满足稳定增长条件。这一时期的经济增长模型主要包括:哈罗德—多马模型、新古典经济增长模型、新剑桥经济增长模型以及新经济增长模型。

第二节 经济增长模型(一):哈罗德—多马经济增长模型

一、哈罗德—多马经济增长模型的假定

①经济社会生产单一产品;②只有劳动和资本两种生产要素;③在一定时期内技术水平不变,故资本—产量比率不变,规模报酬也不变;④在边际消费倾向不变的条件下,储蓄率不变。

在这些假定基础上,哈罗德—多马经济增长模型集中考察了社会再生产过程中的几个变量以及它们之间的相互关系,提出了一个国家在长期内实现经济稳定的均衡增长所需具备的条件。

二、哈罗德经济增长模型

哈罗德模型是从国民收入、资本—产量比率和储蓄率三个经济变量及其相互关系的分析中来考察决定经济增长的因素。用 G 表示经济增长率,Y 表示国民收入,△Y 表示国民收入的增量,则有:

$$G = \frac{\Delta Y}{Y}$$

用 v 表示资本—产量比率,即前面提到的加速系数 a,则有:

$$v = \frac{K}{Y} = \frac{\Delta K}{\Delta Y} = \frac{I}{\Delta Y}$$

用 s 表示储蓄—收入比率(储蓄率),则有:

$$s = \frac{S}{Y}$$

把 $v = \frac{K}{Y} = \frac{\Delta K}{\Delta Y} = \frac{I}{\Delta Y}$式和 $s = \frac{S}{Y}$式作些变化,分别变成 I = △Y · v、S = s · Y 的形式,使 I = S,经整理,并用 G 表示△Y/Y,于是得到 G、v、s 三者之间的如下关系:

$$G = \frac{s}{v}。$$

$G = \frac{s}{v}$式就是哈罗德模型的基本公式,它说明:第一,经济增长率与储蓄率成正比,储蓄率越高,经济增长率也越高。第二,经济增长率与资本—产量比率成反比,即资本—产量比率越高,经济增长率越低。

哈罗德经济增长模型是以凯恩斯收入理论为基础的动态经济分析。

三、多马经济增长模型

多马经济增长模型研究的是三个变量及其相互关系,这三个变量是:收入增长率(G)、储蓄在收入中的比例(s)、资本生产率又称投资效率,即每单位资本的产出或收入,由 σ 代表。前两个变量与哈罗德公式中的两个变量是一致的,后一个变量即资本生产率实际上就是哈罗德的资本—产量比率的倒数。

多马的基本公式是:$G = s\sigma$

将 $G = \frac{\Delta Y}{Y}$、$s = \frac{S}{Y}$、$\sigma = \frac{\Delta Y}{I}$代入 G = sσ 中,得:

$$\frac{\Delta Y}{Y} = \frac{S}{Y} \cdot \frac{\Delta Y}{I}$$

即:

$$S = I$$

由于多马模型的基本公式 $G = s\sigma$ 与哈罗德的基本公式 $Gv = s$ 是完全一致的，因此，西方经济学家一般把两个模型相提并论，称作“哈罗德—多马模型”。

从以上分析可以看到，哈罗德—多马经济增长模型是建立在凯恩斯储蓄—投资理论基础上的，是凯恩斯理论的发展。但是，哈罗德—多马经济增长模型与凯恩斯理论又有明显的区别。首先，凯恩斯理论是从短期的角度、静态的方法来说明投资和储蓄的均衡以及由此实现的国民收入均衡。哈罗德—多马经济增长理论则将凯恩斯的储蓄—投资的分析加以长期化、动态化。所谓长期化，就是将人口、资本和技术等关系经济增长的因素看作是随着时间的推移而变动的变量；所谓动态化，就是阐述长期内投资和储蓄的均衡及其对国民收入均衡变动的影响。其次，凯恩斯短期静态的投资—储蓄分析理论，只注意增加投资对刺激收入增长的重要作用，而哈罗德—多马经济增长理论则强调投资既增加需求又增加供给的双重作用。

四、均衡增长率、实际增长率和自然增长率

（一）均衡增长率。均衡增长率是指经济在实现充分就业条件下均衡的、稳定的增长所需要的增长率。在经济稳定增长条件下，只有保证使增加的储蓄能全部转化为投资，才能使总供给和总需求相等，实现均衡增长。假设在充分就业条件下人们愿意的储蓄率为 s_w（称合意的储蓄率），用 v_w 表示合意的资本—产出比率（用投资—收入增量比率 $I/\triangle Y$ 表示），为了必须使投资者在保证实现最大利润条件下愿意按资本—产出比率增加投资，则为实现充分就业的有保证的均衡经济增长率（G_w）应是：

$$G_w = \frac{s_w}{v_w}$$

实际的资本存量等于合意的资本存量、实际的与合意的资本存量增长率等于投资增长率亦等于储蓄增长率，同时总供给等于总需求（储蓄 = 投资）时，经济就能在保持充分就业条件下获得均衡增长。

（二）实际增长率及其与均衡增长率之间的关系。实际增长率就是在事后统计的实际达到的增长率。$G = s/v$ 中的数字 s、v 如果是实际的统计数字，则 G 就是实际增长率，此时的 G 可表达为 G_A。实际增长率可能大于均衡增长率，亦可能低于均衡增长率。

均衡增长率高于实际增长率条件下，实际资本存量超过合意的资本存量（企业家所需要的资本存量），表示有过剩的资本存量。这是因为，较低的经济增长率造成的商品滞销，必然导致库存增加、生产能力过剩。在这种情况下，企业家就要用逐步削减投资的办法来减少库存,使实际资本存量降低到与合意的资本存量相当的水平。由此造成的实际投资下降,会通过乘数和加速系数作用而引起经济过程的累积性收缩,其结果是经济的衰退与萧条。

反之,如果实际增长率大于均衡增长率,就会有实际资本存量小于合意资本存量的情况出现。在资本不足的情况下,企业家就会通过增加投资使实际资本存量同合意资本存量相当。这就意味着实际的储蓄率或实际的投资率会大于合意的储蓄率或合意的投资率,从而使实际的需求大于合意的供给。这样就会形成经济的累积性的扩张,可能导致通货膨胀。

以上两种情况都会导致社会经济发生短期性的周期波动,经济就处于收缩与扩张的不断交替中。只有当实际增长率等于合意的增长率时,经济才能保持在充分就业条件下的长期、稳定的增长。

(三)自然增长率与均衡增长率的关系。自然增长率是指与人口增长率相对应的经济增长率。从长期的经济发展来看,人口的增长和技术的进步对经济增长的影响是极其重要的。哈罗德的增长模型中引进了这两种因素,把人口增长归纳为劳动力增长、把技术进步归为劳动生产率增长。用 n 代表劳动力增长率,ε 代表劳动生产率增长率,则经济的自然增长率(G_n)等于两者之和,即:$G_n = n + \varepsilon$。

如果劳动力增长率 $n = 1\%$,劳动生产率增长率 $\varepsilon = 5\%$,则自然增长率为 6%。这样,保证实现长期充分就业的均衡增长率就是 6%。如果均衡增长率偏离自然增长率,就会使经济过程出现波动。

当均衡增长率大于自然增长率,说明储蓄和投资的增长率超过了人口增长与技术进步所能允许的程度,这时的生产增长受到劳动力的不足与技术水平的限制,将会出现储蓄与投资过度现象,也就是社会总供给大于社会总需求,从而使经济呈现长期停滞的趋势。反之,当均衡的增长率小于自然增长率,说明储蓄和投资的增长率还没有达到人口增长同步所允许的程度。这时,生产的增加不会受劳动力不足与技术水平的限制,生产者将增加雇佣工人以扩大再生产,从而使经济出现长期繁荣、扩张的趋势。

哈罗德认为,只有实际增长率、合意增长率、自然增长率这三个增长率相等,即:$G_A = G_w = G_n$,经济社会才能实现合乎理想的长期的均衡增长,$G_A = G_w = G_n$ 也就是理想的、长期的均衡增长条件。但是,事实上要达到实际增长率、合意增长率、自然增长率三者一致是极其困难的,因为要达到三个增长率相等必须取决于其他六个要素。三个增长率常常不一致,就导致了经济的长期波动。

综上所述,哈罗德—多马经济增长模型得出的结论是:尽管经济在长期中均衡增长的可能性是存在的,但经济的长期、均衡增长的可能性极小;一般情况下,资本主义经济很难稳定在一个不变的增长速度上，表现出的是或者连续上升或者连续下降的剧烈波动状态。

第三节　经济增长模型(二):新古典经济增长模型

一、新古典经济增长理论的假定

新古典增长模型有如下几个假定:①社会储蓄函数为 $S = sy$，s 为储蓄率;②劳动力按照一个不变的比率 n 增长;③技术水平不变;④生产的规模报酬不变;⑤在完全竞争的市场条件下，劳动和资本是可以通过市场调节而充分地相互替代。

根据以上四个假定，生产函数可以表示为人均形式:$y = f(k)$。

式中，y 为人均产量，k 为人均资本量，$y = f(k)$ 表示，人均产量取决于人均资本量，人均资本量的增加会使人均产量增加，但是，由于报酬递减规律，人均资本量会以递减的速度增长。下图是生产函数的图示。

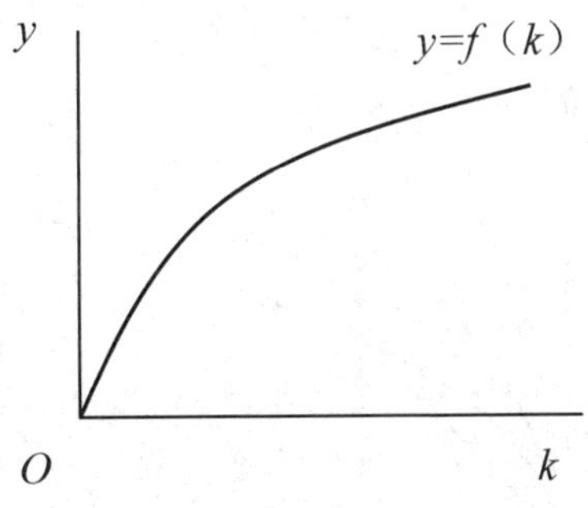

图 8-1　人均生产函数曲线

二、新古典经济增长模型的基本方程

$$sy = \triangle k + (n + \delta)k$$

上式就是新古典增长模型的基本方程，式中，sy 为人均储蓄，$\triangle k$ 为人均资本增量。$(n + \delta)k$ 由两部分组成，一部分是 nk——人均储蓄中用于装备新增劳动力的花费，另一部分是 δk——人均储蓄中用于替换旧资本的花费，即人均折旧量，$(n + \delta)k$ 被称为资本的广化。人均储蓄中超过资本的广化的部分会使得人均资本增多，即 $\triangle k > 0$，$\triangle k$ 就是资本的深化。因此，新古典增长模型的基本方程可以表述

为:人均储蓄是资本深化与资本广化之和,或者说,人均储蓄用于资本深化与资本广化两部分。

三、稳态分析

稳态是指一种长期稳定、均衡的状态,是人均资本与人均产量达到均衡数值并维持在均衡水平不变。在稳态下,k 和 y 达到一个持久的水平。这就是说,要实现稳态,资本的深化为零,即人均储蓄全部用于资本的广化。因此,稳态条件是:$sy=(n+\delta)k$。稳态时,$\triangle k=0$。

虽然在稳态时 y 和 k 的数值不变,但总产量 Y 与总资本存量 K 都在增长。由于 $y=\frac{Y}{N}$、$k=\frac{K}{N}$,所以,总产量 Y 与总资本存量 K 的增长率必须与劳动力数量 N 的增长率 n 相等。这就是说,在稳态时,总产量与总资本存量的增长率相等,且都与劳动力的增长率 n 相等,即:

$$\frac{\Delta Y}{Y}=\frac{\Delta K}{K}=\frac{\Delta N}{N}=n$$

还可以用图形来分析稳态,如下图 8-2 所示。

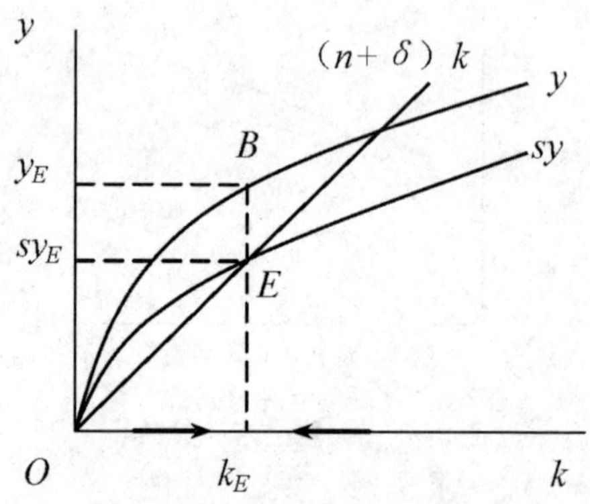

图 8-2 经济增长的稳态

由于 $0<s<1$,故储蓄曲线 sy 与人均生产函数曲线 y 形状相同;又由于 $sy<y$,所以储蓄曲线 sy 位于人均生产函数曲线 y 下方。资本广化曲线 $(n+\delta)k$ 是通过原点、向右上方倾斜的直线。

由于 $sy=(n+\delta)k$ 是稳态条件,所以,稳态时,sy 曲线与 $(n+\delta)k$ 曲线一定相交,交点是 E 点。稳态时的人均资本为 k_E,人均产量为 y_E,人均储蓄量为 sy_E,此时,$sy_E=(n+\delta)k_E$,即人均储蓄正好全部用来为增加的劳动力购买资本品(花费

为 nk_E）和替换旧的资本品（花费为 δk_E），人均资本没有变化（即 $\triangle k=0$）。

从上图可看到，在 E 点之左，sy 曲线高于 $(n+\delta)k$ 曲线，表明人均储蓄大于资本广化，存在着资本深化即 $\triangle k>0$。这时，人均资本 k 有增多的趋势，人均资本 k 会逐步地增加，逐渐接近于 k_E。当 k 的数量为 k_E 即 $k=k_E$ 时，经济实现稳定状态。反之，在 E 点之右，人均储蓄小于资本广化，即 $sy<(n+\delta)k$，此时有 $\triangle k<0$，人均资本 k 有下降趋势。人均资本 k 的下降会一直持续到 k_E 的数量上，达到稳态。

以上论述表明，当经济偏离稳定状态时，无论是人均资本过多还是过少，经济都会在市场力量的作用下恢复到长期、稳定、均衡状态。

显然，新古典增长模型"稳定、均衡"的结论与哈罗德—多马经济增长模型"稳定、均衡的极小可能性及经济的剧烈波动"的结论存在着重大差别。

四、稳态的变化

如果储蓄率和人口增长率发生了变化，稳态也会相应变化。

先来看储蓄率的提高对稳态的影响。

下图 8－3 中，由于人均储蓄曲线 s_0y_0 与 $(n+\delta)k$ 曲线相交，所以经济处于稳态均衡，E_0 点表示最初的经济稳态均衡，此时的人均储蓄为 E_0k_0、人均资本量为 k_0。当储蓄率由 s_0 提高到 s' 以后，人均储蓄曲线 s_0y_0 上升到 $s'y'$ 的位置。由于人均储蓄曲线 $s'y'$ 与 $(n+\delta)k$ 曲线相交，所以经济仍然处于稳态均衡，新的稳态均衡状态由 E' 点表示。新的稳态下，人均储蓄为 $E'k'$，多于旧均衡的 E_0k_0；人均资本量为 k'，也多于原先均衡时的人均资本量为 k_0。显然，储蓄率的提高增加了稳态的人均资本量。新的稳态均衡时的人均收入大于旧稳态均衡时的人均收入。因此，储蓄率的提高还增加了人均收入。

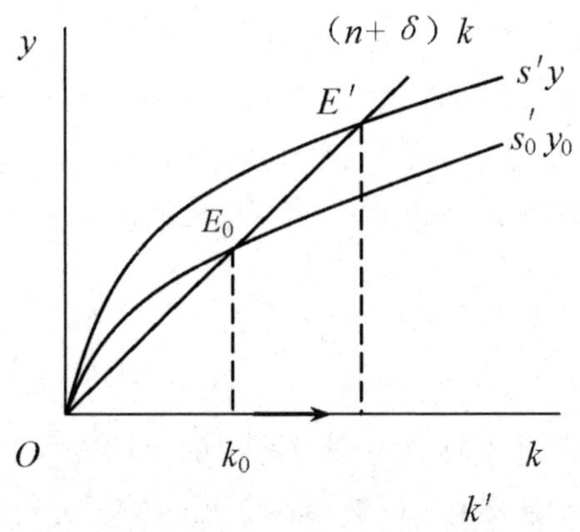

图 8－3 储蓄率提高对稳态的影响

由于E_0点与E'点都表示稳态，所以，这里所提到的稳态变化不是指由稳态到非稳态，而是指旧的稳态变化到新的稳态，经济变化前后都是稳态。这就是说，储蓄率的提高不能影响稳态增长率n，但能提高稳态的人均资本与人均收入水平。

下面来看人口增长率提高对稳态的影响。

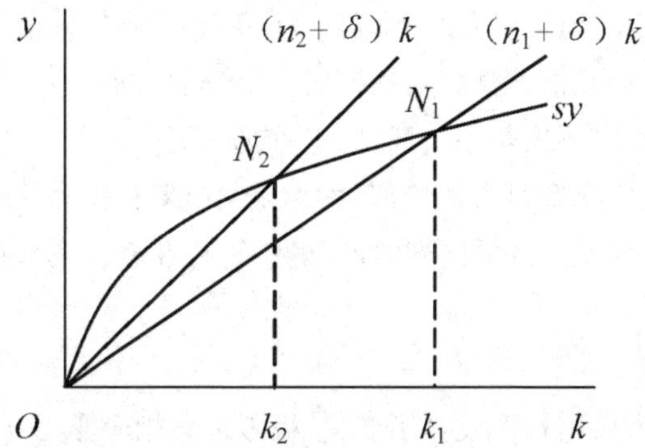

图8－4　人口增长率的提高对稳态的影响

以上分析的都是经济按照不变的劳动力增长率n来增长，现在就来分析把n看作是参数时，人口增长率提高对稳态产生的影响。

上图8－4中，最初的经济位于N_1点所表示的稳态均衡，此时的人口增长率为n_1、人均资本量为k_1。当劳动力的增长率由n_1提高到n_2以后，$(n_1+\delta)k$曲线上升到$(n_2+\delta)k$的位置，$(n_2+\delta)k$曲线与sy曲线相交于N_2点，实现了新的稳态。由于sy曲线向右上方倾斜，$(n_1+\delta)k$曲线上升后的新的均衡点N_2点一定低于N_1点，可以看到，人口增长率的增长降低了人均资本的稳态水平，人均资本由k_1降低到k_2。又由于sy曲线的上方有一条人均收入曲线，所以，新稳态均衡时的人均收入显然低于旧稳态均衡时的人均收入。因此，人口增长率的提高又减少了人均收入，即降低了人均产量的稳态水平。这一结论揭示了发展中国家人均产量下降由人口增长率上升引起的现象，并且两个储蓄率相同的国家，人均收入会由于人口增长率不同而不同。

五、黄金分割率

以上的稳态分析表明，储蓄率会影响稳态的人均资本水平，人均资本水平又影响人均产量。由于产量要用于积累与消费，所以需要分析经济长期增长过程中的人均消费。

假定不存在折旧,则$(n+\delta)k$就变为nk,稳态条件就变为:

$$sy=nk$$

稳态时,人均消费Ca就是人均收入与人均储蓄之差,即:

$$Ca=y—sy$$

又由于$sy=nk$,$y=f(k)$,故可得到:$Ca=f(k)-nk$

人均消费Ca最大化的一阶条件是:

$$f'(k)-(nk)'=0,$$

即:

$$f'(k)=n$$

上式就是黄金分割率表达式,其含义为:要想使得稳态人均消费最大化,稳态人均资本量的选择就应该使资本的边际产品等于劳动的增长率。

还可以用下图表示人均消费最大化。图8-5中,稳态时的人均消费就是人均收入曲线y与直线nk之间的垂直距离。最大的人均消费量出现在人均资本等于k^*的时候。因为在人均资本等于k^*的时候,y曲线切线的斜率正好等于n,即这条切线与直线nk平行。这种情况下,人均收入曲线y与直线nk之间的垂直距离$M'M$最大即消费最大,$M'M$表示的消费量大于人均资本分别等于k_1、k_2时的消费$G'G$、$H'H$。$G'G$、$H'H$之所以小于$M'M$,是因为人均资本为k_1、k_2时所作的曲线y的切线都不与直线nk平行。这一结论与$f'(k)=n$式的意思完全相同。

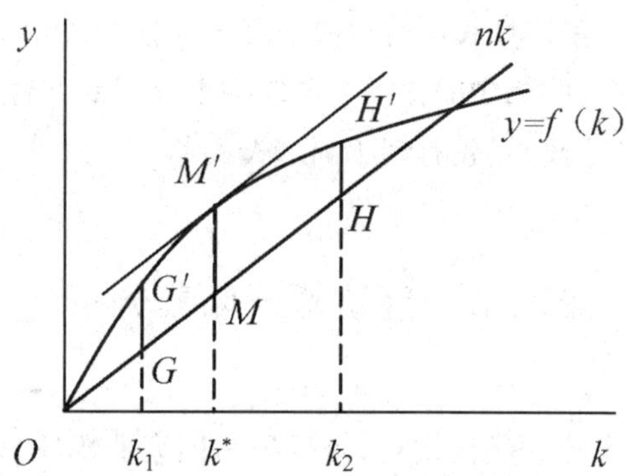

图8-5 经济增长的黄金分割率

从黄金分割率可知,稳态时,如果人均资本量多于黄金分割的水平,则需要通过消费掉一部分资本使人均资本减少到黄金分割的水平,这就能够提高人均消费水平。反之,人均资本量少于黄金分割的水平,则需要减少消费、增加储蓄,再通过储蓄转化为资本,使人均资本增加到黄金分割的水平。

六、新剑桥学派经济增长模型

新剑桥学派的经济增长理论和新古典学派的增长理论，几乎是在同一时期形成的，由于前一学派的代表人物都任教于剑桥大学，又是马歇尔、庇古等人的老剑桥学派的晚辈，故该学派被称为新剑桥学派。新剑桥学派的代表人物是琼·罗宾逊(John Robinson)、卡尔多(N. Kaldor)(《一个经济增长模型》,1957)和帕西内蒂(L. Pasinetti)。

新剑桥学派经济增长模型的前提假设为：(1)社会成员只分为利润收入者(资本家或雇主)与工资收入者(工人或雇员)两个阶级；(2)利润收入者与工资收入者的储蓄倾向是不变的；(3)利润收入者的储蓄倾向于大于工资收入者的储蓄倾向。

新剑桥学派经济增长模型的数学公式为：

$$S = \frac{P}{Y} \cdot S_p + \frac{W}{Y} \cdot S_w$$

基本结论如下：(1)在经济增长中收入分配有利于资本家而不利于工人，趋势是利润在国民收入中的比重上升，而工资则下降；(2)经济增长加剧了深入分配的比例失调，而比例失调反过来又影响了经济增长，引发经济和社会问题；(3)要解决问题的根本途径，是实现收入分配的均等化，根本的方法则是调节储蓄率。

新剑桥学派经济增长模型的理论意义：当资本—产出比已定时，可以通过调节储蓄率来实现经济的稳定增长，而储蓄率的调整可以通过改变利润或它在国民收入中的比例来实现。经济增长同时也改变着收入分配，如果利润收入者的储蓄率不变，那么利润在国民收入中的比重主要取决于投资率。而经济增长又与投资率密切相关，因此增长率越高，越有利于利润收入者。

第四节　经济增长因素分析

作为经济和社会现象的经济增长，会受很多因素的影响，正确认识这些影响因素，对于认识现实的经济增长和制定促进经济增长的政策具有重要意义。因此，需要对影响经济增长的因素进行分析。

一、经济增长源泉

如果宏观生产函数表示为：

$$Y_t = A_t f(L_t, K_t)$$

式中，Y_t、L_t、K_t 分别为 t 时期的总产出、投入的劳动量和投入的资本量，A_t 为 t 时期的技术状况。从上式中可以得到一个表达投入要素增长率、产出增长率与技术进步增长率之间关系的方程，即经济增长率的分解式：

$$G_Y = G_A + \alpha G_L + \beta G_K$$

式中，G_Y 为经济增长率，G_A 为技术进步增长率，G_L、G_K 分别为劳动和资本的增长率，α、β 为参数，分别是劳动和资本的产出弹性。

从经济增长率的分解式中可知，产出由劳动、资本和技术进步决定，或者说经济增长的源泉是劳动、资本和技术进步。

二、丹尼森对经济增长因素的分析

美国经济学家丹尼森把经济增长因素分为两大类，一类是生产要素投入量，一类是生产要素生产率。经济增长是生产要素劳动、资本、土地投入的结果，其中劳动、资本是可变的，土地是不变的。要素生产率是产量与投入量之比，即单位投入量的产出量。要素生产率取决于资源配置状况、规模经济与知识进展。具体讲，影响经济增长的因素包括六个：劳动、资本存量的规模、资源配置状况、规模经济、知识进展和其他因素。

丹尼森分析经济增长因素的目的在于确定各个影响因素对经济增长所作的贡献，以此来比较各个影响因素的相对重要性。

丹尼森根据美国 1929—1982 年的历史统计数据，对经济增长因素进行了考察与分析。经过计算与分析，劳动力增加对经济增长的贡献相当大，部分原因在于劳动的产出弹性相对较大，劳动增长率就占有较大的权重。资源配置状况对经济增长也作出了重要贡献，比如劳动者转换工作、农村劳动力的流动等，都导致了产量或收入的增加。在收入的年平均增长中超过 10% 的部分来自规模经济，因为规模的扩大使得单位产量的投入更少，可以节约生产资源，从而带来规模经济效应。在所有因素中，知识进展对经济增长的贡献约为 2/3。

据此，丹尼森的结论是：知识进展是发达资本主义国家最重要的增长因素。丹尼森所讲的知识进展包括的范围很广，包括技术知识、管理知识的进步和由于采用新知识而在结构与设备方面产生的更有效的设计，还包括从经验与观察中得到的知识。丹尼森认为，技术进步对经济增长的贡献是明显的，但也不能把生产率的增长主要归因于技术知识，因为管理知识也是非常重要的。管理知识更有可能降低生产资本、增加国民收入，它对国民收入增长的贡献比改善产品物理特性而产生的影响更大。因此，管理知识与技术知识都是很重要的，不能只重视技术知识而忽略管理知识。

三、库兹涅茨对经济增长因素的分析

(一)库兹涅茨对经济增长因素的分析

美国经济学家库兹涅茨认为经济增长因素主要是知识存量的增加、劳动生产率的提高和经济结构的优化。

1. 知识存量的增加。随着社会的发展与进步,人类社会迅速增加了技术知识和社会知识的存量,当这种存量被利用的时候,就成为推动经济增长的重要源泉。当然,知识本身并不直接是生产力,它转化为现实生产力需要一系列的诸如劳动力的训练、对适用知识的判断、企业家克服困难的能力等中介因素。在这些中介因素的作用下,知识才会转变为现实的生产力。

2. 劳动生产率的提高。现代经济增长的重要特征是人均产值的高增长率,通过对劳动投入和资本投入对经济增长贡献的长期分析,库兹涅茨认为,人均产值的高增长率来自于劳动生产率的提高。

3. 经济结构的优化。发达资本主义国家的经济增长过程中,经济结构迅速转变。比如,农业活动转向工业活动,再由工业活动转向服务性行业。与此相对应,劳动力的部门分配和社会产值比重也发生变化,第三产业劳动力数量占社会劳动力数量的比例和第三产业产值占国民收入的比重不断上升,特别在现在的一个世纪里,这两个比例迅速变化,这都是经济结构迅速变化的结果。同时,生产规模由家庭企业、独资企业发展到全国性甚至跨国性的大公司。发达国家现在的总体增长率与经济结构的变化速度比其现代化之前的要高得多。库兹涅茨也认为,不发达国家传统的生产技术和组织方式、劳动力在农业部门占有太大的比重、制造业结构不能满足现代经济的要求、需求结构变化缓慢、消费水平低等因素或状况,不能形成对经济增长的强有力的刺激。

(二)库兹涅茨的“倒 U 字假说”

在经济增长与收入分配的关系上,库兹涅茨提出了所谓的“倒 U 字假说”。库兹涅茨认为,随着经济发展而来的“创造”与“破坏”改变着社会、经济结构,并影响着收入分配。库兹涅茨利用各国的资料进行对比研究,得出如下结论:在经济未充分发展的阶段,收入分配将随同经济发展而趋于不平等。其后,经历收入分配暂时无大变化的时期,到达经济充分发展的阶段,收入分配将趋于平等。

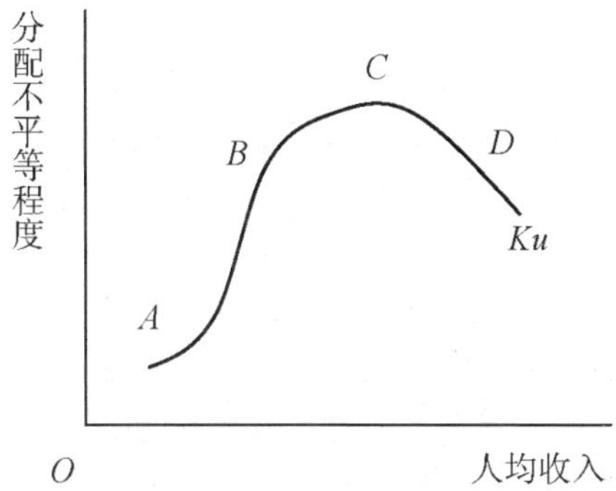

图 8 -6　库兹涅茨曲线

根据库兹涅茨的表述,我们可以用曲线的形式,大致将库兹涅茨的结论描述出来。如果用横轴表示经济发展的某些指标(通常为人均收入),纵轴表示收入分配不平等程度的指标,则库兹涅茨揭示的收入分配与经济增长的关系呈现"倒 U 字"的形状,因而被命名为库兹涅茨"倒 U 字假说",又叫库兹涅茨曲线,如上图所示,图 8 -6 中的 Ku 曲线就是库兹涅茨曲线。从 A 点到 B 点的曲线比较陡峭,表示随着人均收入的增长,收入分配趋向于不平等;B 点与 C 点之间的曲线较为平缓,表示收入分配没有太大的变化;从 C 点开始,曲线向右下方倾斜,故 C 点趋向于 D 点就表示收入分配趋于平等。

库兹涅茨在说明这一"倒 U 字假说"时,将收入部门划分为农业与非农业两个部门,再用三个因素即"按部门划分的个体数的比例、部门之间收入的差别、部门内部各方收入的分配不平等程度"的变化来说明两个部门收入分配平等程度的变化。库兹涅茨推断这三个因素将同经济的发展而起如下作用:(1)经济发展初期,由于不平等程度较高的非农业部门的比率加大,整个社会的分配趋于不平等。(2)一旦经济发展到较高水平,由于非农业部门的比率居于支配地位,比率变化所起的作用将缩小。(3)部门之间的收入差别将缩小。(4)使不平等程度提高的重要因素财产收入所占的比率将降低、收入再分配的各项政策的实施等,各部门内部的分配将趋于平等,总的来说分配将趋于平等。

库兹涅茨的"倒 U 字假说"提出后,西方学者对"倒 U 字"的形成过程、原因以及平等化进程等进行过讨论。有人认为"倒 U 字假说"不符合第三世界国家的实际情况,或者说,随着第三世界经济发展的进程,收入不平等程度越来越大,而不是越来越平等。

第五节 经济增长模型(三):新经济增长模型

一、新古典增长理论的缺陷

新古典增长理论也日益暴露出一些不足或缺陷。一是生产规模报酬不变的假定与事实越来越不相符合。大多数工业化国家由于资源配置合理化、部门协调效率较高、信息传递有效等,其经济资源的利用率高,产生了规模报酬递增的现象,而发展中国家则由于种种原因出现了规模报酬递减的状况。二是该模型无法对劳动力增长率和技术进步率作出解释,也未能对控制人口增长、提高技术进步速度提出相应的建议。在新古典增长模型中,稳态增长率即人口增长率是外生变量,但人口增长率与技术进步率对经济增长至关重要。所以,许多西方学者认为增长率的外生化是新古典增长模型在理论上的主要缺陷。三是新古典增长理论在解释现实方面显得无力。新古典增长理论的一个重要结论是,具有相同的技术和相同人口增长率的不同国家的增长率具有趋同性,但许多国家的增长率存在着较大或相当大的差异的现实却与新古典增长理论的趋同论相悖。

二、新经济增长理论概述

正是在这样的背景下,出现了"新经济增长理论",也被称为"内生经济增长理论"。新经济增长理论是用规模收益递增和内生技术进步来说明长期经济增长和各国增长率差异的理论总称。新增长理论的重要特征是将增长率内生化。在规模收益递增的原因上,新增长理论大多强调技术的溢出效应。企业采用了新技术而增加了技术知识,从而对整个社会产生了有利影响,技术的这种正的外部性就叫技术的溢出效应。新增长理论还特别论证了知识对经济增长的极端重要性。由于储蓄率、人口增长率、技术进步是由人们的行为决定的,也是可以通过政策等加以影响的,在不同的经济时期水平很不相同。因此,当新古典模型不能很好地解释增长时,我们自然会想将储蓄率、人口增长率和技术进步等重要参数作为内生变量来考虑。从而可以由模型的内部来决定经济的长期增长率,这些模型被称为内生经济增长模型。代表人物包括:保罗·罗默(1986)、阿罗(1962)、宇泽弘文(1965)、卢卡斯(1988)、巴罗(1990)。

新经济增长理论中,罗默的增长理论与实际情况较为符合。罗默在 1983 年写的题目为《外部因素、收益递增和无限增长条件下的动态竞争均衡》的博士论文，标志着新增长理论的兴起。罗默的新增长理论表现在以下几个方面。

一是承认知识是一个生产要素，与获得资本一样，知识必须通过放弃当前的消费才能得到。

二是过去投入的资本可以使知识得到积累，并且知识又能刺激投资，投资的持续增长能够永久地提高一国的经济增长率。

三是知识能够提高投资收益。

四是资本、人力资本、非熟练劳动、专利等都属于生产要素，这些生产要素的组合使得规模报酬递增。

五是国际贸易有利于将新技术、新知识及人力资本引入一个国家，会促进一国的经济增长，使世界经济具有持续的增长动力，各国经济增长的差别源于不同的知识、人力资本等。

罗默的新经济增长理论奠定了随后出现的增长理论的基础。

卢卡斯依据人力资本理论，沿着罗默的思路，进一步研究了一般的人力资本与个人的、特殊的人力资本的区别，提出“私人人力资本积累带动经济增长”的卢卡斯模式，认为必须重视人力资本的投入，重视包括在职训练、边学边干等形式的教育，不断积累人力资本，多对研究与发展进行投资。这样，一国才能实现长期、稳定、均衡的经济增长。

牛津大学经济学教授斯科特认为，应当用资本即总投资的变化来说明产出的变化，他把总投资与技术进步看成是一回事，认为发明是由预期的利润所激发和促成的，这与促成投资的因素是完全相同的。

美国哈佛大学的巴罗认为，穷国追赶不上富国的原因并不是穷国缺乏投资，而在于穷国缺乏人力资本，即对教育投资不够。

在技术进步的原因方面，新增长理论的经济学家有不同的看法，罗默认为技术进步表现为私人厂商投资于研究活动而生产出新知识，卢卡斯认为技术进步是教育部门进行人力资本投资的结果，巴罗认为技术进步表现为政府提供服务所带来的私人厂商生产率与社会生产率的提高。

另外，新增长理论还对税收、国际贸易等影响经济增长的因素进行了分析。

从新增长理论的内容来看，新增长理论具有重要的政策意义。如果一个国家的政府认真考虑教育、投资、研究与发展、税收与贸易政策等问题，并实施正确的政策，就能够促进一国的经济增长。

三、新经济增长模型

(一)AK 模型

选择什么样的生产函数是研究经济增长的关键。新古典增长理论假设总量生产函数具有规模收益不变的性质。内生增长理论的关键性质是资本报酬不再递减,其对新古典增长模型的关键修正在于将技术因子 A 看成是经济的内生变量。一个不存在递减报酬的最简单的生产函数是 AK 函数:假设不变的外生储蓄率和固定的技术水平,可以解释消除报酬递减后将如何导致内生增长。琼斯(Jones)、李和曼利(L. and Manuelli, R. ,1990),罗贝尔(Rebelo,1991)论证了规模收益不变的生产技术足以保证经济实现内生增长。

AK 模型的生产函数为 $Y=AK$,A 为反映技术水平的常数,K 为资本存量,则人均产出为 $y=Ak$,k 为人均资本存量。其性质如下:

(1)规模收益不变:$\lambda Y=A(\lambda K)$。

(2)资本的边际产品不变为常数。

投入品的变动会引起:(1)劳动力的增长;(2)知识的增长:g 为表示技术进步率的外生参数,由于假定技术为固定的常数,因此 g=0;(3)资本的增长:其中 s 为储蓄率,δ 为资本折旧率,均为外生变量。

结论:在 AK 模型中,假定技术进步率为零,人均变量也都以相同的速度增长,因此增长体现为"内生性"。

具有物质资本和人力资本的单部门模型在某种意义上与 AK 模型是一致的。而为了区别物质资本和人力资本形成机制的差异,许多内生增长模型都假设经济是由两个部门组成的,资源需要在两个部门之间进行配置。尤萨瓦—卢卡斯(Uzawa - Lucas)模型是两部门内生增长模型的代表。

(二)干中学与知识的外溢

阿罗(Arrow,1962)和塞斯基(Sheshinski,1967)通过假设知识的创造是投资的一个副产品来消除掉报酬递减的趋势。阿罗指出,人们是通过学习而获得知识的,技术进步是知识的产物、学习的结果,而学习又是经验的不断总结,经验的积累体现于技术进步之上。一方面,一个增加了其物质资本的企业同时也学会了如何更有效率地生产,生产或投资的经验有助于生产率的提高——经验对生产率的这一正向影响被称为干中学(learning - by - doing)或边投资边学(learning - by - investing)。另一方面,一个生产者的学习会通过一种知识的外溢过程传到另一个生产者,从而提高其他人的生产率。

一个经济范围内的更大的资本存量将提高对每一生产者而言的技术水平。

这样,递减资本报酬在总量上不适用,而递增报酬则有可能。

干中学和外溢效应抵消了单个生产者所面临的递减报酬,但社会水平上报酬是不变的。社会资本报酬这种不变性将产生内生增长。

模型的关键在于:第一,干中学要靠每个企业的投资来获得。特别地,一个企业资本存量的增加导致其知识存量 Ai 同样增加。第二,是每一个企业的知识都是公共品,其他任何企业都能无成本地获得。换言之,知识一经发现就立刻外溢到整个经济范围内。这样一个瞬时扩散过程之所以在技术上可行,是因为知识是非竞争性的。罗默(Romer,1986)后来证明在这种情形下仍可以在竞争性框架中决定一个均衡的技术进步率,但是所造成的增长率将不再是帕累托最优。更一般而言,如果发明部分地依赖于有目的的 R&D 努力,而且如果一个人的创新只能逐步扩散给其他生产者,则竞争性框架将崩溃。

在这样的现实构架中,一种方法是把不完全竞争整合到模型中去,另一种方法是假设所有的非竞争性研究——一种经典的公共品——都由政府通过非自愿的税收来予以融资。

(三)人力资本积累模型

劳动生产率提高的另一个途径是人力资本的积累。

柯布—道格拉斯生产函数对劳动生产要素的引入,使得有关人力资本因素在经济增长中的作用的研究在技术上成为可能。但柯布—道格拉斯生产函数中的劳动投入是指一般的劳动投入,看不出不同质量或不同技术熟练程度的劳动的投入对于产量所起的作用大小的差异,需要对生产要素的投入进行进一步的区分,以说明人力投资在经济增长中的作用。

卢卡斯(Lucas,1988)引入了斯戈茨(Schultz)和贝克(Becker)提出的人力资本概念,在借鉴罗默(Romer,1986)的处理技术的基础上,对尤萨瓦(Uzawa)的技术方程作了修改,建立了一个专业化人力资本积累的经济增长模型。

卢卡斯(1988)认为,企业能获得的知识的多少不依赖于总资本存量,而依赖于经济的人均资本。他假设学习和外溢涉及人力资本,且每一个生产者都得益于人力资本的平均水平而非人力资本的总量。不再考虑其他生产者所积累的知识或经验,而是考虑从与掌握了平均水平的技能与知识的平常人的(自由)互动中得来的收益。

(四)研究和开发(R&D)

技术水平可以被诸如 R&D 支出之类的有目的的活动所推进,这样的内生技术进步将使得我们从总量水平上的递减报酬的束缚中摆脱出来,特别是如果技术上的进步能以一种非竞争的方式被所有生产者分享的话。对于知识进步,也就是对新思想而言,这一非竞争性是存在的。

将R&D理论与不完全竞争整合进增长框架中始于罗默(1987;1990);阿格默和霍纬特(Aghion and Howitt,1991);格罗斯曼和黑尔普曼(Grossman and Helpman,1991,chapter3, chapter4)。在这些模型中,技术是有目的的R&D活动的结果,而且这些活动获得了某种形式的事后垄断力量作为奖励。如果经济中不存在想法、观念耗竭的趋势,那么增长率在长期中可以保持为正。然而由于新产品及新生产方法的创造有关的扭曲的缘故,增长率和发明活动的基本数量趋于不再是帕累托最优。在这些框架中,长期增长率依赖于政府行动,诸如税收,法律和秩序的维护,基础设施服务的提供,知识产权的保护以及对国际贸易、金融市场和经济的其他方面的管制。因而,政府通过它对长期增长率的影响具有好或坏的巨大影响。

新的研究也包括了技术扩散的模型。虽然对新发现的分析与领先经济中的技术进步率有关,对扩散的研究却属于分析后进经济在这一进步过程中如何通过模仿来分享好处。既然模仿比创新要来得便宜,扩散模型预测了一种与新古典增长模型的预测类似的条件收敛形式。

(五)内生增长理论的结论

在引进技术创新、专业化分工和人力资本之后,内生增长理论得出以下结论:技术创新是经济增长的源泉,而劳动分工程度和专业化人力资本的积累水平是决定技术创新水平高低的最主要因素;政府实施的某些经济政策对一国的经济增长具有重要的影响。

从以上的综述可以看出,经济增长理论的成长经历了古典、现代经济增长理论两个发展阶段。本文按历史发展归纳总结了经济增长理论的发展历程。其中古典经济增长理论对以后的经济增长理论的发展奠定了坚实的基础,对以后经济增长理论的发展产生重大影响。由文中可以得出:古典经济学家关注资本、土地、劳动、制度等对经济增长的贡献;马克思却特别重视科学技术的提高对经济增长的特殊重要性;马歇尔从教育和人力资本方面研究经济增长的源泉。而现代经济增长理论都是在不同程度上对古典经济增长理论的继承和发展。哈罗德—多马模型虽然提出的是一种“刃锋式”增长途径,但它为我们实现长期稳定的经济增长提供了一个良好的参照,新古典和新剑桥模型分别从资本—劳动比率和储蓄率为我们展示了实现经济增长的不同的方法。除此之外,其他的经济增长理论,如内生经济增长理论等,也都从不同的角度对经济增长作了科学的分析。

围绕着对经济增长核心因素的研究,西方经济增长理论经历了一条由“物”到“人”的演进道路。从确立劳动在经济增长中的工具地位到崇尚物质资本积累的资本决定论，再从重视技术进步的作用到强调以人的素质为中心的知识、技术和人力资本的积累，清晰地勾勒出了一条在工业化进程中，对经济增长源泉认识逐渐深化的发展轨迹。而在西方经济增长理论发展的历程中，技术进步的地位和作用也发生了很大的改变。这些都对研究我国经济增长提供了有益帮助。但同时应该看到，现实中的经济增长并未像新增长理论中的模型描述的那样简单，所以我们要根据实际情况来研究各种经济问题。

第六节　经济周期理论概论

一、经济周期的概念与阶段

（一）经济周期的概念

所谓经济波动，是指国民经济中的许多重要变量（如国民收入、投资和储蓄、物价水平、利润率、利息率、就业量等），每年均不是按相同的幅度增长，而是在一定时期内呈现出波浪式的上升与下降。国民经济表现出的有规律的扩张与收缩相互交替的运动过程，就是经济周期。

（二）经济周期的四个阶段

一个经济周期通常分为萧条、复苏、繁荣、衰退四个阶段。假定一个经济周期从繁荣阶段开始，此时的经济处于高水平时期，消费旺盛，就业增加，产量扩大，社会总产出逐渐达到最高水平。繁荣阶段不可能长期保持下去，当消费趋缓、投资下降时，经济就开始下滑，走向衰退阶段。在衰退阶段初期，由于消费需求的减少，投资也逐步减少，进而生产下降、失业增多。随着消费的不断减少，产品滞销，价格下降，企业利润减少，致使企业投资进一步减少，相应地，社会收入也不断减少，最终使得经济跌落到萧条阶段。在萧条阶段，经济活动处于最低水平，这一阶段存在着大量的失业，大批生产能力闲置，工厂亏损甚至倒闭。随着时间的推移，现有设备不断损耗和消费引起的库存减少，企业开始增加投资，于是就业开始增加，产量逐渐扩大，经济便进入复苏阶段。复苏阶段是经济走出萧条并走向上升的阶段。这一阶段的生产和销售逐渐回升，就业增加，价格有所上涨，整个经济呈现上升的势头。随着就业与生产的继续扩大，价格上升，经济又走向繁荣阶段，开始了又一个经济循环。

二、经济周期的类型

根据一个经济周期的长短,将经济周期分为长周期、中周期和短周期。

长周期又叫长波,是指长度平均为 50 年左右的经济周期。这一划分是前苏联经济学家康德拉季耶夫于 1926 年发表的《经济生活中的长波》一文中提出的,故长周期还可称为康德拉季耶夫周期。

中周期又叫中波,是指长度平均为 8 至 10 年的经济周期。关于中周期的研究较早。1860 年,法国经济学家朱格拉在《论法国、英国和美国的商业危机及其发生周期》一书中系统地分析了这种周期,故中周期又叫朱格拉周期。

短周期又叫短波,是指长度平均约 40 个月的经济周期。短周期由美国经济学家基钦于 1923 年提出的,所以,短周期还叫基钦周期。

三、经济周期的波动原因

对导致经济周期性波动的原因,西方经济学家作了不少探讨。早期的马尔萨斯与西斯蒙第等人、近代以霍布森为代表的学者,持消费不足的观点。他们认为,由于收入分配不均,产生富人储蓄过度,致使消费品需求无法赶上消费品供给的增长,引起经济萧条,最终导致经济波动。

以哈耶克、密塞斯和卡塞尔为代表的经济学家们认为,由于投资过度,造成了重生产资本品的产业、轻生产消费品的产业,从而导致产业结构的失衡,引起经济周期性的波动。

以庇古、凯恩斯为代表的经济学家则持心理预期论的观点,他们认为,由于生产者对经济繁荣、衰退、萧条、复苏阶段的不同心理预期,引发了经济周期性的波动。

经济学家杰文斯认为,由于太阳黑子的出现,导致了农业减产,进而波及到互有联系的工业、商业等产业,对购买力、投资等方面产生消极影响,从而引起整个社会经济的萧条。太阳黑子的周期出现,致使国家经济的波动也相应地周期产生。

以霍特里为首的经济学家认为,银行交替地扩张与收缩信用,产生了流通中货币数量的增加与减少,由此引发了经济周期的产生。

经济学家熊彼特、汉森等人认为,创新引发了旧的均衡的破坏和向新的均衡的过渡。持续不断的创新,会产生持续不断的新的平衡,从而引发了一次又一次经济周期的产生。

盖拉斯基、杜夫特以后的诺德豪斯等经济学家持政治说观点。他们中有的人认为,由于政府为阻止周期性的通货膨胀而采取了相应的紧缩措施,人为地制造了一次停滞和衰退,从而引起经济的周期波动。有的人认为,每届到期的政府为了树立良好的政府业绩以争取选民而采取了扩张性的经济政策,以谋求连任;新一届政府上台后就要采取经济紧缩政策,以消除经济扩张政策所带来的经济问题,由于政府的选举与产生具有周期性,因此经济也出现了相应的周期。

以萨缪尔森、希克斯等为代表的经济学家,运用乘数和加速系数的交互作用,来解释经济周期运动的产生。

综合以上各种不同的周期理论,大致可以分为外部因素和内部因素两大类,诸如太阳黑子、科技创新、政府行为等属外部因素,心理预期、消费投资以及乘数—加速数作用等属于内部因素。

四、加速原理

加速原理是关于收入水平或消费需求的变动会引起投资量变动的经济理论。其基本内容是:收入或消费的变动,要求生产部门增加商品的供给量,如果生产部门的生产能力已经得到充分利用,增加产生就要相应地增加资本存量,就要有新的投资追加到生产中去。所以,加速原理分析的是收入变化与追加投资之间的关系。

(一)自发投资和引致投资

自发投资又称自动投资,不是指与国民收入或消费变动无关的投资,而是由人口增长、技术进步、资源开发以及政府政策等方面外在因素的变化而引起的投资。

引致投资又称诱发投资,是指由收入或消费变动而引起的投资。这种投资取决于收入水平或消费需求。加速原理就是研究引致投资与收入变化之间的关系。

(二)资本—产量比率和加速系数

1. 资本—产量比率。资本—产量比率是指生产一单位产品所需要的资本数量,即:

$$\text{资本}-\text{产量比率}=\frac{\text{资本数量}}{\text{产量}}=\frac{K}{Y}$$,式中,K—资本数量,Y—产量或收入。

2. 加速系数。从资本—产量比率中可看到,在技术不变的条件下,如果要使收入增加,就必须按资本—产量比率相应地增加资本存量。资本—产量比率决定了资本增量与产量增量的比率。通常将资本增量等于投资,所以,把投资增量与收入增量之比叫作加速系数,即:

$$\text{加速系数}=\frac{\text{资本增量}}{\text{产量增量}}=\frac{\text{投资}}{\text{收入增量}}$$

若以 a 代表加速系数，$\triangle K$ 表示资本增量$(K_t - K_{t-1})$，$\triangle Y$ 表示收入增量$(Y_t - Y_{t-1})$，I_Y可引致投资，则上述公式可表示如下：

$$a = \frac{\Delta K}{\Delta Y} = \frac{I_Y}{\Delta_Y}$$

（三）净投资、重置投资与总投资

$$a = \frac{\Delta K}{\Delta Y} = \frac{I_Y}{\Delta_Y}$$

中的引致投资 I_Y是因收入增加而引发的投资，称为净投资。除了净投资外，每年还会有一笔为弥补设备、厂房等资本设备磨损的投资，称为重置投资，其数量取决于原有资本设备的数量、构成和使用年限。净投资和重置投资之和为总投资，即：

总投资 = 重置投资 + 净投资

$$I = Ia + I_Y = Ia + a \cdot (Y_t - Y_{t-1})$$

式中，I 为总投资，Ia 为重置投资。

总投资一般来说大于零或等于零，即最低的总投资为零。

一般来说，净投资为负数，意味着企业将把一部分设备卖掉。但是，在正常情况下，如果出现暂时的产量下降，企业不会立即卖掉设备，而是让其暂时闲置。所以，可以将产量下降时的净投资看作零。

（四）加速原理的一些基本特征

1. 投资的变动取决于产量的变动率，而不是产量变动的绝对量。因此，投资是产量变动率或收入变动率的函数。

2. 投资变动率的幅度要大于产量或收入变动的幅度，产量微小的变化会引起投资的巨大波动。

3. 产量增长率如果放慢，则投资的增长率就会出现停止或下降。因此，产量增长的速度相对放慢也会引起经济的衰退。

4. 加速的含义有两个方面，即如果产量增长时，投资的增长是加速的；反之，如果产量增长率下降或停止增长时，投资的减少也是加速的。

（五）加速原理的假设条件

加速原理的作用以下述假设条件为前提。

1. 假设技术水平不变，资本—产量比率不变。从历史发展的观点来看，技术的进步从来没有停止过，因此，资本与产量的比率亦是不断变化的。但是，加速原理的分析必须假定技术水平不变为前提，即假定产量增加同资本存量的增加保持同步增长。

2. 假设企业没有闲置的生产设备。加速原理的主要参数加速系数是以固定的资本—产量比率为假定条件，要增加产量，必须增加资本存量，所以，一定要假设企业的设备已达到充分利用，那么，增加产量就要添置新的设备。当然，如果企业有闲置生产设备，需要增加产量时，企业只要动用闲置设备就行了，不必添置新设备，这样就不会增加净投资。

3. 假设社会上还有可利用而尚未利用的资源。这样为增加产出而增加的净投资，就能购买到新的设备。

表 8－1　某企业初始资本 6000 万元，加速数 v＝2，年折旧 300 万元

阶段	年份	销售量	资本量	重置投资	净投资	总投资	比上年新增
A	1	3000	6000	300	0	300	—
	2	3000	6000	300	0	300	0
	3	3000	6000	300	0	300	0
B	4	4500	9000	300	3000	3300	3000
	5	6000	12000	300	3000	3300	0
	6	7500	15000	300	3000	3300	0
C	7	7500	15000	300	0	300	－3000
D	8	7350	14700	0	－300	0	－300

第一阶段 A(1—3 年)：生产维持原有规模不变，每年销售额都是 3000 万元，每年补充折旧需 300 万元重置投资，没有新增的净投资，因而总投资也保持不变。

第二阶段 B(4—6 年)：假定生产逐年增加，第 4 年比第 3 年销售额增加 50%，净投资 3000 万元，加上重置投资，使总投资达到 3300 万元，比上年增加 10 倍。第 5 年销售额增加了 33.3%，但总投资与上年一样。第六年，销售额增加了 25%，但总投资仍没有增加。

第三阶段 C(第 7 年)：生产维持上年规模，总投资比上年减少了近 91%。

第四阶段 D(第 8 年)：生产规模缩小，总投资为零。

以上例子说明：

第一，投资具有一次完成，并在折旧期内反复使用的性质。因此投资不是产量绝对量的函数，而是产量变动率的函数。

第二，在产量变动的临界点，投资变动的幅度远远大于产量的变动，呈现出加速的态势。

第三，要使投资增长率维持不变，产量就必须按一定比率持续增长。

第四,加速的含义是双重的,当产量停止增长或下降时,投资水平下降也是加速的。

第五,加速原理实现的条件是没有闲置生产设备。如果设备闲置,产量扩大只需动用闲置设备,不必增加投资。

五、乘数—加速数模型

(一)乘数—加速数模型

美国经济学家汉森和萨缪尔森认为,凯恩斯的乘数理论只说明了投资变化引起国民收入和就业的变化,而没有说明收入变化反过来又会引起投资的变化。只有将加速数原理和乘数理论结合起来,才能解释资本主义经济周期性波动的原因和波动的幅度,提出了乘数—加速数模型,又叫"汉森—萨缪尔森模型"。

乘数—加速数模型基于以下收入函数:现期收入等于现期消费、现期投资、自发支出之和,即:

$$Y_t = C_t + I_t + G$$

式中,Y_t为现期国民收入,C_t为现期消费,I_t为现期投资,G为自发支出(如政府支出、自发投资、自发消费)。

假设现期消费是上期收入Y_{t-1}的函数,现期投资是本期消费增量($C_t - C_{t-1}$)的函数,则有消费函数$C_t = \beta Y_{t-1}$和投资函数$I_t = a(C_t - C_{t-1})$,式中,β为边际消费倾向,a为加速系数。

将$C_t = \beta Y_{t-1}$式、$I_t = a(C_t - C_{t-1})$式代入$Y_t = C_t + I_t + G$式中,

可得:

$$Y_t = \beta Y_{t-1} + a(C_t - C_{t-1}) + G$$

根据$C_t = \beta Y_{t-1}$式可知:

$$C_{t-1} = \beta Y_{t-2}$$

将$C_t = \beta Y_{t-1}$式、$C_{t-1} = \beta Y_{t-2}$式代入$Y_t = \beta Y_{t-1} + a(C_t - C_{t-1}) + G$式中,经整理可得:

$$Y_t = (1 + a)\beta Y_{t-1} - a\beta Y_{t-2} + G$$

这就是汉森—萨缪尔森即乘数—加速数模型。

(二)经济波动的形式

在乘数—加速数模型中,由于加速系数(a)、边际消费倾向(β)的不同值,将会使经济波动呈现出以下五种形式:

第一,减幅振荡,指国民收入波动幅度逐渐缩小,最后趋于消失。

第二,增幅振荡,指国民收入波动的幅度越来越大。

第三,同幅振荡,指国民收入波动的幅度在一定范围内保持不变。

第四,在某种干扰下,国民收入波动的水平以递减的速度上升或下降,没有振荡地从初始的均衡达到新的均衡。

第五,在某种干扰下,国民收入波动的水平以递增的速度上升或下降。

(三)乘数与加速数原理要说明的问题

汉森和萨缪尔森把乘数与加速数作用结合起来,说明经济会自动地呈现周期性的波动,并决定了经济周期的各个阶段。萨缪尔森认为,加速原理和乘数相互作用造成一个越来越严重的通货收缩(或通货膨胀)的螺旋。由于加速原理的作用,产量或销售量的增加会引起投资加速度增加;同时,因乘数原理所起的作用,即投资的增加反过来又会引起产量或销售量的成倍增加。结果,社会经济呈上升的膨胀螺旋。这时经济波动处于复苏的阶段。但是,由于边际收益递减规律的作用,在一定技术条件下,当实际产出水平接近潜在国民收入时,经济增长速度必将出现递减趋势,周期就从复苏阶段过渡到高涨阶段。根据加速原理的作用,如果产量增加速度递减,则总投资将以更快的速度下降,结果将导致社会经济呈下降的紧缩螺旋。这时经济波动处于衰退的阶段。但是,这种紧缩螺旋不会无限制地下降,亦有一个极限。这个极限就是由于重置投资的存在,使总投资不能小于零,同时,边际消费倾向也不可能等于零,这样,经济的收缩就有了一个限度。一旦经济下降到这一限度,就会停止收缩。这时经济波动处于萧条阶段。由于重置投资的乘数作用仍然起着作用,就会使收入逐渐上升。这样,经济由于收入与投资相互影响而再一次增长起来。此时,经济波动再次处于复苏阶段,一个新的周期便重新开始。

由上可知,经济的膨胀与收缩是交替出现的,尽管在某一时期,膨胀时期和收缩时期的时间跨度可能由于各种原因而发生变化,但是,这种交替为西方经济学家所主张的政府对经济进行必要的干预以缓和经济波动并维持经济长期稳定的增长建立了理论基础。

应用案例——我国产能周期:新周期

我们对宏观的看法都是战略性的看法,比如说我们在 2010 年判断“增速换挡”,2014 年判断“新 5% 比旧 8% 好”,2015 年提出“经济 L 型”,判断 2016 年到 2018 年中国经济波动触底。年初提出“新周期”,不仅仅 2017 年上半年对经济看好,我对经济是战略性乐观。2012—2015 年是左侧,经济单边下滑,2016—2018 年 L 型触底,2019 年右侧出来。

新周期是什么呢? 什么周期,新在哪里? 新周期是产能周期,新在产能出清。大家知道经济是由各种周期叠加嵌套而成,有短期的库存周期,中期的是产能周期,还有更长的房地产周期、创新周期。我们今天介绍的是产能周期,因为跟我们投资最相关的是两个,一个是库存周期,一个是产能周期,库存周期决定了短期的波动,产能周期决定了中期的趋势。投资在经济结构当中的占比高,波动性大,所以它在中期主导了经济的波动。我们作大类资产配置,投资时钟是一个基础方法,核心是对周期阶段的一个预判,在不同的经济周期阶段,不同的大类资产表现是不一样的。一轮产能周期分为四个阶段,第一个阶段就是在经济繁荣的时候,企业家过度乐观,认为作出决策的能力高人一筹,这时候进行大规模的产能扩张,随后引发产能过剩;进入第二个阶段,产能过剩以后,供需格局恶化,中小企业退出,淘汰落后产能出清;进入第三个阶段,产能出清的尾声,行业集中度提升,剩者为王,企业利润改善,银行不良率下降,修复资产负债表,为新一轮产能扩张积蓄力量;到了第四个阶段,持续的盈利改善和资产负债表修复,最终将会迎来新一轮的产能扩张。

像凯恩斯、熊彼特、哈耶克、萨缪尔森等主流经济学家都提出了产能周期的经典理论,在此不详述。从实证的角度我们发现,随着全球化深入,全球经济周期关联性增强。最近,美国、德国、日本启动一轮设备投资周期,他们的资本开支在加大,因为中国的机电产品出口占比大,对中国的出口会有一些带动,我们看到中国出口在复苏。我重点要讲的是改革开放以来,中国的四轮产能周期:1980—1991年、1992—2000年、2001—2008年、2009—2016年。非常清楚,每7－11年一轮,2017年处于第五轮产能周期的底部和起点。

第三轮产能周期上升期始于2001年前后,2001年我们加入WTO,放开了外需,此前1998年商品房改革放开了内需,启动中国产能投资在2003—2007年爆发式增长。在2007年中期见顶后开始进入下滑期,2008年国际金融危机期间本应进行过剩产能出清,但是2009年“4万亿刺激”进一步扩张了新产能,产能过剩进一步堆积,产能出清被推迟了。2004—2007年的建成产能,叠加2009年的新建产能,一直到2011年接近产能投放尾声,在2012年前后才步入漫长的产能出清。2012年以后,我们开启了漫长的去产能之路。2012年以后由于产能过剩,经历了54个月的工业品通缩,是非常惨烈的,很多中小企业退出,市场自发产能出清。到了2015年12月份,中央经济工作会议首次提出供给侧改革五大任务,“三去一降一补”,即去产能、去库存、去杠杆、降成本、补短板,其中去产能是五大任务之首。总书记讲要“抓铁有痕,踏石留印,久久为功”,表达了供给侧改革的决心。2012年以来的市场出清,叠加2016年以来的供给侧改革去产能和环保督查,进一步使得我们的产能去化加快了、提前了。2017年前后国内这一轮产能出清周期接近尾声。

然后我们来看全球,在2014—2015年全球周期品价格崩盘,也经历了一轮投降式的下跌。因为在2014年、2015年当时美联储退出QE、引导加息,美元大幅走强,中国需求下滑,面临"双杀",全球大宗商品价格经历了一轮暴跌,跌到2015年底,跌得非常惨烈。很多传统行业十分绝望,在2015年要卖壳、要转型。

除了国内市场出清,其实全球的周期品价格也经历了一波非常惨烈的调整。所以产能周期的大底终于在2015年见到了,在绝望中重生,在争议中上涨。2016年以来,周期品价格出现了波澜壮阔的上涨,是库存周期和产能周期叠加的结果。上面是宏观的角度。

我们来看分行业的中微观角度。2012年到2017年,上游黑色、有色这些行业的产能投资持续去化,甚至部分年份出现了负20%多的增长,不仅没有新的产能,而且很多的企业和产能退出了。大家可以看一下,化工、造纸、有色、建材、钢铁、煤炭这些行业,走到今天,当很多经济学家还在说产能过剩的时候,而你从中观、微观发现,很多行业其实出清已经非常充分了,已经进入寡头垄断的格局了,甚至已经开始供不应求了。微观世界已经发生了翻天覆地的变化,在这个时候还盯着GDP、M2等数据是没有意义的,这些宏观指标已经无法反映经济结构所发生的巨大变化。产能出清进入尾声,行业集中度提升,开始进入剩者为王、赢者通吃、强者恒强的时代,我们看到化工、造纸、玻璃、水泥、有色、钢铁、煤炭等传统行业的行业集中度提升,龙头企业受益,头部效应非常明显。以前大家买股票,买完老大买老二,2017年发现就是老大最好,头部效应十分明显。而且传统行业的龙头企业通过规模效应、打通产业链上下游、节省成本、设备更新、研发投入、提高环保标准等建立壁垒和护城河。越来越多的行业从数星星的时代,进入到了数月亮的时代。不仅传统行业开始进入强者恒强的时代,金融、新兴行业也开始强者恒强。金融监管导致银行、保险、券商等金融行业集中度提升,而且以前银行的风险敞口大部分来自传统行业,现在传统行业企业利润改善大幅降低了银行不良率。监管加强、打击炒壳、并购重组等导致新兴行业集中度提升。前段时间我和爱奇艺的副总说了一个数据,我非常的惊讶,他说我们国内一年拍几百上千部电影,赚钱的只有前20部。大部分的电影,一日游,或者连上映的机会都没有,2017年光《战狼》一部电影,占国产暑期档票房的一半。所以头部效应非常的明显。

更重要的是什么呢?大家知道以前周期品价格,大家炒的时候对它是又爱又恨,因为它涨的时候非常凌厉,但顶是尖的,因为它的涨价逻辑是自我破坏的,涨上去以后,边际高成本产能就放出来了或中小企业就进入了。但是这一次你会发现,顶是平的,这些周期品的价格一直维持在高位,保持很高的利润水平,为什么?因为银行仍然对"两高一剩"的行业限贷、环保督查、供给侧去产能,压制了新的产能释放,所以现有的这些行业正在收割这个市场,它的利润和资产负债表修复持续的时间是超预期的。比如说有一个小企业,它找到银行说我这个行业已经大幅盈利了,我想把原来的产能开出来,银行会告诉你抱歉,按照现在的监管规定,你这个行业叫"两高一剩",没有办法给你贷款。如果你找到地方政府要批地,地方政府会告诉你,现在环保督查都是乌纱帽工程,地方没有环境容量给你。你要扩张产能,而中央的政策还在去产能。所以,这些行业龙头企业盈利的改善时间、力度是超预期的。部分行业护城河建立以后,周期属性下降、公用事业属性上升,这有助于提升估值水平。

而且,环保成本的提高以后是新常态,不要怀疑政策的执行力,尤其在新政治周期下。当然现在有人开始批评我们的环保政策,说政府采取了计划的手段、采取了行政化的手段,我觉得现在有些经济学家被西方经济学洗脑洗得太彻底、太书生,已经没有独立思考能力了。环保这个事情走到今天,不动用行政手段,已经根本不行了,如果能用市场化解决早解决了,还用等到今天吗?

我们以为这些行业负债率很高,2014 年以来这些行业的负债率都在大幅下滑,资产负债表都在修复,为什么?2014、2015 年降息,降低财务成本,2016、2017 年盈利持续改善。经过产能的持续出清,大家知道中国的需求每年还有增长。我给大家报一下 2017 年上半年情况,上半年房地产投资增长 8.5%,出口 8.5%,基建投资约 17%,消费 10.4%,我们总需求是 10% 以上的增长,但是上半年我们的产能投资只有 5.5% 的增长,而企业还要正常的折旧和设备更新。所以你会发现,我们出现了近几年少有的供求缺口,供求缺口必然导致周期品价格上涨和企业盈利改善。为什么周期品价格涨?这是基本面决定的。

结论就是,经过六年多市场出清,叠加供给侧改革和环保督查,中国经济正站在新周期的底部和起点上。新周期的核心是:产能周期的第三个阶段,产能出清、行业集中度提升、剩者为王、企业盈利改善、银行不良率下降、资产负债表修复、为新一轮产能扩张蓄积能量。我们提出新周期以后,在市场上引发了一些讨论,市场目前存在一些误解,我大致作一些回应:

(1)有观点认为新周期是需求的复苏。我们强调的是产能出清新周期,产能出清引发的资产负债表修复至少有 2—3 年时间,所以从 2016 年开始到 2018 年,我们都处于这个阶段。这些行业龙头资产负债表修复,具有可持续性。

(2)有观点认为产能出清主要是供给侧改革所致。我们认为,新周期是供给侧改革和市场自发出清的叠加。市场自发出清比供给侧改革要更早,从 2012 年以来,中国经济就已经开始依靠市场自身力量去产能,54 个月的通缩。另一个可以佐证的证据是,我们看到供给侧改革主要在钢铁、煤炭,但我们看到产能出清在化工、造纸、玻璃、水泥、有色等没有推动供给侧改革的很多行业均有积极进展,可以观察到广义周期品的价格上涨、企业盈利改善以及资产负债表修复。

(3)有观点认为新周期一定要有新内容,新经济结构。我们认为经济周期和结构转型是两回事,并不意味着每一次周期轮回都要有经济结构的翻天覆地。周期是从复苏、繁荣、衰退到萧条自身的循环。在产能出清、行业集中度提升、剩者为王的过程,也提升行业平均效率和规模经济,促进大企业加大研发投入和设备更新,有转型升级的内涵。

(4)有观点认为新周期是设备扩张周期。产能出清新周期,处在产能周期的第三个阶段。目前并没有进展到第四个阶段设备扩张周期,钢铁、煤炭、电解铝等行业甚至仍在去产能去设备的过程,当前商品价格和周期股的大涨主要是产能出清而不是产能扩张。

(5)2011 年、2013 年市场多次有分析师预测新周期启动,结果均被证伪,有观点认为这一次新周期也会被证伪。2011 年处在产能扩张的尾声、2013 年刚刚开启去产能,被证伪符合周期自身的运行逻辑。但是经过长达 54 个月的通缩和市场自发出清,叠加供给侧改革,产能出清周期已经接近尾声。当新周期真的来临时,人们已经不敢去确认了。

(6)有观点认为,市场自发的供给出清和供给侧改革导致商品价格上涨,利润在产业链上下游重新分配,挤压中下游,提升了成本。我要说的是,市场是很公平的,不要忘了,过去这几年,这些上中游传统行业有多惨,大家还记得 2015 年韶钢要卖壳吗?多少传统行业要转型,人家亏了这么多年,现在赚一点点钱,很正常。过去漫长通缩,难道不是上游补贴下游吗?要尊重市场有自身的周期运行规律和事实。

(7)有观点认为新周期意味着改革任务完成,不需要再改革了。这也是一种误解,产能出清新周期仅就部分行业的产能过剩而言完成了阶段性的任务,改革仍任重道远,比如通过减税和打破“玻璃门”放活新兴产业,通过长效机制促进房地产持续健康发展,通过财政整顿建立健全财经纪律,在金融稳杠杆的过程中完善金融监管,为了平滑改革带来的结构性失业阵痛需要完善社会保障体系,等等。

近期关于新周期的讨论,出现了宏观研究员普遍反对、行业研究员普遍举证的现象,宏观研究应多作调研、少闭门造车。

新周期具有十分重要的政策含义,因为只有认清经济形势,政策才能采取正确的操作,才能避免误判引发经济大起大落。新周期的政策含义十分重要:市场已经靠自身力量企稳,经济 L 型,保持货币政策中性稳健,防止再度通过刺激房地产稳增长;供给侧改革“三去一降一补”和环保标准提高是新常态,大方向是对的,对公共政策的批评不能带有“洁癖”,中国不应该再回到过去粗放式发展道路,新周期意味着未来创新发展、绿色发展、集约式发展的大方向和道路;市场自发出清证明了市场机制的伟大,要坚持市场化改革的方向;未来更多地要依靠市场化和法治化的方式推动供给侧改革,同时去产能过程中公平对待国企和民企,提高资源配置效率。(摘自任泽平的微信公众号:泽平宏观)

第九章

现代宏观经济学主要流派

一、现代西方经济学发展的历史渊源

现代西方经济学一般指20世纪30年代以后流行于欧美国家和其他某些国家与地区的经济学说。不过，这种经济学说并不是在20世纪才产生和出现的，而是从古代发展变化而来的。综观近现代西方经济学的发展历史，可以说，从近代重商主义学说以来，大约一共经历了六次大的"革命性"变化。

（一）1776年亚当·斯密代表作的产生是近现代西方经济理论发展史上的第一次革命

1776年，亚当·斯密出版了他的经典性传世之作《国民财富的性质和原因的研究》（即《国富论》）。在这部划时代的巨著中，斯密批判了当时居于统治地位的重商主义的思想和政策主张，力主实行经济自由主义，反对国家干预经济生活，第一次创立了比较完整的古典政治经济学理论体系。《国富论》为古典政治经济学从多方面奠定了理论基础，开辟了进一步研究的方向。正是斯密的这部巨著开创了经济学说史上一个崭新的时代。所以，亚当·斯密《国富论》的正式出版标志着经济学说史上的第一次革命。

（二）19世纪70年代以后出现的边际主义革命是近现代西方经济理论发展史上的第二次革命

19世纪70年代初，英国的威廉·斯坦利·杰文斯、瑞士的莱昂·瓦尔拉斯和奥地利的卡尔·门格尔，几乎同时在不同的国家、各自独立地提出了主观效用价值论和边际分析方法，从而对古典经济学的劳动价值论和费用价值论提出了质疑和否定。这就是西方经济学说史上所说的"边际主义革命"。"边际革命"的影响一直持续到20世纪初期英国经济学家阿尔弗雷德·马歇尔的经济学体系，最终形成了"新古典经济学体系"。事实上，从"边际革命"起，直到20世纪初，新古典经济学一直居于支配地位，这也为现代微观经济学奠定了理论基础。所以，"边际革命"被认为是西方经济学史上的第二次革命。

（三）20世纪30年代的凯恩斯革命是近现代西方经济理论发展史上的第三次革命

1936年英国经济学家约翰·梅纳德·凯恩斯出版了《就业、利息和货币通论》，引发了经济学说史上的第三次革命，也就是西方经济学家所说的"凯恩斯革命"。"凯恩斯革命"在经济学研究的理论、方法和政策三个方面，对传统的新古典经济学进行了变革。

理论上，凯恩斯反对代表基本传统理论观念的"萨伊定律"，强调总需求对决定国民收入的至关重要的作用。他提出在三大心理规律（消费倾向规律、流动偏好规律和资本边际效率规律）作用下，有效需求不足将导致大规模失业和生产过剩，而市场自动调节的机制将无法发挥有效作用来纠正这种失调。

方法上，凯恩斯复活了重商主义曾经使用过的宏观总量分析方法，克服了此前传统的将货币经济和实物经济分开的"二分法"，将货币经济和实物经济合为一体。这一做法开辟了经济学研究方法的一个新时代。

政策上，凯恩斯反对"自由放任"和"无为而治"的传统做法，主张国家通过财政政策和货币政策对经济生活进行积极干预和调节。特别是，他创新性地提出了功能性的财政预算政策，主张以赤字财政政策来解决大的经济萧条和危机问题。

凯恩斯经济理论体系的出现确实使西方经济学发生了极大的变化，导致了现代宏观经济学的产生。这也正是"凯恩斯革命"的主要影响所在。

（四）20世纪50年代货币学派的产生是近现代西方经济理论发展史上的第四次革命

20世纪50—60年代以美国经济学家米尔顿·弗里德曼为代表的现代货币主义者发起了对"凯恩斯革命"的反革命。这就是西方经济学家们所说的经济学说史上的第四次革命。

弗里德曼的理论体系认为，资本主义经济体系的不稳定，主要是因为货币因素的扰动造成的。货币是支配资本主义经济中产量、就业和物价变动的唯一重要因素。因此，经济学理论中最重要的就是货币问题。从政策方面来说，弗里德曼认为，财政政策对经济只能起到负面作用，只有适当的货币政策才能稳定经济，让市场自动调节的机制充分发挥作用，实现充分就业。

弗里德曼在反对凯恩斯主义经济理论和政策主张时提出了两大思想：其一，货币供应量的增加是通货膨胀的根源；其二，短期内，货币政策比财政政策对产量具有更大的效应。这些观点后来为绝大多数经济学家所接受。

现代货币主义的革命使凯恩斯主义在第二次世界大战后的正统地位发生了动摇。

(五)20世纪60年代的斯拉法革命是近现代西方经济理论发展史上的第五次革命

1960年英国经济学家皮罗·斯拉法出版了《用商品生产商品》一书,在理论学术界产生了很大的影响和震动。该书篇幅不大,但思想深刻,在复兴古典政治经济学思想路线的基础上,提出了生产价格理论,对新古典经济理论体系进行了批判。

斯拉法的这本书被认为是一部划时代的理论著作。它造成的影响不亚于一场"革命"。所以,斯拉法这本书的出版被认为是西方经济学说史上的第五次革命。

(六)20世纪70年代以后的理性预期学派的挑战是近现代西方经济理论发展史上的第六次革命

在20世纪70年代反对凯恩斯主义经济学的过程中,产生了西方经济理论发展史上的第六次革命。这就是所谓"理性预期革命"。

理性预期学派在批评凯恩斯主义理论体系的过程中,着重强调宏观经济学的微观基础问题。他们认为,人们都是理性的"经济人",都具有最大化自己利益的行为和理性预期。因此,对于任何宏观经济政策,他们都会有相应的对策来避免或化解对自己的不利,从而会造成宏观经济政策的无效。据此,理性预期学派(新古典宏观经济学派)反对凯恩斯主义的各种国家干预的政策,主张由市场机制对经济自行加以调节,最终使经济达到自然率的水准。

理性预期的概念已经为大多数经济学家所接受,并对以往的宏观经济理论模型和政策效果分析产生了重要的影响。正是由于这个原因,理性预期学派的出现被认为是对西方经济理论界的又一次革命。

以上六次革命大致上反映了西方经济理论体系的基本发展变化,特别是后面的四次革命反映了现代西方经济学各主要流派产生、发展和变化的基本过程。

二、现代宏观经济学各流派的形成和发展

现代西方经济学各流派的形成与发展既与凯恩斯主义经济学有着直接或间接的关系,也和新古典主义经济学有着直接或间接的关系。一般说来,这些经济学流派的形成与发展与下面三种情况密切相关:

(1)由于凯恩斯的追随者对凯恩斯经济学说进行了不同的解释和补充而形成了不同的流派。这些流派包括新古典综合派(后凯恩斯主流经济学)、新剑桥学派、非均衡学派(新凯恩斯学派)、希克斯的经济学体系、新凯恩斯主义经济学。

(2)凯恩斯主义经济学说在20世纪60年代末期以后遇到了经济"滞胀"的挑

战，这时，与凯恩斯主义经济学说相对立的各种学说，在批评凯恩斯主义经济学说的情况下，出现了恢复古典经济自由主义思潮的倾向，其中也产生了各种不同的流派。这些流派主要有：货币主义学派、理性预期学派、供给学派、新奥地利学派、伦敦学派、弗莱堡学派、芝加哥学派、公共选择学派、新制度主义经济学派、新古典宏观经济学。

(3)不同于凯恩斯主义经济学各流派，也不同于反凯恩斯主义经济学各流派的非主流经济学派。这包括：瑞典学派、熊彼特的经济理论体系、罗斯托的经济成长阶段理论、新制度学派、激进经济学派。

第一节 凯恩斯的经济学

一、凯恩斯其人

约翰·梅纳德·凯恩斯(John Maynard Keynes，1883—1946)是英国著名的经济学家，现代西方经济学凯恩斯主义经济学的创始人，也是现代西方宏观经济学理论体系的奠基者。

凯恩斯1883年6月5日出生于英国的剑桥市。凯恩斯的父亲也是经济学家，其母亲是剑桥市的市长。凯恩斯在1902年从伊顿公学毕业后进入剑桥大学学习数学。1905年，凯恩斯毕业后，在剑桥大学师从新古典经济学的大师马歇尔学习了一段时间经济学。1906年，他通过了文官考试进入英国政府印度事务部任职。1908年起，凯恩斯到剑桥大学任教。1911年起，他担任著名的《经济学杂志》主编。他在剑桥大学任职期间，曾经几次在印度政府任职。1913—1914年，他担任皇家印度通货与财政委员会的秘书。第一次世界大战期间，他在财政部任职，并在1919年作为财政部首席代表参加了巴黎和会。1929—1931年，他出任麦克米伦财政与工业调查委员会委员。1930年，他出任内阁经济顾问委员会主席。第二次世界大战期间，他出任财政部咨询委员会主要成员。1941年起，他担任英格兰银行董事。1944年，他被封为勋爵。1944年率英国代表团出席在美国布雷顿森林举行的国际货币金融会议，并且当选为国际货币基金和世界银行的董事。此外，凯恩斯还担任过英国全国互助人寿保险公司董事长，创办过几家投资公司，从事金融活动，并取得成功。1946年4月21日由于心脏病突发，逝世于苏塞克斯郡家中。

凯恩斯的主要著作有：《凡尔赛和约的经济后果》(1919)、《货币改革论》

(1923)、《货币论》(1930)、《劝说集》(1932)、《就业、利息和货币通论》(1936)等。

二、"凯恩斯革命"的含义

凯恩斯最早属于英国剑桥学派,以研究货币理论和货币政策著称。20 世纪 30 年代的经济大危机和大萧条使他的思想和主张发生了根本性的变化。他在最著名的传世之作《就业、利息和货币通论》中,否定了传统的新古典经济学关于资本主义市场经济可以自动维持经济达到充分就业的和谐均衡状况的理论主张和信条,提出了一整套新颖的有效需求理论,并主张通过国家对经济生活进行积极干预的办法,来消除大规模失业、走出经济萧条。这些理论观点和政策主张被后来的经济学界认为是对于以马歇尔、庇古为代表的新古典经济学自由放任的主要思想倾向和政策主张的"革命"。这也就是后来所说的"凯恩斯革命"。这一"革命"开创了一个新时代,导致了现代宏观经济学的产生,也导致了凯恩斯主义经济学在第二次世界大战之后在西方国家中较长期的主流地位。

三、"凯恩斯革命"的主要内容

"凯恩斯革命"就是从理论、方法和政策三个方面,对传统的新古典经济学进行了变革。

凯恩斯《就业、利息和货币通论》的主要思想是,资本主义市场经济的自动调节作用尽管可以使储蓄和投资达到相等,但是,却未必可以达到充分就业的水平。一旦出现小于充分就业的均衡水平,国家就应该积极干预经济生活,通过增加政府投资来推动就业扩大和克服经济危机。具体说来,凯恩斯经济理论的这一主旨是通过对新古典经济学的批判建立起来的。这表现在:

(一)反对"萨伊定律"和经济自动均衡的全部理论教条,发起经济理论的革命

凯恩斯以经济现实批评了"萨伊定律"的教条,针锋相对地提出了强调需求重要性的有效需求理论。凯恩斯认为,在市场经济的现实条件下,国民收入主要受到了需求水平的制约,或者说,国民收入的水平主要是由社会的需求水平来决定的。他认为,由于"资本边际效率"、"流动性偏好"和"边际消费倾向"这三大心理规律的作用,即便在正常的情况下,仅靠市场的自动调节机制也不足以使经济达到充分就业的均衡。为此,国家必须借助政府干预的各种手段,来补足社会的有效需求缺口,才能使供给和需求在社会最充分的水平上达到均衡,即达到充分就业的均衡。具体到各个特定市场的情况,凯恩斯认为,在商品市场上,消费者在"边际消费倾向"的作用下,其消费需求会随着收入的增加而呈现递减的趋势,也

就是说,由于消费的增加总是跟不上收入的增加,消费需求不足将是一种长期现象。在货币市场上,利息率也不能自动保证储蓄与投资的经常相等。因为投资要取决于利息率和对投资的预期收益(资本边际效率)二者之间的比较。而利息率也不是像新古典经济学所说的那样由储蓄和投资共同决定。对此,凯恩斯提出了利息率应该由对货币的供给和需求共同决定,主要是由对货币的需求决定的观点。货币的需求又是由人们需求货币的三种动机来决定的。在劳动市场上,他认为,工资也不能成为调节劳动力市场使劳动的供求经常达到充分就业均衡的机制。凯恩斯认为,劳动的供给主要取决于名义工资(而不是像新古典经济学所认为的那样取决于实际工资),而且名义工资在经济萧条时也不会像新古典经济学所认为的那样无限制地下降。凯恩斯认为,在消费需求不足条件下,一般消费品的生产过剩是不可避免的。而消费品的生产过剩将会导致生产减少和下降。而这些又都会减少生产者的利润,从而降低生产者和投资者的利润预期,降低其“资本边际效率”,引起投资需求不足。(如果“资本边际效率”发生突然崩溃,将会立即引起经济危机。)再加上“流动性偏好”的作用,使利息率难以持续下降,投资需求将更加不足。在投资需求不足的情况下,经济中就会出现非自愿失业。这样,劳动市场也会发生严重失衡。由此,凯恩斯断定,在一般情况下,资本主义经济将无法依靠市场的自动调节机制达到充分就业的均衡状态。仅依靠市场调节机制,经济通常将处于小于充分就业的低水平均衡状态,只有极偶然的情况下,经济才可能达到充分就业水平的均衡。而经常失业的常态是难以为社会所接受的。

(二)对自由放任主义古典经济学信条的政策革命

鉴于经济中经常发生有效需求不足的情况,而市场自动调节机制又不能总是有效地发挥作用,凯恩斯提出,应该放弃传统的、新古典经济学所主张的自由放任原则,转变政府实行自由放任政策的观念,代之以政府干预的观念和政策,通过实施扩张性的财政政策和货币政策,增加社会的总需求,提高就业和产出水平。他还进一步采用了其弟子卡恩提出的乘数理论来说明政府干预经济、扩大有效需求的重要效果。

四、“凯恩斯革命”的理论特点和意义

美国著名经济学家约翰·K. 加尔布雷思曾经说《就业、利息和货币通论》是“对社会经济政策最有影响的一本书”①。事实上,凯恩斯对于西方经济学的这一

① 约翰·K. 加尔布雷思:《凯恩斯主义为何来到美国》,转引自萨缪尔森:《经济学文选》,1973 年英文版,第 91 页。

变革,在当时乃至以后的确都是一个十分重要的“革命性”的转变。凯恩斯经济理论体系的出现确实使西方经济学发生了极大的变化,并导致了现代宏观经济学的产生。

“凯恩斯革命”在理论上的特点主要是:(1)注意到经济中制度因素和不确定性对经济行为的决定性影响,因而拒绝了传统西方经济学中的市场总是处于充分就业均衡状态的假定。(2)注重短期分析,注重国民收入和就业的决定问题,而不再强调长期分析和资源最优配置问题。(3)强调有效需求的决定性作用,否认相对价格变动在短期内的重要意义。(4)主张经济中实物经济和货币经济的统一,反对将其分裂的“二分法”。(5)否认经济中存在经常有效的自动调节机制,主张政府对经济加以干预和调节的必要性和重要性。

客观地讲,凯恩斯的理论的确对20世纪20—30年代的资本主义经济状况做出了一定程度上的、比较正确的分析。他能够比当时居于主流地位的新古典经济学家更为清醒地正视经济大萧条的现实和资本主义经济体系的矛盾。他的一整套理论体系和分析方法的提出,为西方经济学的发展,在极其关键的时刻转变和开辟了一个新方向。他所提出的经济政策主张,至少为当时的资本主义经济摆脱危机和困境,提供了一条现实可行的途径。从某种意义上说,正是凯恩斯找到了有别于社会主义和传统新古典经济学的、拯救资本主义经济的“第三条道路”。他不仅成为现代西方宏观经济学的创始人,而且也成为真正意义上的现代西方经济学的奠基人之一。此后,西方经济学的发展都直接或者间接地受到了凯恩斯经济学理论和分析方法的影响。“凯恩斯革命”的意义主要应该从上述方面加以理解。

但是,凯恩斯的理论和方法也存在着明显的缺陷。它强调了经济的宏观方面,却忽视了应有的微观基础,从而成为后来一些经济学家批评的主要方面。它过多强调了心理因素的作用,却忽视了对经济现实因素的深入分析。它在特定情况下对经济需求方面给予充分强调的同时,却没有注意到供给因素也是不能被忽略的。凡此种种,造成了凯恩斯理论在解释经济现实问题时,也存在着较大的局限性,因而也引起了后来的经济学家们对他的较多批评。

总之,对于“凯恩斯革命”,我们既要从它对西方经济学的发展和对西方国家经济发展的作用方面给予积极评价,也应该看到,正是由于凯恩斯理论极强的针对性带来了它的特定历史局限性和片面性。当然,也应该注意到,凯恩斯的理论和方法带有理论粗糙。看法主观的问题。在学习和借鉴凯恩斯的经济理论和分析方法时,应该实事求是地对待它和准确地把握它。

第二节　后凯恩斯主流经济学（新古典综合派）

凯恩斯在《就业、利息和货币通论》中提出其不同于新古典经济学的新的经济理论和方法体系之后，逐渐成为西方各国的“新经济学”。许多西方经济学家对其趋之若鹜，信服有加。为了学习和运用凯恩斯的新理论、新方法，凯恩斯主义的追随者们对凯恩斯的理论进行了大量的注释、补充和改进的工作。这些人就形成了“后凯恩斯经济学派”。

到20世纪50年代末和60年代初，西方国家的经济学界形成了两大主要的凯恩斯主义经济学派分支。其一是以美国经济学家为主的“新古典综合派”（也叫作“后凯恩斯主流经济学”“美国凯恩斯主义”“凯恩斯右派”）；另一支是以英国经济学家为主的“新剑桥学派”（也叫作“后凯恩斯主义经济学”“英国凯恩斯主义”“凯恩斯左派”）。本节，我们将主要介绍对西方经济学影响最大的一派，即“新古典综合派”（“后凯恩斯主流经济学派”“美国凯恩斯主义”）。

一、后凯恩斯主流经济学派（新古典综合派）形成与特征

（一）后凯恩斯主流经济学（新古典综合派）的主要代表人物

有美国保罗·萨缪尔森（Paul A Samuelson），阿尔文·汉森（Alvin H Hansen），沃尔特·海勒（Walter W Heller），詹姆斯·托宾（James Tobbin），劳伦斯·克莱因（Lawrence R Klein），阿瑟·奥肯（Arthur Okun），多马（Domar），英国詹姆斯·米德（James E Meade）等人。

（二）后凯恩斯主流经济学（新古典综合派）的特征

新古典综合派在经济理论上的最显著特征是，在宏观方面接受凯恩斯的经济理论，在微观方面采用传统的新古典经济学理论。随着形势的发展，新古典综合派还表现出另一个特征，那就是对其他学派观点的吸纳。新古典综合派这种经济理论的运行背景是所谓的“混合经济”。

（三）后凯恩斯主流经济学（新古典综合派）的形成

新古典综合派的形成过程，其实就是凯恩斯的经济理论在美国传播和占据主流地位的过程。这一过程并不是从凯恩斯的《就业、利息和货币通论》出版后很快开始的，因为1939年第二次世界大战的爆发使各国很快转入了战时经济的状态。不过，战时经济却从另外的角度对凯恩斯的理论提供了佐证，使得本来就对凯恩

斯理论抱有好感的一些人,在战争结束之后更愿意接受它了。

20 世纪 40—60 年代是凯恩斯主义在欧美国家得到普遍传播和运用的时期。这一时期被称为“凯恩斯时代”。在这一时期里,美国取得了连续多年的经济持续增长。这似乎证明了凯恩斯主义经济理论的有效和适用。在经济持续稳定增长的情况下,新古典经济学的一些理论和观点开始重新逐步回到一些人的经济理论观念中,并渗透和进入凯恩斯的经济理论,与凯恩斯主义由相互对立转向共存与相互融合。新古典综合的理论体系就在这一基础上形成和出现了。

“新古典综合”的发端,或可追溯到 20 世纪 30 年代英国经济学家约翰·希克斯所写的《凯恩斯先生和“古典学派”》(1937)一文。希克斯用三个方程式和 IS - LM 模型概括了凯恩斯的理论。他认为,凯恩斯的三个方程式是“向马歇尔的正统经济学跨回了一大步,以致他的理论很难与经过修订的和在限量范围内的马歇尔理论相区别”①。美国经济学家汉森也有与希克斯相类似的看法。

新古典综合理论体系的最完整形式首先在萨缪尔森的《经济学》教科书中得到了最典型的体现。萨缪尔森在其 1948 年出版的《经济学》教科书第一版中,正式开始其“新古典综合”的工作。到 1955 年出版的《经济学》第三版,萨缪尔森首次正式提出了“新古典综合”的术语。所谓“新古典综合”就是把以马歇尔和庇古为代表的传统的新古典经济学理论同凯恩斯的经济学理论“综合”在一起。萨缪尔森在其《经济学》第六版(1964 年)中说,“新古典综合”就是“总收入决定理论的要素与早先的相对价格和微观经济的经典理论相结合”②。这其实就意味着,一方面,强调以政府干预的“需求管理”对经济进行宏观调节;另一方面,又主张以市场机制对生产要素的供求发挥自动的调节作用。说到底,“新古典综合”的核心思想就是相信:只要采取凯恩斯主义的宏观财政政策和货币政策对资本主义的经济活动进行调节,就可以避免经济萧条而使经济趋于充分就业;而经济一旦实现了充分就业,传统的新古典经济学的主要理论(如均衡价格论,边际生产力分配论等微观理论)就可以重新适用,并将把充分就业的均衡状态维持下去。

1970 年,在凯恩斯主义反对派对凯恩斯主义经济学不断提出批评的情况下,萨缪尔森在他的《经济学》第八版中,以“后凯恩斯主流经济学”的提法取代了原来的“新古典综合”的提法,来表明其教科书的理论体系。

1985 年,萨缪尔森与诺德豪斯合作出版了《经济学》第十二版。在该版本中,他们将自己的理论体系称为“现代主流经济学的新综合”。他们说,“有关宏观经

---

① 希克斯:《凯恩斯先生和“古典学派”》,转载于《收入分配理论文选》,1946 年版,第 468 页。

② P. 萨缪尔森:《经济学》,1964 年英文第 6 版,第 809 页。

济学的几章现在使用了具有综合性的总供给和总需求的方法"。"我们引入了总供给和总需求,作为理解价格和国民产值的总量变动的核心方法。宏观经济学中的所有重大问题现在都用这些新的工具加以分析。因此,我们把各种不同的思想流派——凯恩斯主义、古典学派、货币主义、供给学派、理性预期以及现代宏观主流经济学——综合在一起。"①

1992 年,萨缪尔森和诺德豪斯又在《经济学》第十四版中对理论内容作了重要修改,特别是把微观经济学部分放到了宏观经济学部分前边。另外,安排了"市场再发现"的主题,力图说明"遍及世界的各个国家正发现市场作为配置资源的一种工具的力量"。在该书中,作者强调了对开放经济的考察和研究;强调博弈论和不确定性的重要性;强调历史和政策;重新注意形成长期经济增长的力量,生产率增长缓慢的根源,新技术和知识的产生,从而把经济增长理论结合到宏观经济学中,作为总供给和潜在产量的一个组成部分;并且简明扼要地描述了宏观经济学的微观经济基础。②

总之,以萨缪尔森为主要代表的"新古典综合"理论,是随着时间的推移而不断发展演变的。

二、"混合经济"的理论模型

后凯恩斯主流经济学(新古典综合派)的理论渊源是凯恩斯的经济理论和传统新古典经济学的理论。汉森(Alvin H. Hansen,1887—1975)是该理论学派的前驱者。凯恩斯在《就业、利息和货币通论》的第 24 章中曾经认为,解决经济危机的"唯一切实的办法"是扩大政府的机能,"让国家之权威与私人之策动力量互相合作"。③ 这一说法可以被看作是"混合经济"论点的最初发端。汉森在 1941 年发表的《财政政策和经济周期》中,较系统地解释了"混合经济"的含义。他认为,从 19 世纪末期以后,大多数资本主义国家的经济就开始逐渐变为私人经济和社会化经济并存的"公私混合经济"或者"双重经济"。汉森认为,这种"混合经济"具有双重的意义,即,生产领域的"公私混合经济"(国有企业与私人企业并存)和收入与消费方面的"公私混合经济"(公共卫生,社会安全和福利开支与私人收入和消费的并存)。

---

① P. 萨缪尔森、诺德豪斯:《经济学》第十二版,高鸿业译,中国发展出版社 1992 年中译本,序,第 1 页、第 2 页。

② 参见 P. 萨缪尔森、诺德豪斯:《经济学》,第十四版,北京经济学院出版社 1996 年中译本有关章节。

③ M. 凯恩斯:《就业、利息和货币通论》,徐毓枬译,商务印书馆 1981 年版,第 321 页。

后来，萨缪尔森在《经济学》中也专门论述了“混合经济”。他认为，“混合经济”就是国家机构和私人机构共同对经济实行控制，但是，国家对经济的调节和控制更为重要。对此，萨缪尔森说：“普遍存在于世界各地的事实是：现代混合经济国家的人民都要求他们的代议制政府采取各种经济政策，来维持高额的就业数量、旺盛的经济增长和稳定的物价水平。”①

总之，“混合经济”在实质上就是国家干预的、以私人经济为基础的市场经济。“混合经济”的特点就是以市场经济为主，通过价格机制来调节社会的生产、交换、分配和消费；同时，政府必须根据市场情况，通过财政政策和货币政策来调节和干预经济生活，熨平经济波动，保证经济的均衡增长。

“混合经济”的理论基础是凯恩斯理论中的收入—支出模型，希克斯和汉森创造的 IS－LM 模型，还有新古典经济学传统的微观经济学理论。

凯恩斯的收入—支出模型就是他的有效需求决定国民收入的理论。该理论认为，决定国民收入水平的是有效需求的水平，而不是供给的水平。由于边际消费倾向递减规律，消费水平总是低于收入水平，由于资本边际效率的不稳定，利率便不能经常调节储蓄和投资达到恰好相等的程度。所以，仅靠消费和自发的社会投资，便不能保证经济达到充分就业的均衡。在这种情况下，只有政府刺激社会投资，或者政府直接投资才能够补足社会有效需求的不足，使经济达到充分就业的均衡。

IS－LM 模型是对凯恩斯理论的扩展和新古典经济学式的阐释，是凯恩斯有效需求理论和新古典一般均衡理论的结合。该模型将商品市场和货币市场结合在一起，克服了新古典经济学“二分法”的缺陷，提供了对货币政策和财政政策作用的说明。

三、经济增长理论

经济增长理论是第二次世界大战以后发展起来的。这是对凯恩斯理论的一种扩展。具体说来，经济增长理论主要是在这样一些情况下发展起来的：

(1)新古典综合派经济学家认为，凯恩斯经济理论采用的静态均衡分析方法，考察的是经济的短期静态均衡和比较静态均衡，因而无法分析长期问题和动态问题。这就需要对凯恩斯的原有理论加以补充，使之长期化和动态化，用以考察经济在长期内的动态发展过程。

(2)第二次世界大战后西方国家在一段时间内经济的顺利发展，使得经济学

① 萨缪尔森：《经济学》英文第 11 版，第 348 页。

家们的注意力开始转向经济增长问题。

(3)西方国家希望自己的经济增长能够为新独立的国家提供一种“示范效应”,免得它们走上社会主义道路。

经济增长理论的主要模型是“哈罗德—多马”模型和“索洛—斯旺”模型。由于宏观经济学的教材中对于这两种经济增长模型都有介绍,我们在这里不再详细介绍。但是,我们应该了解这两者的主要区别:

首先,“哈罗德—多马”模型直接继承了凯恩斯经济理论的传统,在研究经济增长的均衡条件时,非常重视总需求因素的分析。而索洛和斯旺的新古典经济增长模型则十分强调劳动增长、资本增长和技术进步等总供给方面的因素在经济均衡增长中的作用。

其次,“哈罗德—多马”模型根据凯恩斯的经济理论,重视对有效需求不足时的经济失衡分析,认为经济均衡增长时投资等于储蓄,是通过储蓄调整达到的。新古典经济增长理论则引进了新古典经济学的价格理论,认为通过市场调节生产要素的价格,各生产要素都将得以充分利用,从而使经济达到充分就业的均衡增长。并且,由于利息率升降的调节,投资总是被调整为等于储蓄。

最后,“哈罗德—多马”模型中含有固定生产系数的假定,即资本—产出比率是固定的。但是,新古典经济增长理论根据新古典经济学的边际生产力决定生产要素价格的理论,认为生产要素相对价格的变化,会使企业改变所使用的生产要素组合(前提是生产要素之间具有完全的替代性),因而可以通过改变资本—产出比率,调整投资和储蓄的关系,保证经济达到充分就业的均衡增长。

而新古典经济增长理论的特点:引进新古典的微观经济学来补充凯恩斯的宏观经济学理论,引进市场调节机制来补充国家干预的经济政策,以论证混合经济完全可能实现充分就业的均衡增长。

四、经济周期理论

新古典综合派的经济周期理论是“乘数—加速数”理论模型。该模型是新古典综合派用动态过程分析方法建立起来解释市场经济周期波动的一个重要理论模型。其特点在于,把凯恩斯的“乘数理论”和其他人提出来的“加速数原理”结合起来,通过对政府支出、个人消费和私人投资等主要经济变量相互关系的分析,来说明经济周期波动的原因和幅度。

“乘数理论”最早由英国经济学家卡恩于1931年6月在《经济学杂志》上发表的“国内投资与失业的关系”一文中提出,主要是阐述国家用于公共工程的支出和总就业量之间的关系。后来,凯恩斯在其《就业、利息和货币通论》中接受和使用了这一观点,并且通过引进边际消费倾向的概念系统地阐述了乘数理论。该理论主要是要说明投资对于国民收入与就业可以倍增的巨大作用。

“加速数原理”最早由法国的经济学家阿夫塔里昂在 1913 年发表的《生产过剩的周期性危机》一书中提出来的。美国经济学家 J. —. 克拉克在 1917 年发表的“商业的加速和需求规律”一文中也提出了同样的理论。后来,哈罗德在 1936 年出版的《经济周期》一文中也把它作为决定市场经济周期波动的三个动态因素之一。“加速数原理”根据机器大生产使用耐久性固定资本设备的技术特点,说明收入水平或消费需求的变动将会引起投资量更为剧烈地变动,而且这种由收入水平或消费需求的变动引起的“引致投资”的变动不是取决于收入或消费的绝对量,而是取决于收入或消费变动的比率。

美国经济学家汉森和萨缪尔森认为,凯恩斯的乘数理论只说明了一定的投资如何引起收入和就业的变化,而没有说明收入(或消费)的变动又如何反过来影响投资的变化;此外,凯恩斯的理论运用的是比较静态均衡的分析方法,没有考虑从原有均衡到新的均衡的动态调整过程。只有将“加速数原理”和“乘数理论”结合起来,考察这两者在动态序列中的相互作用,才能说明经济周期的累积性扩张和紧缩的过程。萨缪尔森在汉森的提示下,在 1939 年发表的“乘数分析与加速数原理的相互作用”一文中,将乘数理论与加速数原理结合在一起,提出了“乘数—加速数原理”的动态经济模型,来解释市场经济周期性波动的原因和波动幅度。到 20 世纪 50 年代,英国经济学家约翰·希克斯进一步将该模型完善化后,就被认为是基本定型的经济周期模型。

五、通货膨胀和失业理论

正统的凯恩斯主义经济理论认为,有效需求不足会引起经济萧条和失业,过度需求会引起通货膨胀。这也就是说,当经济处于有效需求不足的时候,采取扩张性政策来扩张总需求时,主要会使实际产出增加,而不会引起价格增加。在这种情况下,充其量也只会引起物价随生产的扩大而缓慢上升,而不是大幅度的物价上升和通货膨胀。在经济达到充分就业时,如果再继续扩大总需求,就会引起物价的大幅度上升,出现通货膨胀。因为这时实际产出的增加受到了资源和劳动供给无法增加的限制。按照正统凯恩斯主义经济理论的观点,通货膨胀的产生是因为总需求的增长快于总供给的增长,或者是总需求增长而总供给不能增长。因此,这种关于通货膨胀的理论被西方经济学叫作“需求拉动的通货膨胀”。根据这种理论,需求过度和需求不足是不可能在经济生活中同时发生的,所以,通货膨胀和失业是不会也不可能同时发生的。

20 世纪 60 年代后期，特别是 20 世纪 70 年代，经济生活中恰恰出现了一种上述理论无法解释的通货膨胀与失业（经济停滞）同时发生的现象——“停滞膨胀”（也就是通常所说的“滞胀”）。一些经济学家曾经用“成本推进的通货膨胀理论”来解释“滞胀”，认为是工资水平的上升，引起了生产成本的上升，从而推动了物价水平的上升。美国经济学家哈伯勒就曾经认为：“有组织的劳工要求提高工资……这就助成了一种趋势，要走向长期的，断续的或不断的，迂回的或急促的通货膨胀。”①这类经济学家认为，对于这种通货膨胀当然是不能用调节总需求的办法加以控制和解决的。

1958 年，英国伦敦经济学院教授菲利浦斯曾在《经济学报》上发表了《1861—1957 年英国的失业和货币工资变动率之间的关系》一文，认为货币工资变动率与失业水平之间存在着一种此消彼长、互相替代的逆向变化关系。他还给出了一条表明货币工资变动率和失业率之间的替代关系的曲线。菲利浦斯曲线出来后，新古典综合派很快地就将它纳入了自己的基本理论框架，运用它来解释失业率和通货膨胀率之间的关系。他们认为，失业率和通货膨胀率之间也存在着此消彼长的反方向替代关系，只要货币工资增长率超过劳动生产率的增长率，就会导致通货膨胀或物价水平上升。由此，新古典综合派提出，政府可以有意识地通过财政政策、货币金融政策和收入政策来利用菲利浦斯曲线，在失业率、工资变动率和通货膨胀率三者之间进行选择。

但是，20 世纪 70 年代的“滞胀”的不断恶化使菲利浦斯曲线的位置大幅度地向右上方发生了移动。许多人，包括新古典综合派的经济学家们在内都认为，不仅正统和标准的凯恩斯经济理论中的需求分析无法解释经济的“滞胀”问题，就是菲利浦斯曲线也不能解释这一问题。他们提出，必须运用凯恩斯以前的新古典学派的微观经济理论来补充宏观经济理论，从而对 20 世纪 70 年代的现实经济问题作出新的解释。

六、基本的经济政策主张

新古典综合派经济政策主张的核心是“需求管理”思想。“需求管理”就是指政府积极地采取财政政策、货币政策和收入政策，对社会的总需求进行适时和适度的调节，以保证经济的稳定增长。“需求管理”的主要对象是投资、储蓄、消费、政府支出、税收、进口和出口这样一些经济变量。“需求管理”的主要目标是：充分就业，价格稳定，经济增长和国际收支平衡。

① 哈伯勒：《繁荣与萧条》，朱应庚等译．商务印书馆 1963 年版，第 502 页。

20世纪50年代,新古典综合派的经济政策主张主要表现为根据汉森的理论提出的补偿性财政政策和货币政策。补偿性财政政策指,在经济萧条时期,政府要扩大财政支出,降低税率,减少税收,实行赤字财政,以刺激社会总需求的扩大;在经济繁荣时期,政府要压缩财政支出,提高税率,增加税收,抑制社会的总需求,造成财政盈余,使两个时期的财政盈亏相互补偿。补偿性货币政策指,中央银行在经济萧条时期放松信用,增加货币供给量,降低利息率,刺激投资及消费等社会总需求的扩大;在经济繁荣时期则紧缩信用,减少货币供给量,提高利息率,抑制投资及消费等社会总需求。

投资及消费等社会总需求和货币政策的实施,虽然防止了严重的预算赤字和通货膨胀;但是,20世纪50年代传统的预算平衡政策思想仍然占据统治地位,经济增长仍然较慢。对此,托宾和阿瑟·奥肯在60年代提出了"潜在的国民生产总值"和"充分就业预算"这两个新概念,试图使人们注意财政政策的长期目标和长期水平必须与充分就业增长轨道保持一致。①奥肯认为,这两个新概念的提出意味着提出一种新的策略。其最重要的特点在于,它"不只是以经济是否在扩张,而是以经济是否已充分发挥出它的潜力,作为判断经济表现的标准"②。奥肯还提出了著名的"奥肯定律"来说明充分就业政策的重要性。他认为,失业率每超过4%的自然失业率以上的1%,就会带来3%的产出损失率。奥肯认为这种政策转变具有三点重大意义:其一是,更注重消灭"潜在的产出量"与"实际产出量"之间的差距(即"奥肯差距");其二是,突出了经济增长问题;其三是,以"潜在的产出量"为目标进行扩张是防止经济衰退的最好办法。托宾也在他的《十年来的新经济学》中认为,只要实际经济产量小于潜在的产量,哪怕是在经济上升时期也应该实行扩张性经济政策。托宾和奥肯的充分就业政策修改了原来只在萧条时期才实行扩张性经济政策的观点,成为凯恩斯主义的一大转变和发展。他们的这种观点被叫作"新经济学"。

由于肯尼迪政府实行了"新经济学"的主张,并获得了生产和就业的恢复与增长,许多人认为,"新经济学"指明了达到充分就业的经济增长途径。但是,"新经济学"的财政政策和货币政策也对60年代末期以后美国出现的经济滞胀,起到了推波助澜的作用。当经济滞胀问题加剧后,"新经济学"便陷入了困境。

在70年代之后,为了解决严重的失业和通货膨胀并发症,新古典综合派又提出了运用多种政策工具实现多种经济目标,即多种经济政策综合运用的策略。其

① 参阅托宾:《十年来的新经济学》,钟淦恩译,商务印书馆1980年版,第13页。

② 转引自黄范章的文章"美国经济学家奥肯",载《世界经济》1981年第10期,第74页。

主要内容有:

(1)财政政策和货币政策的“松紧配合”。

(2)财政政策和货币政策的微观化。即政府针对个别市场和个别部门的具体情况来制定区别对待的经济政策。财政政策和货币政策的微观化可以避免宏观经济政策在总量控制过程中给经济带来的较大震动,使得政府对经济生活的干预和调节更为灵活有效。

(3)收入政策和人力政策。收入政策是指通过工资和物价的指导线与管制政策,防止货币工资增长率超过劳动生产率的增长率,以避免严重的通货膨胀。人力政策是指联邦政府的指导性与培育性的就业政策和劳工市场政策。

除去上述政策之外,新古典综合派还提出了浮动汇率政策、对外贸易管制和外汇管制政策、消费指导政策、能源政策、人口政策和农业政策等。

总之,新古典综合派从20世纪70年代后的一个特点就是,对其理论的频繁修改与综合其反对派的某些观点,以弥补其自身理论的不足。

第三节　新剑桥学派

一、新剑桥学派的形成及其理论渊源

(一)新剑桥学派的学派含义及代表人物

新剑桥学派是现代凯恩斯主义的一个重要分支,其主要代表人物有琼·罗宾逊、卡尔多、斯拉法、帕西内蒂、约翰·伊特韦尔等人。由于该学派的主要代表人物都在英国的剑桥大学任教,其理论又是以背离马歇尔为代表的剑桥学派的新古典经济学为特征的,所以叫作“新剑桥学派”。由于其中的斯拉法、帕西内蒂等人原为意大利人,所以该派又叫作“英国—意大利学派”。

(二)新剑桥学派的理论渊源及其形成

新剑桥学派的理论渊源主要是凯恩斯的《通论》。凯恩斯的理论主要是以20世纪30年代的经济大萧条为背景的,存在着许多局限性,比如:注重短期分析和比较静态分析方法,没有讨论长期经济增长问题,缺乏对经济波动作动态分析,也没有讨论价值和收入分配问题,也缺乏对微观经济的研究。

新古典综合派曾经把原新古典经济学的传统的微观经济理论与凯恩斯的理论结合起来,以弥补凯恩斯经济学的不足。但是,新剑桥学派的经济学家对这种做法提出了批评。他们认为,美国经济学家的这种做法是对于凯恩斯经济思想原

意的歪曲,是向传统经济理论的倒退,因而是冒牌的凯恩斯主义。琼·罗宾逊等人认为,他们剑桥大学这些经济学家曾经长期与凯恩斯一起共事和密切合作,是凯恩斯经济思想的共同开拓者,是凯恩斯经济理论的正宗。他们认为,凯恩斯的《就业、利息和货币通论》是努力从传统的新古典经济学束缚中摆脱出来的产物,只是凯恩斯做得并不彻底。而他们就是要纠正新古典综合派对凯恩斯理论的歪曲,在凯恩斯理论的基础上,弥补凯恩斯理论的不足并进行经济学的第二次革命。

1953 年琼·罗宾逊发表了《生产函数和资本理论》一文,对新古典综合派的资本理论进行了猛烈的抨击。该文引起了西方经济学界的强烈反响和争论,酿成了现代西方经济学界著名的“两个剑桥之争”。挑战的一方是以琼·罗宾逊为首的英国剑桥大学的一些经济学家,应战一方为以萨缪尔森为首的美国马萨诸塞州剑桥市(坎布里奇市)附近的麻省理工学院的一些经济学家。争论从资本测量问题开始,涉及价值理论、分配理论、经济增长理论。在争论中,新剑桥学派对新古典综合派理论进行了全面的攻击,包括分析方法问题、动态和静态问题、宏观和微观问题、意识形态问题以及经济理论和实践问题。争论的最终结果是,新剑桥学派揭露和批判了新古典综合理论体系中的一些逻辑错误,在一定程度上动摇了新古典综合派的西方经济学主流学派的地位。

新剑桥学派批判新古典综合派经济理论的目的是为自己的新学说开辟道路。1956 年琼·罗宾逊发表了《资本积累论》一书,卡尔多发表了《可供选择的收入分配理论》一文(英国《经济研究评论》杂志 1955—1956 年第 23 卷第 85—100 页)。两人都从收入分配的角度阐述了经济增长理论。这两个文献标志着新剑桥学派的诞生。1956 年 5 月 11 日卡尔多曾经到我国在北京大学作了题为“从凯恩斯经济学看资本主义的演进”的讲演,第一次向中国经济学界阐述了他的新剑桥学派经济思想。由此可见,新剑桥学派是在同新古典综合派进行论战中产生和形成的。

新剑桥学派的理论渊源有三个方面:(1)凯恩斯的《就业、利息和货币通论》。新剑桥学派继承了凯恩斯的“投资储蓄分析”,强调投资对就业量和国民收入水平的决定作用。他们特别强调,凯恩斯经济理论的基本要点是《就业、利息和货币通论》第 24 章中关于社会哲学的论述,即论述资本主义社会财富和收入分配的不均,以及推论资本主义社会必然走向没有食利者阶层的文明生活新阶段。(2)卡莱茨基的经济理论。卡莱茨基在 1933 年发表的《经济周期理论大纲》一文中提出了几乎与凯恩斯的有效需求理论相同的资本主义经济周期波动的理论,并把不完全竞争、垄断价格等因素的作用引进国民收入决定理论,强调投资对国民收入分配的影响。琼·罗宾逊对此十分推崇,认为卡莱茨基的理论比凯恩斯的理论在一定程度上“更富于逻辑上的一贯性”①,是“真正的‘通论’”②。(3)斯拉法的理论。斯拉法于1960年发表了他将近30年的研究成果《用商品生产商品》。在这本小册子中,斯拉法以精练的文字、严谨的逻辑重新恢复了李嘉图的价值理论和分配理论,为新剑桥学派提供了理论基础和批判武器。新剑桥学派也因此而宣称要通过斯拉法的理论来返回李嘉图的古典传统,“重建政治经济学”。由于这个原因,新剑桥学派有时也被称为“新李嘉图主义”。

二、新剑桥学派的方法论和理论前提

新剑桥学派和新古典综合派在一些重大经济理论问题上的分歧,首先反映在方法论和理论分析的前提方面。

新剑桥学派的方法论有两个显著的特点:一是坚持抛弃均衡概念,树立历史的时间观念;二是强调社会制度和阶级分析的方法。

在经济分析的理论前提方面,新剑桥学派与新古典综合派的主要分歧反映在两个问题上,即如何看待“萨伊定律”和如何认识投资与储蓄之间的关系。

新剑桥学派认为,新古典综合派无论在经济学方法论上,还是在经济分析的理论前提下,都背离了凯恩斯经济理论。琼·罗宾逊说:“在北美以及由北美向世界传播的占统治地位的经济理论,我称之为冒牌的凯恩斯主义”③,“曲解凯恩斯理论的冒牌凯恩斯主义,实际上助成了与失业、通货膨胀交织在一起的无计划的增长局面”④,从而产生了经济学的“第二次危机”。

三、新剑桥学派的价值论与分配论

新剑桥学派认为,分配论是价值论的引申,而为了建立客观的价值理论,就必须批判边际效用学派的主观价值论,回到古典经济学的传统,从李嘉图的劳动价值论出发进行研究。琼·罗宾逊认为,斯拉法的《用商品生产商品》一书为新剑桥学派的收入分配理论提供了一个价值论基础。

李嘉图的经济理论是以分配问题为中心的,但是,由于他混淆了价值和生产

---

① 琼·罗宾逊、约翰。伊特韦尔:《现代经济学导论》,商务印书馆1982年版,第62页。

② 琼·罗宾逊:“经济理论的第二次危机”,载《现代国外经济学论文选》第一辑,商务印书馆1979年版,第7页。

③ 琼·罗宾逊:“经济理论的第二次危机”,载《现代国外经济学论文选》第一辑,商务印书馆1979年版,第30页。

④ 琼·罗宾逊:“经济理论的第二次危机”,载《现代国外经济学论文选》第一辑,商务印书馆1979年版,第29页。

价格,因而无法解释劳动时间决定商品价值量的法则与等量资本得到等量利润这一资本主义经济现象之间的矛盾。为解决这个理论难题,李嘉图用毕生的精力试图寻找一种"不变的价值尺度"(这种商品的价值在投入劳动量不变的条件下不会随着工资和利润分配份额的变化而变动)。斯拉法在《用商品生产商品》一书中,通过建立一套由合成商品组成的"标准体系",解决了李嘉图留下的理论难题。

斯拉法在价值论和分配论方面,抛弃了把主客观因素混在一起的供求论,根据物质生产条件和社会制度因素来解释价值的形成和收入分配的决定。新剑桥学派据此认为,在资本主义经济制度下,国民收入的分配中,工资和利润是对立的。这与历史上形成的财产占有制度有关,也与劳动市场的历史条件有关,在研究收入分配问题时,决不能撇开所有权因素和历史因素对分配的影响。工资可以划分为货币工资和实际工资,前者受一国历史上形成的工资水平、国内劳资双方议价的力量对比等因素的影响,后者则与利润率、商品和货币流量以及收入分配的构成有关。在斯拉法的生产方程中,国民收入是由年投入劳动量生产的,而利润作为国民收入的一部分,是资本占有者凭借其财产占有权而取得的非劳动收入。

新剑桥学派认为,不仅新古典综合派的价值论是错误的,而且其分配论也是错误的。他们认为,新古典综合派分配论的错误主要在于:(1)没有考虑社会制度因素,只考虑了生产的技术条件;(2)按照新古典综合派的理论,必须先依照一定的价值(或价格)计算出各种异质资本品的价值(或价格)总量,然后才能计算出资本的边际产量的价值(或价格),再得出利润率和利润额;而斯拉法的生产方程体系已经证明,计算资本总量必须以一定的收入分配条件(即利润率和工资的确定)为前提。所以,边际生产力分配论在逻辑上是一种循环论证。琼·罗宾逊说:"资本概念本身意义的含混,……这一错误使得新古典学派的主要部分是不合逻辑的。"①

四、新剑桥学派的经济增长理论

新剑桥学派的经济增长模型是在哈罗德—多马经济增长模型基础上发展起来的。其主要倡导者是琼·罗宾逊、卡尔多和帕西内蒂。新剑桥学派的经济增长理论的一个最重要的特点是把经济增长同收入分配问题结合起来考察,一方面阐述如何通过收入分配的变化来实现经济的稳定增长,另一方面说明在经济增长过

---

① 琼·罗宾逊:"生产函数和资本理论",见《经济学论文选集》第2卷,麻省理工学院出版社,第114页。

程中收入分配的变化趋势。

琼·罗宾逊和卡尔多是新剑桥学派经济增长理论的奠基者。1956 年,他们分别在自己的著作和文章中提出了各自的经济增长模型。

在卡尔多的经济增长模型中,经济增长速度和收入分配是具有相互内在联系的范畴。他认为,既然社会的收入是在各个阶级之间分配的,其中每一个阶级都有自己固定不变的储蓄倾向,那么,收入分配中利润和工资的比例关系就直接影响到整个社会的储蓄水平,从而决定了积累率和经济增长速度。另外,要达到一定的经济增长速度,就要有一定的积累率,从而也要有相应的收入分配的比例关系。因此,经济增长速度和积累率也是影响国民收入分配的重要因素。

与卡尔多不同的是,罗宾逊认为,"稳定增长模型不过是用简单形式说明论点的一个便当方法。在现实中,增长决不是稳定的"①。她认为,"劳动与财产的分离"是造成资本主义社会经济中各种矛盾和冲突的重要原因。她还指出,如果资本家的高利润不是高积累率的结果,而是垄断的结果,那么,由于工资没有得到相应的提高,社会消费需求水平的增加将受到阻碍,从而进一步制约了投资需求,使得在高利润条件下出现投资缩减和经济停滞的趋势。这时,必须通过改变国民收入的分配来使工资随着劳动生产率的提高而提高,从而解决资本主义经济增长过程中的矛盾。可见,罗宾逊实际上认为,只要政府采取一定的经济干预措施,特别是抑制垄断势力的增长和使国民收入分配趋于均等化,资本主义经济还是可能保持一定的增长速度的。

五、新剑桥学派对"停滞膨胀"的解释

新剑桥学派认为,要解释和说明经济"停滞膨胀"的原因,必须抛弃物价水平仅仅取决于货币数量的传统理论,回到凯恩斯关于物价水平主要受货币工资率支配的论断上来。他们从区分商品市场类型或不同类别的经济部门着手,结合价格形成中的垄断因素,货币工资谈判中的阶级冲突因素,来说明通货膨胀的原因,进而解释停滞膨胀现象。

卡尔多把经济部门分为三类:初级部门,为工业提供必要的基本供应品,如食品、燃料和基本原料;第二级部门,加工业部门,提供投资品或消费品;第三级部门,提供辅助服务(如运输或销售,或各种专门技术)、欣赏性服务。卡尔多认为,第三级部门一般不会发生重大问题,但初级部门和第二级部门都可能成为通货膨

---

① 琼·罗宾逊、约翰·伊特韦尔:《现代经济学导论》,陈彪如译,商务印书馆 1982 年版,第 245 页。

胀的根源。因为“持续和稳定的经济发展要求这两个部门的产量的增加应符合必要的相互关系，这就是说，可出售的农矿产品产量的增加，应该和需求的增加相一致。这种需求的增加又是反映第二级（以及第三级）部门的增长的”①。但是，“从技术观点看，不能保证由节约土地的革新所推动的初级生产的增长率，正好符合第二级和第三级部门的生产和收入的增加所要求的增长率。”②由此可见，卡尔多主要强调的是生产部门之间的比例失调所引起的通货膨胀。

琼·罗宾逊除了区分各种类型的市场和分析操纵价格之外，还从货币和资本主义经济的“不确定性”因素方面来解释停滞膨胀问题。她认为，资本主义经济是货币经济，货币既是交易媒介又是价值的储藏手段，这种性质使货币成为“现在”和“不确定的未来”之间的联系环节。货币信用制度使得资本家投资非常方便而且不太受限制。当社会上投资率较高时，资源会向投资品生产倾斜，造成消费品产量的减少和工人工资的实际份额下降。这就会产生一种“通货膨胀障碍”，即通过通货膨胀来制止利润的提高和实际工资的下降。也就是说，投资率提高导致实际工资下降时，会促使工人通过工会提出提高货币工资的要求，从而导致工资—物价螺旋式上升的通货膨胀，最终造成经济停止增长和大量失业，出现停滞膨胀局面。

此外，罗宾逊还在分析停滞膨胀问题时，以卡莱茨基的理论为基础，分析了“政治方面的经济周期”问题，即选举引起的经济周期波动。

总之，新剑桥学派认为，正是新古典综合派的冒牌的凯恩斯主义的经济政策造成了经济的停滞膨胀局面。所以，他们反对新古典综合派用调节总需求和实行工资—物价管制的方法来解决滞胀问题，而积极主张从收入分配方面入手去解决上述问题。

六、新剑桥学派的基本经济政策主张

新剑桥学派既反对新古典综合派的政策主张，也反对货币主义的政策主张。他们认为，新古典综合派的经济政策主张被实践证明是无效的，而货币主义的经济政策主张则是一种倒退。

新剑桥学派认为，资本主义社会的症结在于分配制度的不合理和收入分配的

---

① 尼·卡尔多：“世界经济中的通货膨胀和衰退”，见《现代国外经济学论文选》第一辑，商务印书馆1979年版，第322页。

② 尼·卡尔多：“世界经济中的通货膨胀和衰退”，见《现代国外经济学论文选》第一辑，商务印书馆1979年版，第322页。

失调,因此,经济政策的重点就是收入分配政策,要借助政府实施一系列经济社会政策来改革资本主义的收入分配制度,调节不合理的分配。具体说来,主要有这样几项办法:

(1)实行累进的税收制度来改变社会各阶层收入分配不均等的状况。

(2)实行高额的遗产税和赠予税,以便消除私人财产的大量集中,抑制社会食利者阶层收入的增加;同时,政府还可以通过这一税收方式将所得到的财产用于社会公共目标和改善低收入贫困阶层的状况。

(3)通过政府的财政拨款对失业者进行培训,使其能有更多的就业机会,能从事更高技术水平更高收入的工作。此外,国家可以通过预算给低收入家庭以一定的补贴。

(4)制定适应经济稳定增长的财政政策,减少财政赤字,逐步平衡财政预算;并根据经济增长率来制定实际工资增长率的政策,以改变劳动者在经济增长过程中收入分配的相对份额向不利方向变化的趋势,从而在经济增长过程中逐步扭转分配的不合理情况。

(5)实行进出口管制政策,利用国内资源的优势,发展出口产品的生产,以便为国内提供较多的工作岗位,增加国内的就业机会,降低失业率,提高劳动者的收入。

(6)政府运用财政预算中的盈余来购买私人公司的股票,把一部分公司股份的所有权从私人手中转移到国家手中,从而抑制食利者阶层的收入,增加低收入家庭的收入。

由于新剑桥学派的经济政策主张比较激进,因而它从来没有被资本主义国家的政府所接受和采纳,更没有被付诸实施。当然,即便如此,新剑桥学派的经济政策主张仍然属于改良的性质。

第四节 货币主义学派

一、学派理论与主张

货币主义认为引起名义国民收入发生变化的主要原因,在于货币当局决定的货币供应量的变化。弗里德曼突出强调货币需求函数是稳定的函数,正在于尽可能缩小货币流通速度发生变化的可能性及其对产量和物价可能产生的影响,以便在货币供应量与名义国民收入之间建立起一种确定的可以作出理论预测的因果关系。在短期内,货币供应量的变化主要影响产量,部分影响物价,但在长期内,产出量完全是由非货币因素决定的,货币供应只决定物价水平。

弗里德曼强烈反对国家干预经济,主张实行一种"单一规则"的货币政策。这就是把货币存量作为唯一的政策工具,由政府公开宣布一个在长期时段内固定不变的货币增长率,这个增长率应该是在保证物价水平稳定不变的条件下,与预计的实际国民收入在长期时段内会有的平均增长率相一致。

二、货币主义学派的理论特点

(一)坚持经济自由主义,反对国家过多干预。

在社会经济发展过程中,市场机制的作用是最重要的,自由市场和竞争是资源和收入合理分配的最有效方法,是导致个人和社会最大福利的最佳途径,如果政府干预经济,就破坏市场机制的作用,阻碍经济发展,甚至造成或加剧经济的动乱。

(二)特别重视货币理论的研究,承袭芝加哥学派"坚持货币至关重要这样一种理论研究方法",认为"货币最重要"。

三、货币主义学派的主要理论思想

(一)影响货币需求的因素与货币供给量的决定

弗里德曼对货币需求诸因素的分析,从研究人们为什么需要货币入手,可采用消费者选择理论来进行分析。一般消费者在对诸多商品进行选择时,必然要考虑以下三个因素:第一是效用,第二是收入水平,第三是机会成本。他对这三类因素进行了详细的分析。

稳定的货币需求函数成为货币学派理论及政策的立论基础和分析依据,明确货币需求函数稳定性的特点具有重要意义。由于货币收入或价格水平都是货币需求函数和货币供给函数相互作用的结果,强调货币需求函数具有稳定性,目的是说明货币对总体经济的影响主要来自货币供应方面。

弗里德曼认为,货币数量公式的实质,是有关供需失调的原因及解决途径的经验主义的命题。货币学派提出了以反对通货膨胀、稳定货币供应为主要内容的政策主张,所以说,稳定的货币需求函数成为货币学派理论及政策的立论基础和分析依据。

1. 弗里德曼—施瓦兹的货币供应的决定模型

弗里德曼和安娜·施瓦兹推导出了著名的货币供应决定模型,决定货币供应量主要是三个因素:高能货币、商业银行的存款与准备金之比、商业银行存款与公众持有的通货之比。弗里德曼和施瓦兹把这三个因素称之为“货币存量的大致的决定因素”。

2. 卡甘的货币供应决定模型

为了弥补弗里德曼和施瓦兹的货币供应方程式的缺陷，卡甘提出了他的货币供应方程式，在他的方程式中，货币供应量 M 由高能货币 H 和货币乘数的乘积所决定。卡甘的方程式明确表明：货币供应量的变动与高能货币成正比，与通货比率和准备金——存款比率成反比。

3. 货币供应量的外生性和可控性

货币学派极其重视货币供应量和货币政策在经济中的作用，论证并说明货币供应量的外生性和可控性不仅具有重要的理论意义，而且还有重大的政策含义。

(1)弗里德曼—施瓦兹的货币供应方程式。弗里德曼和施瓦兹认为，货币供应量是由货币当局控制的外生变量。弗里德曼和施瓦兹对美国货币供应量的变动进行了实证分析，他们认为，高能货币的变化是广义货币供应量长期变化的主要原因，货币供应量是中央银行可以控制的外生变量。

(2)卡甘也对货币供应量的外生性和可控性问题进行了分析论证。从统计分析的结果看，货币存量的长期增长主要依靠追加的高能货币。

弗里德曼—施瓦兹和卡甘证明和强调货币供应的“外生性”和“可控性”，为强调货币政策的可行性和有效性提供了重要的理论依据。

4. 货币供应增长率的确定

弗里德曼认为，正确确定货币供应量增长率需要解决好三个问题：(1)如何界定货币供应指标的范围；(2)如何确定货币供应的增长率。货币供应增长率的确定，应与经济增长率大体相适应；(3)货币供应增长率在年内或季节内是否允许有所波动。关于货币供应增长率在年内或季节内是否允许波动的问题，弗里德曼反对季节性地调整货币供应增长率，货币供应的增长率，一经确定是不能任意变动的。

5. 弗里德曼和凯恩斯的分歧

第一，凯恩斯认为，货币供应量变化后对国民收入有实质性影响，增加货币的结果使利率降低从而增加投资，货币供应量增加可以引起实际产出的增加，货币是非中性的。弗里德曼则认为货币供应量变动只能在短期内影响实际产出；从长期看，货币供应量的变动只能影响名义变量而不能影响实际变量，因此，货币从长期看是中性的。

第二，凯恩斯注重狭义的市场资产和市场利率，他的传递渠道主要是货币市场上金融资产的调整，增加的货币量通过两条渠道被吸收：一是货币收入增加后所增加的货币交易需求量；二是随着利率下降后增加的货币投机需求量。弗里德曼认为应该考虑广义的资产和利息率，传导途径是多种多样的，可以在货币市场和商品市场同时进行，通过物价普遍上涨吸收过多的货币量。

第三，凯恩斯非常重视利率的作用，认为利率是传导机制的中心环节，货币量变动后首先引起的是利率的变动，货币供需和总体经济的均衡是通过利率的变化来调节的。而弗里德曼则重视收入支出在传导中的作用。认为人们主要根据收入来确定现金持有量，弗里德曼不仅不重视利率在传导机制中的作用，而且坚决反对把利率作为制定货币政策的向导。

6. 货币时滞效应的特点和意义

货币时滞是指货币行动与其效果之间的时间距离，即从货币供应量增加到物价普遍提高有一个较长时间的传导过程。正因为调整、传导、涉及都需要一定的时间，故采取货币行动后必然要经过一段时间才能发生真实效果，这就是时滞效应。

时滞效应的特点不仅表现为行动与效果之间存在时间差距，而且表现为传导过程中初始效果与最终真实效果之间存在差异。

弗里德曼认为，时滞效应对于货币理论与政策有重要意义。对于预期理论来说，由于时滞的存在，使人们以现有知识为基础的预测产生相当大的误差。对于货币政策来说，由于时滞的存在，它经常导致对货币政策效果的错误解说，也往往导致货币政策的错误决定。因为货币变动的作用并没有同时发生，货币政策就被认为是无效的。

（二）通货膨胀理论分析

弗里德曼将通货膨胀定义为："通货膨胀是引起物价长期普遍上涨的一种货币现象。"这个定义坚持了两点：(1)通货膨胀是一种货币现象而非一般的经济现象，通货膨胀或通货紧缩的发生总是与货币量的多少直接相关；(2)通货膨胀所表现出来的物价上涨是长期的和普遍的。判定是否发生了通货膨胀时，需要注意区分两个界限：

(1)相对价格变动和平均物价水平变动的界限。相对价格的变动，不能算作通货膨胀；只有平均物价水平的上升，才能看作是通货膨胀。

(2)一次性物价上涨和持续性物价上涨的界限。一次性物价上涨通常由某种因素造成，具有临时性和偶然性的特点；而持续性物价上涨是指物价持续不断地上涨，带有长期性和经常性的特点。

从上述分析可见，货币学派的通货膨胀定义特别注重货币因素，他们认为，个别商品的价格变动和一次性的物价波动可以由多种原因造成，通货膨胀首先是一个货币问题,出现通货膨胀的直接原因就是货币量过多。

1. 通货膨胀的诱惑与危害

弗里德曼认为,通货膨胀对政府存在着强大的诱惑力,这种诱惑力主要来自以下两个方面:

(1)来自通货膨胀给政府带来的收入。政府来自通货膨胀的收入途径有三条:①扩大货币供应量直接增加政府的收入。②增加税收收入。通货膨胀能够在现行税率下自动提高政府的税收收入。③减少尚未偿还的国家债务的实际数值。在通货膨胀过程中,由于货币购买力不断下降,政府偿还债务时的货币购买力必然小于借入时的货币购买力,这种通货贬值的差额,等于减少了国家实际负债的偿还额。

(2)来自其货币传导过程中的初始效果。货币学派对传导机制的分析表明,在货币供应量增加的初期,即通货膨胀刚刚开始时,由于整个过程中的时滞效应,货币量增加不是直接表现为物价上涨,而是使利率下降,生产扩大,失业减少,收入增加,政府可以多花费而无须让公众少消费,大家都可以多花钱,成皆大欢喜之状。

通货膨胀这两方面诱惑力使政府自觉不自觉地持续推行这一政策。因为通货膨胀带来的繁荣是极为短暂的,它只是货币冲击传导过程中的一个初始环节,当传导继续进行下去后,人们很快就发现他们手中的货币虽然数量多了一些,但可购买的东西却少了;工商业企业主发现销售收入虽然扩大了,但成本上升了,这就迫使他们把工资和物价抬得更高,否则,将遭受通货膨胀的损失。于是,恶果开始呈现:被抬高的物价、有效需求的衰退、通货膨胀与经济停滞连在一起。如果不是采取强硬措施有效地制止通货膨胀,这种恶果将越演越烈,不仅破坏市场活动的正常进行,导致经济混乱和危机,而且将带来政治动荡。

2. 通货膨胀的原因

特定的物价和总的物价水平的短期变动,可能有多种原因。但是长期持续的通货膨胀却是一种货币现象,是由于货币数量的增长超过总产量的增长所引起的。弗里德曼认为,货币量过多的直接原因有三个。

第一,是政府开支增加。当政府的收入相对稳定,但同时因各种原因日益增加名目繁多的开支时,必然需要筹措新的资金来源用于应付日益扩大的开支。弥补支出扩大的资金来源有三种方式:一是增加税收;二是向公众借债;三是增加货币供应。

第二,是政府推行充分就业的政策。为了讨好公众,政府一方面制定不恰当的过高的充分就业目标,另一方面采取增加货币数量,扩大政府支出的办法来提高就业水平。于是一旦出现经济衰退的迹象时,政府就立即实行通货膨胀来刺激经济;当制止通货膨胀的措施在短期内不能增加就业时,政府又立即放弃制止手段而采用更高的通货膨胀来换取就业的微量增加,以致形成通货膨胀率与失业率轮番上涨的恶性循环。

第三,是中央银行实行错误的货币政策。其错误首先是货币政策的目标偏移。

综上所述,弗里德曼认为,通货膨胀的真正原因在于货币供应增长率大于经济增长率,而货币量过多的原因都是出自政府的错误政策和行为。是他们一手造成了通货膨胀,却还要嫁祸于人。通货膨胀所表现出来的普遍、持续物价上涨,就是由于货币发行过多所致。垄断了货币发行权的政府无疑有着不可推卸的责任。

3. 通货膨胀的治理措施

弗里德曼相信,制止通货膨胀的办法只有一个,即减少货币增长。他认为,只有把货币供应增长率最终下降到接近经济增长率的水平,物价才可望大体稳定下来,而后,政府采用单一规则来控制货币供应量,就能有效地防止通货膨胀。

弗里德曼认为,制止通货膨胀,是"知易而行难"。由于时滞效应的存在,在治理通货膨胀的最初一段时期内,经济增长降低,失业率增加,而物价下降幅度却不大。

传导机制分析表明,货币供应量变动后同适应这一变化而进行的产量和物价的充分调整之间存在着时间上的滞后。通货膨胀的发生有一个时间过程,通货膨胀的制止也需要一段时间。因此,弗里德曼认为:制止通货膨胀最重要的政治障碍:第一,美国、英国及其他许多政府都对充分就业作出许诺;第二,一般公众不认识制止通货膨胀所引起的不可避免的或暂时的副作用;第三,政治领袖们不愿或不能说服公众接受这些副作用。

弗里德曼认为,面对通货膨胀,人们只有两种选择:一种选择是:使物价上涨继续下去,或者加速上涨。在这种情况下,每个人都会受到打击。另一种选择是:你经历了一个困难时期,而这个困难时期是为了有效地治好物价上涨带来的副作用。对每个人来说,这意味着一年或更长时期的低经济增长、相对多的失业人数和收入的缓慢增长。

任何有理智的人都会作后一种选择。因为世界上不存在十全十美的选择,在短期内,没有任何制止通货膨胀的办法既能产生良好效果又不使每个人有所损失,长痛不如短熬。制止通货膨胀不仅需要决心和适当的政策,还要有耐心和远见。

如果采用减轻其副作用的措施,就能够使治理通货膨胀的不良初始效果降到最低限度,从而有利于对通货膨胀的进一步治理。弗里德曼认为,减轻副作用的措施主要有两条:

第一,减轻副作用最重要的方法,是事先宣布一个逐步稳定地降低通货膨胀的政策,并坚持执行,使政策得到公众的依赖。逐步进行和事先宣布,是让人们有时间调整其安排,并促使他们这样去做,只要坚持执行,人们就会从长期考虑来安排他们的生产经营活动,调整资产组合,从而减少因通货膨胀而产生的生产滑坡、就业下降等临时副作用。

第二,广泛地使工资合同及其他合同指数化,即长期合同应包括名义价格可以自动调节以抵销通货膨胀的条款。这一措施的实质是排除通货膨胀的影响,使契约按实际量而不是名义量来缔结。存贷款利率也应采取这一措施,保证实际利率不受通货膨胀的影响。其好处是,无论通货膨胀高低,契约双方(雇主与雇员,借者与贷者)都可以受到保护而免受损害,使他们在不受通货膨胀的干扰下,按照本行业的条件去谈判,保证经济活动的正常进行。

当然,以上两条措施都只能相对地减轻副作用而不能完全消除它。制止通货膨胀的最好办法是不要沿着通货膨胀的道路滑下去,坚决采取固定货币供应增长的货币政策,有效地进行预防,这才是上策。

(三)货币政策的最终目标和中介指标

1. 货币政策的最终目标

弗里德曼认为货币政策目标不能放在充分就业上。他提出货币政策的最终目标只有一个,那就是稳定货币,从而保证经济的稳定。

为了达到稳定货币的目标,首先要保证其自身的稳定性,避免货币政策的重大错误,货币当局需要改善货币机器,以减少故障的机会及运用权力使之保持良好运作状态。其次应该抵消来自其他方面的干扰。尽管如此,弗里德曼也认为不能高估货币政策的抵消力量,从实践中看,货币政策只能抵消那些已经明显出现的危险。

在排除了来自本身和外来干扰的情况下,货币政策的任务就是:为经济社会提供一个安定的环境。货币政策最明确的目标就是控制货币供应量,以保证币值或一般物价水平的稳定。只有稳定货币,才能稳定物价、稳定经济,才能为经济社会提供一个良好的环境,稳定——应该成为,也必须成为货币政策唯一重要目标。

2. 货币政策的中介指标

弗里德曼坚决反对以利率、价格水平、汇率作为货币政策的中介指标。根据现代货币数量说的基本理论,货币政策的最佳中介指标应该是货币供应量。其理由主要有:

(1)货币供应量在经济生活中具有极端重要性。货币供应量的变动将通过社会净财富、资产结构调整、信用供应量以及预期变化等传导过程,影响整个经济的就业、产量、收入和物价等宏观经济变量。因此,稳定住货币供应量就能稳定经济变量和宏观经济,特别是从防止通货膨胀的角度看,控制货币供应量是保持物价水平等经济变量稳定的根本措施。

(2)中央银行作为管理和调控货币的机构,其货币政策的目标就是稳定货币,只要货币供求是稳定的,货币就能稳定。由于货币需求本身具有稳定性,因此,只要稳定住货币供应量,就能实现稳定货币的政策目标。

(3)在现代信用货币和中央银行制度下,货币供应量虽然具有一定的内生性,但仍在中央银行的控制中,中央银行可以运用各种货币政策工具,通过调节高能货币和存款准备金比率等来控制货币供应量。

(4)货币供应量可以明确地反映出货币政策的松紧。由于货币供应与货币需求的决定因素是不同的,调控货币供应的政策将不会影响实际货币需求,而且根据实证分析货币需求函数相当稳定,因此,货币供应量的变动可以作为反映银根松紧和货币政策有效性的恰当指标。

四、货币主义的政策主张

所谓"单一规则",就是公开宣布并长期采用一个固定不变的货币供应增长率。"单一规则"在内涵上强调以下三点:

1. 公开宣布:其目的是告示于众,减轻人们心理上的不安定感,避免人们因不同预期引起的紊乱和矛盾,同时也将货币当局的行为置于公众的监督之下。

2. 长期采用:其意图在于消除频繁的相机抉择变动而引起的经济波动,避免因人为因素导致的错误决策给经济造成的扰乱,并且可以消除时滞效应中不同时期的不同反映,促使初始效果和最终效果趋于一致。

3. 固定货币供应增长率:以利于加强货币政策的连续性和稳定性,并以其自身的稳定性抵御来自其他方面的干扰。

第五节　供给学派

一、供给学派理论概述

该学派认为,生产的增长决定于劳动力和资本等生产要素的供给和有效利用。个人和企业提供生产要素和从事经营活动是为了谋取报酬,对报酬的刺激能够影响人们的经济行为。自由市场会自动调节生产要素的供给和利用。

供给学派并没有建立其理论和政策体系,只是学派的倡导者对于资本主义经济产生“滞胀”的原因及政策主张有些共同的看法。

供给学派认为,在市场经济条件下,个人和企业提供生产要素和从事经营活动都是为了谋取报酬或利润。因此,对报酬和利润的刺激会影响经济主体的行为。对实际工资的刺激将影响劳动力的供给;对储蓄和投资报酬的刺激会影响资本的供给和利用。充分发挥市场机制,能够使生产要素供需达到均衡和有效利用。应当消除不利于生产要素供给和利用的因素。

供给学派指出,政府的经济政策是经济主体经营活动的刺激因素,其中财政政策最为重要。在分析经济政策对行为的影响时,供给学派反对凯恩斯主义只注意政策对经济主体收入和支出的效果,而是强调政策对生产活动的作用。

供给学派着重分析税制对生产要素供给和利用的效果。他们指出,经济主体从事经营活动所关心的并不是获得的报酬或利润总额,而是减去各种纳税后的报酬或利润净额。在累进税制条件下,边际税率又是关键因素。因为经济主体是否多做工作,或增加储蓄和投资,要看按边际税率纳税后增加的净报酬是否合算。

供给学派认为,政府支出不论是公共支出还是转移支付,都或多或少起着阻碍生产的作用。公共支出中有些是浪费资源,有些虽然对经济有益,但效率很低。因此,他们主张大量削减社会支出,停办不必需的社会保险和福利计划,降低津贴和补助金额,严格限制领受条件。

供给学派虽然同意货币主义的基本观点,但在控制货币数量增长的目的和措施上,同货币学派大相径庭。供给学派认为,控制货币数量增长的目的不应只是与经济增长相适应,而是为了稳定货币价值。货币价值保持稳定,人们的通货膨胀心理就会消失。在安排货币收入时,人们就乐意保存货币,不去囤积物资,选择生产性投资,不作投机性投资。同时,货币价值稳定又是保证财政政策,发挥促进经济增长的必要条件。

二、供给学派的主要论点和政策主张

(一)复活“供给自创需求”的萨伊定律

供给学派认为,在供给和需求的关系上,供给居于首要的、决定的地位。社会的购买能力取决于社会的生产能力,而社会的生产能力就是社会的供给能力,人们在向社会提供商品的过程中自然会创造出多方面的需求。社会的供给能力越强,需求就越大,在信用货币制度下,不会出现购买力不足而发生商品过剩的问题。供给学派不仅把萨伊定律奉为其理论和政策的基础,而且以此为武器,否定凯恩斯主义需求决定供给的理论和需求管理政策,他们认为经济发生滞胀完全是由于需求管理政策造成的,是需求过度和供给衰退的必然结果,其祸根就是凯恩斯需求决定供给的理论,因此必须坚决摈弃。他们还认为经济发展的标志是供给的水平和能力,经济学的首要任务应当是研究如何促进生产、增加供给,仅仅在需求和分配上做文章是远远不够的。

(二)力主市场经济,反对政府干预

供给学派从萨伊定律出发,认为在自由竞争的市场经济中供求总是均衡的。他们宣扬企业家的创业精神和自由经营活动是促进生产、增加供给的关键因素,而自由竞争的市场经济是企业家施展才能的最佳经济体制,在市场机制的充分作用下,各种经济变量都能自动趋于均衡,保证经济长期地稳定发展。国家干预不仅会破坏市场经济的自动调节机制,而且往往由于干预不当而损害经济中的供给力量,例如凯恩斯主义的国家调节政策以充分就业为首要目标,注重需求方面的短期效果,不注重供给方面的长期利益;注重收入再分配的调节,把以税收、公债形式从企业和个人那里征集的过多社会资财,通过财政的转移性支付变成了巨大的消费而损耗掉,降低了资本积累,阻碍了生产发展,削弱了供给能力。特别是政府对经济的干预和调节往往服从于政党之间的争斗,这种短期化行为,却对供给产生持久的破坏作用。因此,政府过多地干预经济对国民经济有害而无益。

(三)通过减税刺激投资,增加供给

他们认为,供给能自动创造需求,但供给的大小取决于产量的多少,产量是各种生产要素投入的直接结果,而生产要素的投入取决于各种刺激。这些刺激应以提高储蓄率、投资率为目标,以鼓励企业家冒险和创业为满足。因此,通过各种刺激就能增加生产以达到增加供给的目的。

供给学派认为,在所有的刺激中,税率的变动是最重要、最有效的因素。税率变动影响着劳动力的供应及其结构,影响着储蓄、投资以及各种有形的经济活动。因为人们进行经济活动的最终目的虽然是收益,但他所关心的不是收入总额,而是纳税后可支配的收入净额,因此税率,特别是边际税率是关键的因素。提高税率,人们的净收入额下降;减低税率,人们的净收入增加。经济主体考虑是否增加活动,主要看由此带来的净收入增量是否合算来决定。高税率因减少人们的净收益而挫伤劳动热情,缩减储蓄,致使利率上升投资萎缩,生产增长缓慢,商品供给不足。而减税则具有与上述相反的作用。

供给学派认为减税不仅能将国民收入更多地积累在企业和个人手里,用以扩大储蓄与投资,增加供给,而且也不会影响政府的税收收入。因为决定税收总额的因素不仅是税率的高低,更主要的是课税基数的大小。高税率不一定使税收额增加,却常因压抑了经济主体的活动而缩减了课税基数,反而使税收额减少。供给学派常用著名的“拉弗曲线”来说明税收与税率之间的函数关系。

(四)重视智力资本,反对过多社会福利

供给学派认为,一国实际收入的增长,取决于其有形资本与智力资本的积累,也取决于其劳动力的质量与努力程度。尤其是当代智力资本所形成的科技革命,正在迅速改变着物质生产和人们生活的面貌,给人类带来极大的福利。因此资本,特别是智力资本是人类福利的源泉,应当鼓励人们进行智力投资。只有当有形资本和智力资本达到最大化时,人类福利才能达到最大化,若资本不足时,过多的福利只会产生不良作用,削弱了人们储蓄和投资的积极性,特别是压抑了积蓄智力资本的动力,滋长了穷人的依赖心理,使失业成本大大降低,人们不储蓄、不工作、不学习、不提高也能生存,这就不利于增加投资,不利于扩大就业,不利于鼓励进取,不利于刺激供给,不能达到真正的最大福利化社会。同时过多的福利扩大了政府的社会性支出而排挤了私人的生产性支出,不利于消除赤字,不利于生产增长。因此,必须削减过多的社会福利。

(五)主张控制货币,反对通货膨胀

由于供给学派以增加生产、扩大供给为主旨,所以他们的货币金融理论特别强调货币金融对于供给因素的影响;又因他们将减税作为主要武器,因而十分注重货币金融与财政政策的关系和相互作用。他们从提高供给能力的角度出发,力主稳定货币,反对通货膨胀。

1. 储蓄和投资的决定因素

供给学派把储蓄定义为:为了生产将来商品的最终目的而储存起来的那部分现在收入。因此,储蓄既是真实信贷的最终基础,也是资本供给的主要来源,增加储蓄无疑有利于促进投资,扩大生产,增加供给。他们认为,当前经济学的任务不仅要消除凯恩斯主义储蓄有害论的不良影响,理直气壮地鼓励储蓄,在提高储蓄的基础上增加投资,而且要着重分析影响储蓄和投资的各种因素,以利于扩大其规模。

2. 通货膨胀对经济的危害

供给学派认为,要实现降低税率有利于增加储蓄和投资以扩大供给的效果,必须以货币稳定为前提条件。如果货币不稳定,不仅极大地影响减税效果,而且通货膨胀本身将直接导致供给不足。他们认为,通货膨胀的危害主要在于以下几点:

第一,通货膨胀使个人和企业承受更高的实际税赋;

第二,通货膨胀降低储蓄的数量和效率;

第三,通货膨胀减少投资;

第四,通货膨胀严重损害供给;

第五,通货膨胀导致贸易逆差。

从上述可见,供给学派认为,通货膨胀的主要危害不在于物价上涨,而在于对经济体系中供给能力的损伤,因此,通货膨胀不仅不能刺激经济增长,反而会导致经济衰退。供给学派的这种理论经常被作为“通货膨胀促退论”的主要代表。

3. 通货膨胀的原因

供给学派对通货膨胀的原因分析与其他经济学派有很大不同。供给学派把问题的着眼点放在供给方面。他们认为,通货膨胀是与供给紧密联系在一起的。通货膨胀与供给不足是一个相互加剧的恶性循环图。通货膨胀的主要危害在于损伤经济的供给能力,而供给不足、需求过剩又是引起通货膨胀的主要原因。他们认为,虽然通货膨胀的直接原因是货币量过多,但从根本上说,需求膨胀、货币量过多是相对于商品(劳务)供给过少而言的。其根源在于凯恩斯主义的需求管理和长期实施膨胀性政策,人为地加大需求,过多地干预经济,妨碍了生产和供给的增长,扩大了供求矛盾。需求过剩、供给不足引起物价普遍上涨的通货膨胀,而它反过来又伤害了供给因素,二者互相加剧,最终必将形成滞胀。

4. 通货膨胀的治理对策

(1)一般政策主张。根据上述理论,供给学派认为,要治理通货膨胀,摆脱滞胀困境,真正的治本之方必须着力于增加生产和供给。增加生产意味着经济增长,从而克服经济停滞;增加供给可以消除过剩的需求,从而克服通货膨胀。要增加生产和供给,首先必须减税,以提高人们储蓄和投资的能力与积极性。此外,还需要有两个条件加以配合,一是削减政府开支,以平衡预算、消灭赤字,并缓减排挤效应。二是限制货币发行量,稳定货币,以稳定物价,排除对市场机制的干扰,保证人们储蓄和投资的实际效益,增强其信心和预期的乐观性。政府除了为增加供给提供良好的环境和必要的条件之外,不应对经济多加干预,而由市场机制对经济进行自动调节。只有这样,才能充分发挥减税刺激供给的积极作用。随着商品和劳务供给的增加,彻底消除通货膨胀。

(2)改变货币制度,恢复金本位制。供给学派认为,要消除通货膨胀对减税效果和增加供给的不良影响,必须实行货币限制。只有进行有效的货币限制,才能稳定币值,稳定物价,公平征税,保证人们的实际可支配收入。这样就有利于鼓励储蓄和投资,健全市场机制,增强减税效果,促进生产和增加供给。因此,实行货币限制既是制止通货膨胀和经济停滞的有效措施,又是增加供给、发展经济的必要条件。

在怎样进行货币限制问题上,他们不赞同货币学派提出的由货币当局控制货币供应增长率的主张。认为采用“单一规则”来进行货币限制是非常困难的。

鉴于此，许多供给学派人士认为，要实行有效的货币限制，较为理想的办法是废止信用货币制度，恢复金本位制。这既能使货币当局控制货币数量有据可依，又能硬化货币供应的约束机制，还能有力地限制各种各样准货币（近似货币）的创造和流通，消除人们的看涨心理，恢复对法定货币的信心。这样才能进行卓有成效的货币限制，稳定币值，稳定物价，降低利率，确保人们的实际收益。这正是增强减税效果、提高储蓄和投资、扩大生产和供给、促进经济增长的必要条件，也是从根本上制止通货膨胀的保证。

第六节　理性预期学派

一、基本观点与分析方法

理性预期学派的基本观点是：人们在经济活动中，根据过去价格变化的资料，在进入市场之前就对价格作出预期。合理预期起了加速通货膨胀的作用。因此，理性预期学派认为，国家干预经济的任何措施都是无效的。要保证经济稳定，就应该听任市场经济的自动调节，反对任何形式的国家干预。

在上述假定前提下，穆斯提出其理论要点：

其一，理性预期是使厂商利润最大化的预期，是人们有效地利用代价昂贵的信息后形成的，因而它是理性的，其结果与客观的理论预测一致；其二，理论预期是观察到的过去经验的规律性总结，它可以指导人们的经济行为；其三，理性预期模型中存在随机误差项，表明厂商和经济学家都不能无所不知，因而会对其产出行为发生影响；其四，最主要之点在于，理性预期模型说明，规则的经济政策不会对实际经济行动产生影响。只有当经济体系受到预料之外的冲击时，才会使实际产量偏离其正常轨道。

理性预期学派首先从分析方法入手，批判了凯恩斯主义的分析方法，指出其存在的问题，并用自己的心理预期方法取代或补充了凯恩斯主义的分析方法。

二、理性预期学派的经济理论

主要资本主义国家经济开始陷入“滞胀”局面：一方面，生产过剩，产品积压，企业破产，工人失业，经济停滞不前；另一方面，物价持续上涨，而且涨幅较大。在西方经济学中，预期是指经济活动者为了谋求个人利益最大化，对与经济决策有关的不确定因素进行预测。

(一)理性预期学派的假设

前述三种预期各有特点,但有一个共同的缺陷,即三种预期没有建立在对经济行为理论深入考虑的基础之上。即使是较先进的适应性预期也只是依据对被预期的变量的过去数值来进行预测,不能充分利用与预期变量相关的其他变量提供的有用信息。理性预期是指经济当事人为避免损失和谋取最大利益,会设法利用一切可以取得的信息,对所关心的经济变量在未来的变动状况作出尽可能准确的估计。穆斯在《理性预期与价格变动理论》一文中,先后给出三个假定:

(1)由于信息是稀缺的,经济系统一般不会浪费信息;

(2)预期的形成方式主要取决于描述经济的有关体系结构;

(3)公众的预期对经济体系的运行不产生重大影响。

穆斯认为,有理性的人在形成经济变量的预期时,会充分利用同决定该变量有关的所有可获得的信息。

穆斯的理性预期假说的经济学含义是:

(1)理性预期是经济主体利润或效用最大化的自然结果,是最准确的预期。

(2)经济当事人的主观概率分布等于经济系统的客观概率分布。

(二)理论观点

1. 理性预期学派与微观经济学。在西方经济学界流行的微观经济学,作为西方主流经济学的一个重要组成部分,基本上是传统的新古典经济学的价格制度和价格与产量决定的分析。

这种理论分析在分析方法上属于静态均衡分析,包括局部均衡分析和一般均衡分析理性预期学派对于传统的微观积极理论的最重要的贡献,是它提出了理性预期的假说。理性预期假说,反映了在动态的一般均衡条件之下,经济活动当事者为实现其经济行为最优先的基本要求,考虑到理性预期的因素,经济学应当进行一般动态均衡的分析,并且在微观经济学中占有相当的分量。

2. 理性预期学派与宏观经济学。理性预期学派的理论对宏观经济学的影响颇大,这种影响可以从两方面分析:一是宏观经济学的微观化;二是对原有的宏观经济学理论与政策观点的变革。

3. 理性预期学派与经济学方法论的更新。

理性预期学派的理论活动也引起了经济学方法论的更新。这主要表现在以下方面:(1)模拟经济模型在说明实际经济中的新作用。模拟的经济模型以其抽象的、虚拟的、非现实的特征,来说明实际的经济现象。

(2)时间系列分析与理性预期分析的结合,使经济分析具有动态的实感。

(三)基本理论与分析方法

1. 基本理论

(1)理性预期假设。该假说断定下面三种情形:信息是稀少的,而且,一般说来经济制度没有浪费信息;预期的方式特殊地依赖有关的经济制度;公众的预测对经济制度的运行无重大的影响,公众的预测仅仅反映经济制度的运行趋势。对于理性预期假说是极为重要的有两个关键的假设:一是对于私人经济活动当事者具有重要关系的信息,包括对经济结构本身的特征的了解,对已为该结构证明为合理的过去和现在的一系列数据的了解;二是自然率假说的应用性,理性预期的第二个主要的成分是私人经济活动当事者有效地收集和应用信息,这是理性预期模型的基本的突出的特征,也是其一般性原理。理性预期的研究结果,是形成一系列关于信息的假定,这些假定可以处理关于政府行为和商业周期的两个命题:中性假说和非中性假说。

(2)中性假说和非中性假说。在这里,系统的货币活动仅仅影响名义变量,例如价格水平和通货膨胀率。非中性假说则恰好相反,认为商业周期以一种有意义的方式依赖于货币和财政活动。

(3)自然率假说。自然率假说是作为反对凯恩斯主义的失业与通货膨胀负相关的互替关系,自然率假说认定,给定经济的微观经济结构,私人经济活动的当事者,包括企业家、消费者、工人的基于对通货膨胀率的正确的预期的经济行为,会形成唯一的总产量、就业和失业的水平,亦即其"自然水平"。

4. 政府行为。政府行为是可以预测的,虽然可以不无理由地假定,政府的大量活动不是系统的,但并非是不可预测的。政府政策的作用在于"出奇制胜",即在人们对政府的政策还没有作出正确的、理性的预期的时候,它们可以收到一定的效果。

2. 分析方法

(1)预期的形成本身成为经济分析的对象。理性预期学派的经济学家们认为,预期的形成本身就是经济行为的一个组成部分,因此应该确立一种经济分析方法,就像应用各种经济学原理去分析市场行为那样来分析预期的形成。与凯恩斯不同,理性预期学派把预期看成是利用最好的经济模型和所有现已掌握的信息所得出的关于某个经济变量的水平或变化率的明确的预测。

(2)把经济活动当事者基于理性预期所可能采取的对策作为研究的对象。理性预期学派的基本命题是:消费者和企业使许多信息对其有用,他们不仅是宏观经济政策调节的对象,而且也以自己的理性预期的经济行为积极影响宏观经济政策的制定。理性预期学派的理论表明,在理性预期世界中,政府的需求管理的政策是无效的。

3. 坚持新古典的信条。理性预期学派，从经济学范畴上划分，属于新古典主义经济学家。新古典经济学的一个基本的特征，是它强调作为理性的经济人的理性的经济行为。在理性预期学派的理论分析中，始终坚持新古典经济学的如下三个重要信条：第一，经济当事人的实际经济决策，例如关于储蓄、消费或投资的决策，只取决于实际的而不是名义的或货币的因素；第二，在经济当事人的有限信息之下，他们是一贯的和成功的最优先者，即他们连续地处于均衡中；第三，在评价经济环境时，经济当事人不会犯系统的错误，即他们具有理性预期。在经济分析中，强调经济变量的实际因素，对于经济当事人的决策的决定作用，以及强调经济当事人连续地实现均衡，是新古典经济学理论的基本特征。

三、政策主张

理性预期学派主要侧重于对传统经济理论和政策的批判与否定，没有提出具体、系统的经济政策主张，但透过字里行间，人们不难窥知理性预期学派经济政策理论的价值取向。

（一）理性预期学派以追求经济发展的自然水平政策目标。反对人为地刺激产量和就业水平的增加。理性预期理论包含了"无为而治"的政策思想。在理性预期学派看来，市场经济具有内在的稳定性，其运行遵循一定的自然规律。自由市场制度能使总产量和总就业水平长期保持在自然水平之上，因而反对政府通过财政扩张和货币扩张来提高产量和增加就业。

（二）崇尚自由经营，反对政府过多干预经济。理性预期学派认为，市场机制、自由竞争能够保证资本主义长期协调、稳定地发展，并能充分有效地利用和配置各种资源，克服经济危机，建立自然秩序。

（三）宏观经济政策无效论。理性预期学派认为，经济当事人都遵循最大化原则，工人追求效用最大化，厂商追求利润最大化，同时，理性的经济人都能收集到尽可能充分的信息，并据此作出理性预期，这种预期结果非常准确，可以与职业经济学家运用数学模型解出来的结果相媲美。

在20世纪60年代末70年代初西方国家经济普遍陷入"滞胀"困境之后，凯恩斯主义的理论和政策便失灵了。所谓"滞胀"（或称停滞膨胀）是指经济萧条、大量失业同严重的通货膨胀同时并存的经济现象。按照凯恩斯主义的理论分析，西方国家经济的主要问题是有效需求或社会总需求的问题，重要的是政府实行需求管理。在经济中出现萧条和大量失业的时候，政府应实行扩张性的财政政策和货币政策，扩大社会总需求，进而扩大产量，增加就业，最终实现充分就业。而在经济中出现严重的通货膨胀的时候，政府则要实行紧缩性的财政政策和货币政策，以缩小社会总需求，进而减少通货膨胀的压力，最终消除通货膨胀。

政府的这种财政政策、货币政策调节经济的行为被称作“逆经济行事”。在“滞胀”的局面之下，这种“逆经济风向行事”的方式便行不通了。总之，在“滞胀”现象出现之后，政府的行为处于一种“两难”的处境。凯恩斯主义经济学家们根据凯恩斯主义经济理论无力解释这种现象，也拿不出有效地使经济走出困境的处方，凯恩斯经济深深陷入危机之中。凯恩斯经济学的危机，为凯恩斯学派以外的其他经济学派的兴起提供了契机。既然凯恩斯经济学面对着“滞胀”的局面一筹莫展，那么，经济生活便需寻求新的理论和政策，以解决现实所提出的新的经济问题。

第七节　新凯恩斯主义学派

在经过了 20 世纪 70 年代西方经济的“停滞膨胀”局面的现实挑战，和经济学内部对以美国“新古典综合派”为代表的凯恩斯主义经济学的严重激烈争论之后，80 年代出现了一个主张政府干预经济的新学派——新凯恩斯主义学派。这个学派的出现及其以后的迅速发展，似乎使人们在经济自由主义思潮席卷西方宏观经济学领域之时，看到了已经失势的凯恩斯主义经济学重振其雄风的希望。新凯恩斯主义坚持凯恩斯的基本经济信条，以其独辟蹊径的研究方法和新颖的理论观点来复兴凯恩斯主义。其影响正在逐渐扩大，其部分理论已经被写进了西方的教科书。

“新凯恩斯主义经济学”的英文名称是 New Keynesian Economics。“新凯恩斯学派”的英文名称是 New Keynesians，New Keynesian Economists 或者 New Keynsian School。不过，应该注意，这些名称与 Neo - Keynesian Economists 的区别。后者一般指托宾、莫迪利安尼、索洛等经济学家或者指罗宾逊夫人、卡尔多、帕西内蒂、斯拉法等经济学家。现在，在西方经济学文献中，同新凯恩斯主义经济学（New Keynesian Economics）相对应的是原凯恩斯主义经济学（Original Keynesian Economics ），同新凯恩斯主义者（New Keynesians ）相对应的是原凯恩斯主义者（Original Keynesians ）。新凯恩斯主义学派的主要成员为：哈佛大学的格雷戈里 · 曼丘和拉里 · 萨默斯、麻省理工学院的奥利维尔 · 布兰查德和朱利奥 · 罗泰姆伯格、哥伦比亚大学的艾德蒙 · 费尔普斯、伯克利加州大学的乔治 · 阿克洛夫和珍妮特 · 耶伦、斯坦福大学的约瑟夫 · 斯蒂格里茨、威斯康星大学的马克. 格特勒，以及普林斯顿大学的本·伯南克等人。格雷戈里·曼丘和戴维·罗默主编的《新凯恩斯主义经济学》两卷本,是新凯恩斯主义经济学的代表性论文集。

一、新凯恩斯主义学派的由来和发展

(一)原凯恩斯主义与新凯恩斯主义

原凯恩斯主义认为,在经济体系中,价格和工资是刚性的,市场是非出清的,产品市场存在过剩产品,劳动市场存在过剩劳动供给,所以,失业和生产过剩是资本主义经济的常态。他们认为,失业和生产过剩的原因是有效需求不足。但是,市场机制本身并不能自行解决这个问题,只有政府干预才能消除生产过剩和失业。另外,由于根据传统的新古典经济学制定的自由放任政策在20世纪30年代的大萧条中对解决实际问题束手无策,所以导致了凯恩斯经济学的出现。根据凯恩斯经济学制定的政府干预经济的政策在实践中似乎收到了明显的效果。这使凯恩斯的经济理论受到了西方各国政府的欢迎。而凯恩斯主义的政府干预主义的新思潮也由此兴盛起来,并逐步取代了经济自由主义的传统统治地位。

第二次世界大战后,新古典综合派把凯恩斯的国民收入决定理论与马歇尔的新古典经济学理论"综合"在一起,试图弥补西方经济理论体系的漏洞,也使凯恩斯主义经济学能够适用于战后非萧条的经济情况,并且研究资本主义如何在长期中稳定发展和如何治理通货膨胀。萨缪尔森《经济学》一书在1948年的出版,标志着新古典综合派正统地位开始形成。新古典综合派的特点是,企图撇开凯恩斯与古典经济学的分歧,把二者"焊接"为一个统一的整体。在战后25年的时间里,新古典综合派理论的传播和西方大多数国家经济的顺利发展使西方大多数经济学家似乎都成了新古典综合派的信徒。新古典综合派的理论体系成了官方经济学的正统,成为官方长期制定经济战略和经济政策的主要依据和工具。当然,从实际上看,新古典综合派的理论和政策主张对于缓和经济危机、减少失业、促进经济增长也的确起过比较重要的作用。

20世纪60年代中期以后,原凯恩斯主义开始衰落,长时期里的经济学"共识"的时代归于结束。在经济发生"停滞膨胀"的局面下,被新古典综合派在综合时所忽视的方面,却导致了该学派的衰落。一般说来,使新古典综合派出现衰落的原因可以归结为三个:(1)新古典综合派的理论不能解释滞胀现象,陷入尴尬境地;其对策也不能解决滞胀问题,陷入两难局面;(2)由于理论的缺陷,新古典综合派的理论(包括索洛的新古典增长理论)不能解释和解决劳动生产率低下的问题;(3)受凯恩斯主义理论倡导的鼓励消费不鼓励储蓄与节俭的风气,使社会积累迟缓,资本形成缓慢,这也使新古典综合派的理论受到怀疑。

新凯恩斯主义经济学派正是在新古典综合派逐渐失势、反对派别林立的形势下逐渐产生的。这也是经济自由主义和政府干预主义两大思潮进行激烈争论过程中,在两大思潮内部形成的。在风行一时的主张经济自由主义的思潮内部,有现代货币主义学派、供给学派、新古典宏观经济学派等。而在新古典宏观经济学派内部又有货币经济周期学派和实际经济周期学派之分。在遭受冷落的原凯恩斯主义的阵营中,一些被帕金(M. Parkin)称为"新凯恩斯主义者"的中青年经济学家反对经济自由主义思潮,继续坚持原凯恩斯主义的基本信条。他们采用了许多新的分析和研究方法,对各种有用的经济理论观点,甚至包括论敌的理论观点兼收并蓄,提出了一些新的理论见解,推动了凯恩斯主义的研究。正是在他们的努力之下,新凯恩斯主义经济学派破土而出了。

新凯恩斯主义不是对原凯恩斯主义的简单继承,而是对其进行了批评、继承和发展。原凯恩斯主义的理论模型在统计检验上是失败的。特别是20世纪70年代的统计数据未能证明I3—L—模型和菲利普斯曲线结合所说明的通货膨胀和失业之间的替代关系。这给了原凯恩斯主义以沉重的打击。另外,新古典宏观经济学对原凯恩斯主义理论缺乏微观经济学基础,违反了微观经济学关于经济人是理性的假定的指责,从理论上动摇了原凯恩斯主义。新凯恩斯主义学派的经济学家对此进行了深刻的反省,同时吸收并融合了各派经济学家的理论精华及有用的概念、论点,有批判地继承、发展了原凯恩斯主义。格林沃德和斯蒂格利茨认为,新凯恩斯主义和原凯恩斯主义在三个方面是一致的:(1)劳动市场上经常存在着过剩劳动供给;(2)经济中存在着显著的周期性波动;(3)经济政策在绝大多数年份中是重要的。新凯恩斯主义与原凯恩斯主义的重要差别是,新凯恩斯主义在分析中引入了原凯恩斯主义所忽视的厂商利润最大化和家庭效用最大化的假定,吸收了理性预期学派所强调的理性预期假设,试图给凯恩斯主义宏观经济学奠定微观基础。新凯恩斯主义经济学认为,当经济中出现需求或供给冲击后,工资和价格的粘性使市场不能出清,使经济处于非均衡状态。这时即便有理性预期存在,国家的经济政策也有积极作用,也会影响产量和就业。

(二)新凯恩斯主义形成的理论背景

新凯恩斯主义产生的客观条件是,原凯恩斯主义的理论缺陷和新古典宏观经济学在解释现实问题时软弱无力。

原凯恩斯主义的理论缺陷是宏观经济理论缺乏微观基础。原凯恩斯主义用需求不足和名义工资刚性解释失业的存在和持续,但是,没有很好地说明名义工资刚性。新凯恩斯主义者批评原凯恩斯主义说,原凯恩斯主义的一个微妙之处是当它在考虑失业时,几乎不讨论劳动市场。原凯恩斯主义既没有很好地说明名义工资刚性的原因，也没有说明价格刚性的原因。新古典综合派在“综合”时，也忽视了微观经济基础。尽管萨缪尔森等人把“古典的”微观理论与凯恩斯主义的宏观理论结合在一起，但是，其“综合”是很机械的，缺乏有机的联系。莫迪利安尼、乔根森和托宾等人虽然从微观经济学角度分析了消费函数、投资需求和货币需求，但是，他们的分析都只是局部均衡分析，也未能真正解决宏观经济学的微观基础问题。

新古典宏观经济学明确地将微观经济理论作为宏观经济理论分析的基础。保持微观经济学和宏观经济学的一致性与相容性，是新古典宏观经济学的优点。也正是在这一点上，它动摇了原凯恩斯主义的统治地位，开辟了西方经济学家研究宏观经济问题的新思路。但是，新古典宏观经济学过分追求理论结构和分析方法的完美性，忽略经验检验，以致其市场出清的微观分析和政策无效性结论完全脱离了资本主义经济的现实。

新古典宏观经济学的进展和不足与原凯恩斯主义的缺陷，给了新凯恩斯主义者以有益的启发。新凯恩斯主义者运用新的方法和思路对劳动市场、产品市场和信贷市场进行了分析，试图找出宏观经济波动和失业的原因。新凯恩斯主义者用工资与价格的粘性代替了原凯恩斯主义的工资和价格刚性假定；以工资与价格的粘性与非市场出清假定，代替了新古典宏观经济学的工资和价格弹性与市场出清假设，并将其与宏观层次上的产量和就业量问题相结合，建立起有微观基础的新凯恩斯主义宏观经济学。

(三)新凯恩斯主义的假设条件和特点

新凯恩斯主义最重要的假设是非市场出清。这个假设使新凯恩斯主义同原凯恩斯主义有了相同的基础。非市场出清的基本含义是，在发生供给冲击或者需求冲击后，工资和价格不能迅速地调整到使市场出清的状态，而需要很长的时间才能达到市场出清。在重新达到市场出清之前，市场就处在非出清的非均衡状态。

新凯恩斯主义者和原凯恩斯主义在非市场出清假设上的重要区别是：(1)原凯恩斯主义非市场出清模型假定名义工资刚性，而新凯恩斯主义非市场出清模型假定名义工资和价格有粘性，也就是说，工资和价格是可以调整的，但是调整得十分缓慢，而且耗费相当的时间。(2)新凯恩斯主义模型增加了原凯恩斯主义模型所忽略的两个假设：一是经济当事人最大化原则，即厂商追逐利润最大化和家庭追逐效用最大化。这一假设源于传统的微观经济学。二是理性预期的假设。该假设来自新古典宏观经济学。经济当事人最大化原则和理性预期的假设，使新凯恩斯主义突破了原凯恩斯主义的理论框架。

新凯恩斯主义经济学的特征是:否认新古典经济学的“二分法”,认为经济是非瓦尔拉斯均衡,实际上的不完全性是重要的。新古典经济学的“二分法”把经济理论分为两部分:分析价值和分配问题的价值论,分析货币和价格问题的货币论。凡认为古典二分法有效、经济有瓦尔拉斯均衡特征的学派,都属于新古典宏观经济学派。该学派坚持古典“二分法”,认为名义变量的变化不影响实际变量,市场能够出清,经济中存在着瓦尔拉斯均衡。新凯恩斯主义学派恰恰与此观点相反。他们认为,货币等名义变量的变化会导致产量和就业量等实际变量的波动,所以,古典的“二分法”失效;工资和价格有粘性,粘性的原因是由于市场的不完全竞争、经济人信息的有限和相对价格刚性等因素引起的。所以,市场是非出清的,有明显的非瓦尔拉斯均衡特征。凡是否认古典“二分法”,认为市场是不完全竞争、有非瓦尔拉斯均衡特征的经济理论,都属于新凯恩斯主义学派。

二、新凯恩斯主义学派的价格粘性论

价格粘性是凯恩斯主义的基本信条之一,新凯恩斯主义坚持和发展了这一信条。价格粘性是指价格不能随着总需求的变动而迅速变化。

价格粘性问题的重要性在于,它可以转换为市场是否出清的问题,即市场机制是否有效的问题。价格有弹性,则市场出清,市场机制有效;而价格有粘性,则市场不能出清,市场机制失灵,只有政府干预才能纠正市场失灵。凯恩斯主义仅仅指出经济中存在价格刚性或粘性及由此产生的后果,但是没有从理论上论证价格刚性或者粘性的原因,所以,他们受到了新古典宏观经济学家的批评,说他们缺乏微观基础。这一批评击中了凯恩斯主义的要害,成为导致原凯恩斯主义衰弱的重要原因之一。

新凯恩斯主义为了复兴凯恩斯主义,对价格粘性提出了形形色色的理论说明,试图从当事人追求利益最大化和理性预期的假定出发,刻意在分析技术上下功夫,建立起复杂的数学模型,以一套形式上比较严谨的说法,给价格粘性提供微观经济学基础。新凯恩斯主义价格理论较多地使用价格粘性的概念,而较少使用价格刚性概念;凯恩斯主义则恰好相反。在深入剖析价格粘性的过程中,新凯恩斯主义区分了名义价格粘性和实际价格粘性。名义价格粘性是指名义价格不能按照名义需求的变化而相应地变化;实际价格粘性是指各类产品之间的相对价格比有粘性。

三、新凯恩斯主义学派的劳动市场论

凯恩斯主义理论有个特点和致命弱点:考察工资粘性和失业等问题时几乎不

讨论劳动市场。这就使得凯恩斯主义宏观经济学理论缺乏微观基础。为了弥补这一缺陷,新凯恩斯主义提出了劳动市场理论,不仅在微观经济学基础上阐明了劳动市场失灵、高通货膨胀和高失业率并存等问题,而且在经济人追求自身利益最大化和理性预期假设基础上,解释了劳动市场失灵的原因,较好地说明了经济停滞和通货膨胀并发现象,从而丰富和发展了微观经济学的劳动理论。

新凯恩斯主义劳动市场理论的关键性假设是工资粘性。工资粘性是指工资不能随着需求的变动而迅速地调整,工资上升容易下降难。新凯恩斯主义区分了名义工资粘性和实际工资粘性。名义工资粘性是指名义工资不随名义总需求的变化而变化。实际工资粘性是指实际工资与需求的变化几乎没有相关性。

(一)名义工资粘性

这又分为交错调整工资论和长期劳动合同论。

1. 交错调整工资论

该理论认为,在短期内,不论通过合同机制还是理性预期机制来稳定工资水平,都会导致通货膨胀和失业并存。交错调整工资是指劳资双方通过雇用合同调整工资。由于合同签订的时间不同,工资调整就会交错进行,形成一个交错的序列。

交错调整工资使得工资总水平具有了惯性。工资不仅与以前的工资水平有关,而且与今后的工资期望值有关,而工资的期望值又与总需求的变动有关。不过,合同一旦签订,总需求的变动就对未到期的工资合同没有影响,只会影响到期合同的工资调整。所以,总工资水平有惯性。这种惯性会影响产出和就业,使工资的稳定性和产出稳定性之间有替代关系。

总工资的稳定性和产出稳定性之间的替代关系可以这样理解。当中央银行发行的货币量与总工资的增长相适应时,货币政策能使总工资水平保持较高的稳定性,其代价是通货膨胀率提高。当工资水平稳定时,货币投放量的变动会引起经济中超额需求较大的波动,总产量和就业率也会发生相应的较大波动。总产量和就业的稳定性就差。总工资水平越稳定,产出和就业就越不稳定。反之,总工资水平越不稳定,产出和就业就越稳定。总工资水平越稳定,名义工资粘性就越大。

合同机制有助于总工资稳定,导致工资出现刚性。当货币政策与工资的相关程度很低时,工资合同能使名义工资随价格水平的改变而作相应的调整,将工资维持在较高水平上,保持工人实际工资水平不变。合同机制维持总工资稳定性的作用越大,总工资水平越稳定,但是就业和总产量的波动就越大。工资越稳定,工资粘性也越大。

工资合同中的期望机制对总工资惯性也有影响。签订合同时,如果双方都重视近期预期的作用,总工资的惯性就大;如果劳资双方都比较重视未来较长时期的理性预期值,那么,总工资的惯性就比较小,工资不太稳定,产出和就业比较稳定。对未来短期内的期望值越重视,工资总水平就越稳定,名义工资粘性就越大。这样一来,国家稳定工资水平或者理性预期要求稳定工资时,必然要求货币政策与总工资的增加相对应,其结果是出现通货膨胀。由于货币与工资水平相关度高,超额需求波动剧烈,产出会下降,对劳动的引致需求也会减少,失业增加。所以,高通货膨胀与高失业率并存。交错调整价格论给短期动态分析提供了一个理论分析的框架。这是新凯恩斯主义学派在理论上稍胜于理性预期学派之处。理性预期学派只是根据自然率假定建立了一个描述通货膨胀过程的模型,说明经济的长期特征。但是,他们忽视了短期的经济动态分析,不能说明通货膨胀为何与失业并存。

2. 长期劳动合同论

新凯恩斯主义者斯坦利·费希尔用一个长期劳动合同模型说明,尽管有理性预期存在,积极的货币政策还是能影响实际产出。他从单期合同、交错合同和指数化合同分别说明货币政策对经济的影响。

单期合同和理性预期。所有的长期合同都在某个时期中签订,经济中就盛行单期合同。在理性预期的基础上调整工资,工资水平与某一时期以前的所有的信息相关。就业水平由引致需求决定。当生产中需要的劳动力增加,其工资也提高时,影响总产出水平的只是随机扰动。如果货币是中性的,那么,在充分就业时调整工资,货币对产出就没有影响。因为人们在任何时期都会知道下个时期的货币供应量,在工资合同调整时,名义工资能反映期望价格水平,以维持工人得到的实际工资为常数。货币政策虽然不能影响产出,却能影响价格水平。所以,货币政策能够调整价格总水平,使价格总水平保持均衡,以减少厂商经常调整结构所付出的代价,增进社会福利。

就理性预期下的单期合同而言,货币政策不能影响总产出,但可以影响价格总水平,进而影响社会福利。所以,即使存在理想预期,经济政策还是有效的,应构建和推行积极的货币政策。

交错合同和货币政策。交错合同指厂商和工人在不同的时期交替地签订长期合同。交替长期合同使名义工资有了刚性。在货币供给量为厂商和个人所知晓时,货币供给量的变动仍然会影响产出水平。其原因为:当政府在调整货币供给量时,总有些厂商的劳动合同未到期,货币供给量的变动不影响这些劳动合同。与这些劳动合同有关的工人的名义工资不变。只有合同已经到期的那些工人的名义工资可以调整。政府针对经济中的扰动所制定的货币政策,虽然不能影响合同已经到期的那些工人的实际工资,却能影响那些合同未到期的工人的实际工资,进而导致产出水平发生变动。

当经济中存在某种特定的指数合同时,货币政策无效。然而,在实际经济中,这种特定的合同通常不存在。所以,一般地说,即使存在指数化合同,货币政策对实际产出仍然有影响。特定的劳动合同指工资与价格完全指数化的劳动合同。确定这样的合同需要忽略生产技术水平的变动、规模经济效应等许多因素。然而,这些因素对厂商确定劳动合同是十分重要的,如厂商经常根据劳动生产率的变化和技术水平的变化来调整工人工资。因此,完全指数化的合同在经济中很难找到。不论单期劳动合同还是长期交替合同,都难以按照精心构造的特定的劳动合同去调整工资。所以,货币政策总是有效的,总能影响实际产出。

长期劳动合同论指出,在理性预期存在时,货币政策仍能影响实际产量。这既坚持了凯恩斯主义经济政策能稳定经济的主张,又局部地修正了理性预期学派关于政府政策无效的结论,说明政府政策不必通过愚弄经济人来发挥作用。在货币政策已被人们知晓的情况下,货币政策对经济仍有以下作用:第一,对只有单期劳动合同的经济来说,货币政策虽不能影响实际产出,但能影响物价,起到稳定物价的作用。第二,在流行交错合同的经济中,货币政策不因经济人的理性预期而失效。它能影响合同未到期雇员的实际工资,从而影响产出和就业。第三,在交错合同指数化经济中,连续几个时期货币存量的变动直接影响产出,导致总产出水平的变动。

(二)实际工资粘性理论:

这方面的理论主要包括:隐含合同论、失业滞后论、效率工资论。

1. 隐含合同论

隐含合同是指风险中性的厂商与风险厌恶的工人之间存在的某种稳定收入的非正式协议。隐含合同论正是以这种隐含合同来阐明工资与非自愿失业的关系。

20 世纪 80 年代末,隐含合同论的出现,标志着新凯恩斯主义学派经济学家从微观经济角度出发理解工资粘性与失业的经验规则的努力有了一定的成效。凯恩斯本人以一个复杂的货币幻觉来解释名义工资刚性。他认为,每个人都担心自己的工资相对低于其他工人,他们抵制削减名义工资,所以工资有刚性。按照这种工资理论,工资结构的“公正”是计量劳动供给决策的要素。但是,“公正”本身并没有一个经济学意义上的可操作的定义。这种观点没有微观经济基础,是缺乏说服力的。隐含合同论从劳务和企业提供的保险合同来说明工资粘性,具有微观经济基础,弥补了凯恩斯工资论的不足。

最初出现的隐含合同论从公开信息出发研究隐含合同,而近年来多从非对称信息来研究隐含合同。非对称信息隐含合同模型不仅分析了工资和失业之间的关系,而且考察了自我选择机制的问题。

2. 失业滞后论

失业滞后论提出了一个与传统经济学观念相反的观点:长期均衡就业与实际就业率的滞后量相关。失业滞后论研究了劳动市场中的失业和工资的相关性,通过局内人—局外人模型阐明:工资调整在很大程度上取决于在职人员而不是失业工人,而且,长期失业者对工资调整几乎没有影响。

(1)纯局内人的工资调整。局内人是指目前已经在职的雇员,或暂时被解雇但与在职雇员同属于某一利益集团的人。局外人是指长期游离于企业之外的失业工人或短期在职的临时工,局外人不受企业或行业工会的保护。局内人受各种劳动转换成本的保护。转换成本的存在,使厂商在用局外人代替局内人时要付出较为昂贵的代价。因此,尽管局外人愿意接受比局内人更低的工资,但是,由于转换成本较大,压低工资的所得不足以补偿转换成本。所以,厂商不愿意低工资雇用没有经验的局外人,而乐于继续雇用高工资的局内人。这样,与局外人相比局内人就具有就业上的实际优先权,从而使局内人在劳动市场上获得市场力量。而且,这种市场力量还因局内人的合作而加强。局内人所拥有的市场力量迫使厂商先雇用局内人,在所有的局内人都被雇用后,厂商才会去雇用局外人。

(2)有局外人压力的工资调整。新建企业中不存在局内人。在新老厂商竞争时,老厂商中的局内人会被迫接受较低的工资。此外,局外人还可以通过两个渠道来影响局内人的工资:第一,较高的失业率意味着被解雇后有令人沮丧的再就业前景。这会诱使局内人接受低工资以维持较高的就业机会。第二,较高的失业率隐含着厂商可以用一组新的较低工资的局外人取代相当部分或绝大部分局内人。这就会大大地削减局内人在工资调整时所拥有的力量。不过,对这两种情况的后果都不能估计过高。搞不好,厂商就要付出相当高的代价。比较可行的办法是,厂商利用失业和就业之间足够大的工资差别,提高其在工资谈判中的地位,增强厂商谈判能力。

(3)失业的持久性和工资调整。失业持续时间影响着工资调整。短期失业者和长期失业者对工资调整有不同的影响。短期失业者能对工资调整施加压力,而长期失业者却不能。长期失业不影响工资调整,将使某些时期内的失业率提高。

长期失业不影响工资调整的原因主要有:第一,技术上的可行性。因为长期失业如果能压低工资,这将会影响到局内人的工作效率,使厂商蒙受重大损失。

第二,长期失业者习惯于失业救济,并对再就业感到希望渺茫。这削弱了他们对调整工资的影响力,增加了局内人对工资的影响力。

3. 效率工资论

效率工资论注重工资的激励作用。它认为,劳动生产率依赖于厂商支付给工人的工资。为保持效率,厂商愿意给工人支付高工资。高工资造成了劳动市场不能出清,从而出现失业,总产出只能在低于最优均衡的水平上达到均衡,经济处于衰退状态。该理论对西方国家的高工资和高失业率并存的现象提供了一种解释。它为此而受到了西方经济学家的好评。

效率工资对实际工资刚性的解释是,经济中的实际冲击对生产状态产生影响,转而使劳动边际产品改变,厂商为保持劳动生产率,首先改变雇员数量而不是改变实际工资。冲击引起就业的改变而不是实际工资的改变,所以,实际工资有刚性。

效率工资对双头市场中失业现象的解释。双头市场是指经济中有两个部门,一个部门的劳动市场是非出清的,另一个部门的劳动市场是出清的。第一个部门的劳动市场与效率工资有关。第二个部门的劳动市场与效率工资无关。在第一个部门的工资水平高于第二个部门的工资水平时,会诱导一些寻找工作的失业者因不愿意接受低工资而不去第二个部门工作。他们宁愿滞留在劳动市场上,等待被第一个部门的厂商雇佣,以获得较高的工资。

效率工资对工资差别的解释。效率工资理论认为,各厂商内部的工资和效率的相关性不同,同等效率在不同的厂商之间对应着不同的工资水平。也就是说,具有同样能力、同样特征的工人会因为工资与效率相关性的差异而有着不同的工资。

效率工资对于工资歧视现象也给予了解释。工资歧视是指厂商对做同样工作的工人支付不同的工资。最明显的工资歧视就是男女同工不同酬,还有工资支付中的种族歧视现象。当雇主无成本地采取工资歧视策略时,他能够依据自己的个人偏好来确定不同工人的工资标准。当雇主有代价地实行工资歧视时,主要是从效率工资的角度来考虑问题。他们发现,每个群体的工人都有其自己的效率工资和所对应的单位产品“效率劳动成本”。当这些效率劳动成本不等时,厂商就会首先雇用最低劳动成本群体中的工人,并且会支付给效率劳动成本低的群体的工人较高的工资,而支付给效率劳动成本高的群体的工人较低的工资。

四、新凯恩斯主义学派的信贷配给论

新凯恩斯主义的信贷配给论丰富和发展了西方经济学中的金融理论。传统

经济学认为,信贷市场上仅是利率机制在起作用。当信贷市场上对贷款的需求大于供给时,利率会上升。反之,利率会下降。市场供求相等时的利率是均衡利率,均衡利率是唯一的。均衡利率使市场出清,贷款实行优化分配。信贷市场是有效的,政府干预是多余的,不必要的。新凯恩斯主义信贷配给论认为,仅考察利率机制过于片面和简单化,在信贷市场中,利率机制和配给机制同时起作用,市场存在多重均衡。有均衡利率连续系统的市场经常处于无效率的均衡状态,只有政府干预才能有效地修正信贷市场失灵。

新凯恩斯主义信贷配给论从信贷市场中信息非对称性出发,论述了利率和贷款抵押的选择效应会导致信贷市场出现信贷配给,信贷市场会失灵,政府干预有积极作用。

(一)利率的选择效应和信贷配给

信贷市场是信息不完全的市场,贷方和借方的信息是不对称的。作为借方的厂商比作为贷方的银行在还款概率方面有更多的信息。厂商在向银行申请贷款时,知道所贷的款项将投资在哪些项目上,投资的风险和期望的收益有多高,拖欠贷款的可能性有多大。但是,银行在这几方面的信息都比厂商少,银行只能根据项目的平均收益来判断厂商的投资收益,对厂商投资的风险性知之甚少,更无法从众多申请贷款的厂商中分辨出哪些厂商有较高的还款率、哪些厂商想拖延贷款。银行只能通过利率的正向选择效应和反向选择效应确定厂商的还款概率,推测贷款的风险性。

利率的正向选择效应是指,利率的增加能提高银行的收益,它是利率对银行的直接影响。而利率的反向选择效应是指,较高的贷款利率会使那些有良好资信的厂商不再申请贷款,而那些资信度很低、乐于从事风险投资的厂商会继续申请贷款。这些厂商还款概率低,从而导致银行收益下降。当利率的正向选择效应大于反向选择效应时,银行收益随着利率的提高而增加;当利率的反向选择效应超过正向选择效应时,银行收益会下降。

银行最优利率通常不等于市场出清时的利率,所以,信贷市场出现配给。当信贷市场中对资金的需求大于供给时,市场出清的利率,即均衡利率会提高,市场利率高于银行最优利率。此时,银行为了追逐利润最大化,会理性地以低于市场利率的最优利率贷款,而不是按照较高的市场利率贷款。因为在这种情况下按市场利率贷款,银行的风险很大,会导致银行收益下降。而以最优利率贷款,虽然利率收益低一些,但是,还款概率高,贷款风险小,银行收益比较高。银行理性行事的方式是:以低于市场利率的最优利率贷款,同时以配给方式部分满足市场对贷款的需求。实行信贷配给时,银行优先给那些资信度高的厂商贷款,鼓励从事低风险投资的厂商多贷款,限制或不给高风险厂商贷款。所以,在信贷市场上有些厂商愿意支付高于银行规定的利率也得不到贷款。在银行能够识别厂商投资风险时,即使所有申请贷款的厂商都愿意支付相同的利率,也会出现一部分厂商得到贷款而另一部分厂商无法获得贷款的情况。因为银行知道后一部分厂商将从事高风险项目的投资,还贷率低。当信贷市场供给大于需求时,银行也不一定通过降低利率来实现信贷均衡。因此,信贷市场通常是在利率和配给的双重作用下达到均衡。

总之,在信贷市场中,由于信息的非对称性,银行对于厂商的控制能力是有限的,还款的可靠性也成问题。由于利率反向选择效应的存在,利率与银行收益不是线性关系而是非线性关系,银行收益可能随利率的提高递增,也可能递减。当银行利率低于最优利率时,提高利率能够增加银行收益;当银行利率高于最优利率时,提高利率会减少银行收益。因此,银行不能仅仅依靠利率去制约厂商,在市场利率高于最优利率时,银行必须运用数量限制的办法,即信贷配给来约束厂商。当利率机制和配给机制都在信贷市场起作用时,市场会出现多重均衡,只有在极偶然的情况下,市场出清的利率才会与银行最优利率相吻合,市场处于唯一均衡态。

信贷市场出现配给,是自由信贷市场中银行依据利率的选择效应,为实现利润最大化目标而理性行事的结果,不是国家干预的产物。利率的提高可能引起银行和厂商采取相反的行动;厂商愿意从事高风险的项目投资;但刺激银行对贷款的超额需求采取信贷配给,而不是轻易地提高贷款利率。银行通过信贷配给使信贷市场达到均衡,市场中实际利率已不是使市场出清的均衡利率,实际利率通常小于均衡利率,它不能作为反映信贷市场供求状况的指标。

(二)贷款抵押的选择效应和信贷配给

贷款抵押品也像利率一样有选择效应。贷款抵押品的选择效应与还款的可靠性密切相关。银行一般不采取增加贷款抵押品水平的办法来满足信贷市场对贷款的超额需求,而是通过信贷配给分配贷款。

厂商以财产作为抵押品获得银行贷款时,银行与厂商的信息也是不对称的,厂商拥有的信息多于银行。银行既不清楚厂商有多少财产可以用作抵押品,也不明了厂商获得贷款后会投资于哪个项目,更难以判断项目的风险性。厂商知道自己财产的数量、有多少财产会作为抵押品。厂商比银行更清楚地了解各项投资项目的风险性和期望收益。在贷款拖欠概率方面,厂商的信息比银行多得多。银行和厂商不对称是因为不完全市场中信息不完备,在这种情况下,银行只能借助于贷款抵押品的正向选择效应和反向选择效应推断贷款的风险性,测定厂商还款概率,确定期望收益。

贷款抵押品有正向选择效应和反向选择效应。贷款抵押品的正向选择效应是指,当信贷市场存在超额需求时,银行通过提高贷款抵押品水平来增加归还贷款的可靠性,减少坏账的风险,增加银行收入。同时,控制了借款者对贷款的需求。

贷款抵押品还有反向选择效应,即贷款抵押品水平的递增会增加贷款的风险,降低还款的可靠性。贷款抵押品的反向选择效应在以下两种情况中表现得特别明显:一是当所有的潜在借款者有相同数量的证券,以证券为抵押品取得贷款,并且较小的项目有较高的风险时,提高抵押品水平对银行来说不是最优的。提高贷款抵押品水平,即降低债务—证券比率,隐含着较多的借款者将对较小的项目投资。由于较小的项目失败的概率大,所以,抵押品水平的递增将导致还款的可靠性下降。二是所有潜在的借款者有不同数量的证券,而所有的项目要求同样的投资,递增的抵押也会增加贷款的风险。能提供较多抵押品的富人往往是过去冒险项目的成功者,他们比过去投资于相对安全项目的保守的个人有较少的风险厌恶。他们取得抵押贷款后会再次从事有较高风险的项目,增加还款风险。

银行可以根据贷款抵押品的正向选择效应和反向选择效应确定最低抵押品水平。如果以证券为抵押品,银行就要定出一个最佳的贷款—证券比。当贷款抵押品水平很低时,抵押品水平的增加或贷款证券比的下降对厂商来说,主要是正向选择效应。资产较少的厂商通常是风险厌恶者,财产较多的厂商虽然大多是风险中性的或偏好风险者,但在抵押品水平低时也不愿意过度冒险,所以,此时银行收益随抵押品水平的上升或贷款—证券比的下降而递增。但是,贷款抵押品水平的上调或贷款—证券比的下降有个限度,存在着一个临界点。当抵押品水平或贷款—证券比超过临界点以后,财产较少的厌恶风险的厂商已无法得到贷款,财产较多但风险中性的厂商也退出信贷市场。信贷市场上只留下了偏好风险的、财产较多的厂商在申请贷款。这些厂商喜好收益高风险大的项目,还款概率低,抵押品的反向选择效应起主要作用。在抵押品水平递增或贷款—证券比递减的过程中,抵押品的反向选择效应递增而正向选择效应递减,在临界点上,正向选择效应和反向选择效应相抵消,这时贷款抵押品水平或贷款—证券比达到最佳水平,银行的收益最大化。考虑到抵押品的反向选择效应,银行一般不以提高抵押品的水平或降低贷款—证券比来吸纳信贷市场的超额需求,而是以配给方式来满足部分需求。使抵押品水平过高时,财产少喜欢低风险的厂商容易得到贷款,财产多又偏好高风险的厂商得不到贷款。这时,抵押品的反向选择效应显著,且远大于正向选择效应,厂商还款概率下降,银行的收益减少。为了实现利润最大化,银行通常将抵押品水平或贷款—证券比控制在最优水平上,以鼓励偏好低风险的厂商多贷款,限制高风险厂商贷款,信贷市场出现配给。

倡导信贷配给论的新凯恩斯主义者认为,传统的信贷市场论是一种理论的抽象,不能反映经济现实。他们辛辣地指出:"供求定律实际上不是一个定律,不应视为分析经济的必要假设。"利率能使信贷市场出清,仅是经济学家们的理想。使市场出清的利率既没有辨识效应,也没有激励效应,既不能作为检测机制,也不能对厂商产生激励作用。而存在信贷配给的利率既有辨识效应又有激励作用。利率和配给方式相结合,银行才能实现利润最大化。这是发达市场经济国家的现实而非幻象。

新凯恩斯主义的信贷配给论指出,由于信贷市场中利率机制和配给机制同时起作用,信贷市场会出现多重均衡态,市场机制失灵,通过政府干预才能纠正市场失灵。政府推行信贷补贴政策或提供贷款担保,可以降低市场利率,提高借款者的还款利率,改善资源配置,增进社会福利。在自由信贷最没有效率时,政府干预最能增进效率。以还款概率来表示借款者差异时,借款者差别越大,市场失灵越严重,政府对市场的干预越有效。

五、新凯恩斯主义学派的政策主张

新凯恩斯主义和原凯恩斯主义在政策主张上大致是一样的,都认为市场是失灵的,稳定经济的政策对经济具有积极作用。但是,新凯恩斯主义并不强调对经济的"微调"。他们认为,"微调"并不能有效地防止和医治失业和通货膨胀。他们倾向于一种更为温和的说法,即,没有紧缩政策,通货膨胀会更加严重;没有扩张政策,失业会更加严重。这种方法容易为人们所接受。新凯恩斯主义并没有在经济政策方面提出多少具体的新见解,只是通过数学模型推导出许多公式化的经济对策,但缺乏进一步的具体化、可操作的政策主张。

(一)价格政策

新凯恩斯主义者在论述价格粘性成因的基础上,提出了一些价格政策建议。其主旨是抑制价格粘性,使价格具有弹性,以修复失灵的市场机制,稳定总产量。新凯恩斯主义者在交错调整价格论和菜单成本论中提出了大体相似的政策建议。

他们根据交错调整价格论提出的政策建议:制定能诱导厂商实行同步调整价格的政策,减少经济中的交错调整价格,以克服物价总水平的惯性。新凯恩斯主义者还根据菜单成本论提出:为了稳定经济、增进社会福利,国家应该推行抑制价格粘性,使价格较有弹性的政策,以纠正市场失灵,稳定总产量。这两个政策建议都主张通过政策干预去协调经济人的行为,纠正市场失灵,基本上是正确的,只是缺乏可操作性。价格有弹性,市场能出清,市场机制才是有效的。当价格有弹性时,价格会随需求的减少而下降,价格下降刺激了需求的增加,在价格下降到一定水平时,市场上供求相等,市场出清。价格弹性吸纳了需求的冲击,导致总产量比较稳定。这时市场需求能调节供求,社会资源得到充分的利用。价格有粘性,市场不能出清,市场机制失灵。当价格有粘性时,价格不会随着需求的减少而迅速地下降,这样价格变动调节需求的作用无从发挥,市场上出现过剩的产品,市场不能出清。市场不能出清时,产品大量积压,最终迫使厂商削减产量,以适应需求的变动。厂商不改变价格而变动产量,导致总产量出现大幅度的波动,社会资源不能得到充分的利用社会生产处于无效率状态。因此,交错调整价格论和菜单成本论提出通过政府的经济政策来恢复价格弹性、修复失灵的市场机制的建议,的确抓住了问题的关键。这些政策建议是比较合理的。然而,令人遗憾的是,两者的建议都过于原则化,没有提出具体的政策措施。这些原则性的建议给凯恩斯主义者留下了相当大的回旋余地,却不便于政策执行者实际运作。

(二)就业政策

新凯恩斯主义的局内人—局外人理论根据局外人在劳动市场上长期处于不利的地位这一情况,提出政策建议:政府的就业政策应该更多地考虑长期失业者的利益,为他们多提供就业机会。交错合同理论则认为,国家应该干预劳动工资合同,货币政策应该使工资较有弹性,以提高就业率。不过,总的来说,上述政策尽管比较合理,但是仍然带有较强的理想色彩,具体实施起来有一定的难度。

(三)货币政策和信贷政策

1. 货币政策

货币政策能稳定总产出和就业率,提高社会资源利用率。在市场机制失灵时,价格对总需求变化的反应过于迟钝,仅凭市场机制不能逆转总需求的冲击,经济处于无效率状态。这时只有政府干预,推行与需求变动相适应的货币政策、工资政策和价格政策,才能改变经济中的无效状态,推动经济向产出的均衡状态运动。即使厂商对价格和工资变动的信息作出了反应,只要有关总需求外生性的信息对货币当局仍然有效,那么政府推行有对称性的货币政策就能稳定产出和就业。在政府的货币政策已为公众所知的情况下,货币政策虽然对产出和就业的影响大大减弱,但仍然能在稳定物价方面发挥积极的作用。

为了实现稳定产出的目标,政府最优的货币政策是,货币量的调整与影响价格的实际扰动相适应,与引起价格变动的名义扰动反向行事。然而,这两种政策对雇员的影响是不同的,前者意味着产出稳定时,雇员工资不太稳定,而后者意味着产出稳定时雇员工资比较稳定。

2. 信贷政策

新凯恩斯主义的信贷配给论认为,在信贷市场中,利率机制和配给机制都在起作用。银行通常不是采取提高利率的办法,而是运用配给的方式使信贷市场达到均衡。银行为了自身利益最大化,不愿意将款贷给那些愿意以高利率借款并将贷款投资于高风险项目的厂商。因为这些厂商的投资风险大,还款概率低。但是,从社会角度看,这些项目是有效的。当市场利率比较高时,风险厌恶的厂商不愿意借款,他们退出信贷市场;而愿意冒风险的厂商又得不到贷款。这就使那些社会效益高、风险大的项目因得不到贷款而无法投产,社会福利受损失。所以,信贷配给论的政策建议:政府从社会福利最大化出发,应该干预信贷市场,利用贷款补贴或提供贷款担保等手段去降低市场利率,使那些有社会效益的项目能够得到贷款。

这种政策建议既简明又具体,还有一定的可行性。照此政策建议行事,资金流向会趋于合理化。这是个既考虑银行利益又兼顾厂商利益的经济政策。它比较符合市场经济条件下利益主体多元化、追求利益最大化的原则。这种以利益为导向的经济政策有较强的可操作性,甚至值得我们国家学习。

参考文献

[美]保罗·萨缪尔森、威廉·诺德豪斯:《经济学》(第16版),机械工业出版社1998年英文版。

[美]格里高利·曼昆:《经济学原理》(第六版),梁小民、梁砾译,北京大学出版社2012年中文版。

[美]斯蒂格利茨:《经济学》,姚开建等译,中国人民大学出版社1998年中文版。

[美]保罗·海恩等:《经济学的思维方式》(第11版),马昕、陈宇译,世界图书出版公司2008年版。

[美]鲍莫尔和布兰德《经济学:原理与政策》(第9版),方齐云、姚遂等译,北京大学出版社2006年版。

[美]加里·贝克、吉蒂·贝克:《生活中的经济学》,薛进安译,机械工业出版社2013年版。

[美]斯蒂格利茨:《经济学 <小品和案例>》,王尔山、肖倩等译,中国人民大学出版社2006年版。

[美]鲁迪格·多恩布什等:《宏观经济学》(第10版),王志伟译校,中国人民大学出版社2010年版。

许纯祯、吴宇晖、张东辉:《西方经济学》(第三版),高等教育出版社2008年版。

厉以宁:《西方经济学》(第三版),高等教育出版社2010年版。

高鸿业:《西方经济学》(第五版),中国人民大学出版社2011年彼。

王志伟:《现代西方经济学主要思潮及流派》,高等教育出版社2004年版。

熊秉元:《走进经济学》,山西人民出版社2008年版。

袁志刚、樊潇彦:《宏观经济学》,高等教育出版社2008年版。

苏剑:《宏观经济学》,北京大学出版社2010年版。

《西方经济学》编写组:《西方经济学》(下),高等教育出版社、人民出版社2011年版。